2010年度教育部人文社会科学研究青年基金项目
"我国巨灾保险法律制度构建研究"（项目批准号：10YJC820039）最终成果

我国巨灾保险立法研究

何霖 著

WOGUO
JUZAI BAOXIAN
LIFA
YANJIU

Southwestern University of Finance & Economics Press

西南财经大学出版社

何霖，男，1982年2月生，四川宣汉人，法学硕士，副研究员。2003年至今在四川文理学院工作，2008年于西南政法大学获法学硕士学位。现系四川文理学院学报编辑室主任，四川革命老区发展研究中心兼职研究员，中国灾害防御协会风险学会会员。主持国家社科基金、教育部人文社科青年基金、四川省教育厅青年基金各1项，参与教育部、四川省教育厅等课题10余项。发表学术论文20余篇。主要从事中国巨灾保险法律制度研究。

目　录

绪　论

一、研究背景

近年来，随着气候变化，全球自然灾害呈上升趋势，我国更是巨灾频发，造成了巨大的经济损失和人员伤亡。

据民政部、国家减灾委数据，2011 年，我国自然灾害以旱灾、洪涝为主，各类自然灾害造成全国 4.3 亿人次受灾，1 126 人死亡，直接经济损失 3 096.4 亿元。其中，四川、陕西、湖南、云南、贵州、湖北等省灾情较重。[①]

2012 年，我国自然灾害以洪涝、地质灾害、台风、风雹为主，各类自然灾害共造成 2.9 亿人次受灾，1 338 人死亡，直接经济损失 4 185.5 亿元。其中，四川、云南、甘肃、河北、湖南等省灾情较为突出。[②]

2013 年，我国自然灾害情况明显偏重，以地震、洪涝、台风为主，共造成全国 38 818.7 万人次受灾，1 851 人死亡，433 人失踪，1 215 万人次紧急转移安置；87.5 万间房屋倒塌，770.3 万间房屋不同程度损坏；农作物受灾面积 31 349 800 公顷，其中绝收 3 844 400 公顷；直接经济损失 5 808.4 亿元。[③]

受国家财政力量限制，我国对巨灾损失的经济补偿一直处于较低水平。与其他国家、地区相比较，保险业在巨灾风险应对中效能明显不足。自 2008 年南方冰雪灾害、汶川特大地震以来，社会各界对巨灾保险寄予厚望，巨灾保险立法也被提上了议事日程。

二、研究意义

在巨灾保险制度的构建中，法律制度的设计居于首要地位。研究巨灾保险

[①] 旱灾和洪涝灾害造成的直接经济损失分别占自然灾害总损失的 30%和 40%。民政部国家减灾中心数据中心. 2011 年全国自然灾害基本情况分析 [J]. 中国减灾，2012 (2)：60.

[②] 民政部国家减灾中心数据中心. 2012 年全国自然灾害基本情况分析 [J]. 中国减灾，2013 (2)：63.

[③] 周亮. 民政部国家减灾办发布 2013 年全国自然灾害基本情况 [N]. 中国社会报，2014-01-08 (07).

立法，是因为需要较为完备的法律制度来确定巨灾保险的运行机制和规则，为其实施提供良好的运行环境。只有充分发挥立法的引领、先行功能，对巨灾保险的相关制度进行前瞻性、创新性、可行性的设计，巨灾保险才可能从纸面走向实践；只有以法律制度提供强有力的保障，巨灾保险才能在我国巨灾风险管理体系中真正发挥作用。

巨灾保险的实施离不开法律制度的保障，而巨灾保险立法也离不开对巨灾保险、巨灾保险立法研究这一理论基础。没有对巨灾保险理论进行深入细致的探究，不能突破巨灾保险的理论困境，巨灾保险立法也就成了"镜中花""水中月"。

我国巨灾保险理论研究起步较晚，至今仅有三十余年，相关成果相对较少；而巨灾保险的实践也较为欠缺。面对严重的巨灾风险，要在如此薄弱的理论与实践基础上开展立法工作，首先得从理论着手，突破巨灾保险的理论困境，为相关实践奠定坚实的基础。

巨灾保险涉及保险学、法学、灾害学、经济学等诸多学科，处于交叉理论地带，具有内容丰富性与复杂性之特点。目前，困扰学界的问题主要在于巨灾风险的可保性、保险方式的确定、立法模式的选择。这也是巨灾保险立法研究的核心论题。因此，我们有必要在对巨灾保险、巨灾保险立法的可行性分析的基础上，明确基本理念，确定保险方式与立法模式，制定出具体条文，对巨灾保险活动进行指导和规范，以实现对巨灾保险法律主体权益的充分保障。本研究的出发点之一，就是通过对相关理论的梳理，结合我国国情，扩展巨灾风险的可保性，突破相关理论困境，并通过立法研究，以制度设计的方式解决这些基本理论问题。

另外，对巨灾保险法律制度进行系统深入的研究，能够加深对巨灾保险法基本知识的了解与掌握，充分理解其宏观和微观方面的重要意义，准确确定我国防灾减灾法、保险法语境中巨灾保险法所应有的地位，并结合法制发展趋势和保险法体系建设需要，博采众家之长，建构对传统保险法体系进行"拾遗补缺"的合理制度。①

三、研究概况

目前，我国巨灾保险立法的基础工作已经起步，但较为缓慢；学界对巨灾保险立法的研究还处于初级阶段，研究较少，重视不够，亟待进一步加强。具

---

① 何霖. 我国巨灾保险法律制度研究现状及展望 [J]. 四川文理学院学报，2012（4）：54.

体表现为：

（1）成果较少。已有研究成果较少，目前还没有相关专著面世。经查询中国知网数据，到 2014 年 5 月，中国知网收录有相关内容的博士学位论文 2 篇（隋祎宁《日本地震保险法律研究》、梁昊然《我国巨灾保险制度的法律构建》），硕士学位论文 16 篇，报刊文章若干，文献总数 90 余篇。

（2）重视不够。学界对该问题重视不足，尚需进一步认识其在防灾减灾法与保险法的体系完善、制度革新中的作用。

（3）成果分散。既有成果对巨灾保险立法的研究较为分散，很少进行全面、系统的研究；研究者侧重于具体制度构建，很少对巨灾保险法的理论基础、立法理念进行深入的探讨；缺乏对巨灾保险法制历史沿革的梳理，对国外理论和立法介绍较多、评析不足；对巨灾保险制度的相关细则研究不够，[①] 大多不具有可操作性。

目前，世界上已有十多个国家和地区建立起较为完善的巨灾保险法律制度，相关研究也较为丰富。美国、日本、法国、新西兰等国家和地区的巨灾保险制度，往往是通过立法建立起来的。这些国家将巨灾保险的发展模式、当事人的权利义务等在法律法规中予以明确，保证了巨灾保险制度的稳定运行，从而在分散巨灾风险方面发挥了极大作用。

四、研究方法

巨灾保险立法关涉保险法、社会保障法、防灾减灾法等多个法域，涉及法哲学、经济学、灾害学等多个学科。本书在对此问题进行研究时，主要使用了数据分析、文献分析、比较分析、实证分析、历史分析、经济分析等研究方法。

五、研究目标

（1）本书力图在国内外最新资料及研究成果的基础上，对巨灾保险立法进行全方位的系统性研究，揭示巨灾保险立法的本质和理论基础，对我国巨灾保险立法进行理论论证和逻辑演绎。

（2）本书对巨灾保险法的调整范围、调整原则、调整方式等进行深入探究，对我国巨灾保险法律制度提出较为科学的立法构想，设计出我国巨灾保险法的立法建议稿，以期对我国巨灾保险立法有所裨益。

---

① 何霖. 我国巨灾保险法律制度研究现状及展望［J］. 四川文理学院学报，2012（4）:: 54.

六、结构安排

第一章：我国巨灾保险之现状。简要介绍风险、巨灾风险、巨灾风险管理、巨灾保险的概念及内涵，阐述我国巨灾风险及巨灾保险之现状，分析我国巨灾保险发展的困境及原因，从技术层面、政府层面、市场层面三方面论述我国巨灾保险实现突破的可能性。

第二章：我国巨灾保险立法之现状。简要介绍相关概念，对我国巨灾保险立法之现状及缺漏进行分析，从理论研究、实践基础、现实需要、其他国家和地区经验四个方面阐述我国巨灾保险立法的可行性。

第三章：其他国家和地区巨灾保险立法之启示。简要介绍日本、美国、新西兰、英国、法国、挪威、西班牙、土耳其、我国台湾地区的巨灾保险法律制度，对其立法之共性与差异进行对比，分析其他国家和地区经验对我国巨灾保险立法的启示意义。

第四章：我国巨灾保险立法之理念。从指导思想、价值追求、目的选择、基本原则四个方面，阐述了我国巨灾保险立法的基本理念。

第五章：我国巨灾保险立法之设计。从立法体例、运作模式、核心机构、保险方式、承保范围、费率标准、保险给付、风险管理、法律责任等方面，对我国巨灾保险法的基本框架进行了初步设计。

第六章：中华人民共和国巨灾保险立法建议稿。参考《社会保险法》《农业保险条例》，拟制了《中华人民共和国巨灾保险法（建议稿）》。

因学识所限，能力未逮，上述目标或未达成，敬祈方家教正！

第一章 我国巨灾保险之现状

第一节 巨灾风险

一、风险之概述

（一）风险的定义

风险是指一种概率、可能性，而后果是实际已经发生的结果。① 国外学者将风险定义为关于某一时间结果的不确定性，是商业活动中难以避免的一部分；② 或认为，风险是引致人身伤亡、经济损失和责任风险事件发生的一种可能性。③ 黄崇福教授认为，风险是可以被感知和认识的客观存在，是与某种不利事件有关的一种未来情景。④ 由此可见，学界对风险的定义很多，但最起码的共识是：风险是一种可以预知的可能性，一种损失发生的可能性；一旦发生，必将造成损失。

本书认为，风险就是可能引致损失且能被人们预知的不确定性。

（二）风险的特征

风险的特征大致可以归纳为：

1. 客观性

风险是人类社会不可避免的一部分。无论是与大自然的相处，还是纷繁复杂的人类社会活动，处处有风险。因此，风险是一种不以人的意志为转移，独立于人的意识之外的客观存在。各国政府和商业公司一直尽力且必须和各类风

---

① 吴惠灵. 我国巨灾保险体系构建研究 [D]. 重庆：西南政法大学，2010：10.
② 埃瑞克·班克斯. 巨灾保险 [M]. 杜墨，任建畅，译. 北京：中国金融出版社，2011：3.
③ G. C. A. Diskson. Risk and Insurance [J]. The Chartered Insurance Institute，1993// 石兴. 巨灾风险可保性与巨灾保险研究 [M]. 北京：中国金融出版社，2010：3.
④ 石兴. 巨灾风险可保性与巨灾保险研究 [M]. 北京：中国金融出版社，2010：3.

险相抗争，以尽量减少损失，引导事件向有利的方向发展。

2. 损害性

损害是风险发生的后果，如无损害之后果，则不构成风险。人身伤害、经济损失、责任承担，都是损害性的具体表现，且多能用货币进行直接或间接的衡量。

3. 不确定性

风险只是一种可能性，因此它具有不确定性。这种不确定性主要包括几个方面：一是时间的不确定性，在最终结果出来前无法断定风险发生的具体时间；二是空间的不确定性，无法精确定位风险发生的位置空间；三是损害程度的不确定性，无法提前预知是否会有损失，以及损失的具体程度。

4. 可控性

风险虽然不能完全避免，但具有一定的可控性。主要表现在：首先，风险的发生具有一定的规律，这就给人们认识风险、评估风险、管理风险提供了可能性；其次，风险是可以预测的，尽管无法对风险进行时间、空间、损害程度的精确定位，但根据概率论原理，可以对某一时空内特定风险的发生加以预测，甚至对一些风险，如自然灾害风险予以预报；最后，随着人类对自然的认识增加、科技的进步、经营管理的改进，"认识、管理、控制风险能力逐渐增强，人们已经可以部分地有效控制和管理在社会经济活动中面临的自然灾害、意外事故、决策失误等风险"。[①]

（三）风险的分类

风险的分类标准很多，一般而言，根据风险类型，可以广义地分为财务风险和运营风险；根据风险性质，可以划分为纯粹的风险和投机的风险；[②] 根据风险的标的，可以分为财产风险、人身风险、责任风险、信用风险等；[③] 根据产生原因，可以分为自然风险、社会风险、经济风险、技术风险等；[④] 根据行为，可以分为特定风险和基本风险；根据产生环境，可以分为静态风险和动态风险；根据风险频率与严重程度，可以划分为高频率/低严重程度的风险和低

---

① 石兴. 巨灾风险可保性与巨灾保险研究 [M]. 北京：中国金融出版社，2010：3.

② 于珍. 低碳经济下我国中小型电动机生产企业风险识别研究——以 A 电机公司为例 [D]. 北京：中央财经大学，2011：3.

③ 王普. 我国证券投资基金的理论和实证研究 [D]. 上海：复旦大学，2003：4.

④ 冉圣宏. 我国面临的主要风险辨识及其管理 [J]. 未来与发展，2006（9）：3.

频率/高严重程度的风险。① 本书研究的巨灾风险，主要是指纯粹的、低频率/高严重程度的自然风险，且为静态的基本风险。对风险的详细分类，本书不作讨论。

二、巨灾之概述

（一）巨灾的定义

事实上，由于关注角度不同，迄今为止，学界对巨灾并没有一个通用的定义。学者多从风险特征与损失程度两方面出发，对巨灾加以界定。

国外一些学者把巨灾定义为会导致严重的成本损失，甚至可能威胁人类生存的事件，或认为巨灾是一个突然爆发的交互影响、螺旋下降导致社会系统基本崩溃的事件。联合国人道事务协调办公室认为，"巨灾是给一个社会造成严重的威胁且使人们遭受人身伤害或物质损失以至社会结构崩溃、无法履行其部分或全部基本功能的事件"。② 我国学者卓志、丁元昊也认为，"巨灾指一定物理级别以上的，造成直接经济损失达到某一比值，或者人员伤亡达到某一数额的自然灾害"。③ 由此可见，学界多从风险特征出发对巨灾加以界定。当然，也有人直接将巨灾具体化。史培军教授认为，"造成 1 000 人以上死亡，或 1 000 亿人民币以上的直接经济损失，或百年不遇的灾害事件可视为巨灾"；有的学者认为需要超过 500 亿美元的直接损失或间接损失方为巨灾；④ 美国保险服务所（Insurance Service Office，ISO）将巨灾定义具体化为损失金额超过 2 500 万美元，影响到 1 000 个以上的被保险人；⑤ 日本地震保险经营则将超过 750 亿日元的损失定为巨灾。这些观点实际上就是从损失程度方面对巨灾加以量化。

埃瑞克·班克斯（2011）的论述则是从风险特征加以界定的典型代表。

---

① 埃瑞克·班克斯认为，财务风险是由市场变化或某个交易对手业绩变化而导致损失的风险，可以分为市场风险、流动性风险以及信用风险；运营风险是影响非财务业务收入、产出和过程的事件所导致损失的风险。纯粹风险是指可能造成损失或未造成损失的风险，但却不会产生盈利；投机风险是指可能产生盈利、损失或无损失的风险。通常，运营风险往往是纯粹风险，财务风险往往是投机风险。他认为，巨灾、灾难性风险，都属于低频率/高严重程度风险，它们不经常发生，但却有造成巨大规模损失的潜在可能性。埃瑞克·班克斯. 巨灾保险 [M]. 杜墨，任建畅，译. 北京：中国金融出版社，2011：4-6.
② 周志刚. 风险可保性理论与巨灾风险的国家管理 [D]. 上海：复旦大学，2005：17.
③ 卓志，丁元昊. 巨灾风险：可保性与可负担性 [J]. 统计研究，2011（9）：74-79.
④ 埃瑞克·班克斯. 巨灾保险 [M]. 杜墨，任建畅，译. 北京：中国金融出版社，2011：49.
⑤ 周志刚. 风险可保性理论与巨灾风险的国家管理 [D]. 上海：复旦大学，2005：17.

他将巨灾定义为低概率自然或人为事件，这类事件对现有的社会、经济和/或环境框架产生巨大的冲击，并拥有造成极大的人员和/或财务损失的可能性。他还认为，"虽然具有潜在的巨大损失，巨灾事件并不总会造成损失"，比如"在无人居住的阿留申群岛地区发生的大地震"就不会造成损失。① "巨灾就是风险事件本身，而不是该事件的具体人类或财务方面的后果"。②

本书认为，随着时间的迁移和社会经济发展，巨灾的界定也在发生变化，相较于对巨灾损失程度具体化的定义，从风险特征对巨灾予以界定更具说服力和发展性。就本书研究方向而言，自然灾害类的巨灾波及范围更大，造成损失更严重，且其在预测和防范上更加困难。因此，我们重点关注那些可能造成实际损失的重大自然灾害，恐怖主义、工业污染、技术失败、金融危机等人为灾害暂不讨论。

因此，本书将巨灾界定为给人们造成巨大损失的台风、地震、洪水、泥石流等重大自然灾害，巨灾风险就是由重大自然灾害引发巨大损失的可能性。

（二）巨灾的种类

对巨灾的分类也有很多标准。有学者根据同类巨灾风险发生频率将巨灾分为常态巨灾和异态巨灾。③ 但一般而言，学界多将巨灾划分为自然灾害和人为事故。"自然灾害"是指由自然力量而引发的事件；"人为事故"是指由人类活动引发的重大事件。本书仅讨论巨灾中的自然灾害。

有学者根据自然灾害造成损失的严重程度，将之分类为小型灾害事件、中型灾害事件、严重灾害事件、主要灾害事件、破坏性灾害事件以及重大灾害事件，并将前三类称为一般性自然灾害损失，后三类归入巨灾。④

瑞士再保险公司 Sigma 将巨灾风险中的自然灾害（Natural catastrophes）主要划分为洪水、风暴、地震、旱灾/森林火灾/热浪、寒流/霜冻、冰雹海啸⑤以及其他自然灾害等几类。⑥

埃瑞克·班克斯则将自然灾害划分为地球物理灾害（地震、火山喷发）、气象/大气灾害（热带风暴、温带气旋、暴风雨、龙卷风）和其他自然灾害（火灾、块体运动、洪水、霜冻、干旱等）三个类别。其中，地震、热带风暴

① 埃瑞克·班克斯. 巨灾保险 [M]. 杜墨，任建畅，译. 北京：中国金融出版社，2011：6.
② 林宇鹏. 巨灾保险制度研究 [D]. 武汉：华中科技大学，2012：11.
③ 张晓飞. 我国海洋灾害债券研究 [D]. 青岛：中国海洋大学，2008：3.
④ 埃瑞克·班克斯. 巨灾保险 [M]. 杜墨，任建畅，译. 北京：中国金融出版社，2011：8.
⑤ 冰雹也是很常见的自然灾害，雹灾是我国最严重的自然灾害之一。在美国亦是如此，每年雹灾造成的损失达数十亿美元。
⑥ 许均. 我国巨灾保险法律制度研究 [D]. 上海：华东政法大学，2008：4.

和洪水的危害性尤其大。① 本书遵从这一分类法，对容易演变为巨灾的自然灾害略作介绍。

1. 地球物理灾害

（1）地震。地震是地壳快速释放能量过程中产生振动，期间产生地震波的一种自然现象。地震常常造成严重人员伤亡，还可能造成海啸、滑坡、崩塌、地裂缝等次生灾害。②

一般来说，地震的震波波及的实际区域取决于释放能量大小和周围地貌及地质上的情况。释放的能量越多，震级越强，强度和可能的损毁程度就越大。地球上每年约发生500多万次地震，即每天要发生上万次地震。③

在如此频繁的地震中，少数灾难性的特大地震和严重破坏性的地震往往杀伤力极大。如2004年印度洋9.3级大地震及其所引发的10余米高的海啸，给东南亚及南亚地区造成巨大的人员伤亡和财产损失，最终遇难者约为29.2万人。④

（2）火山。火山也是由于地质板块的运动造成的能量释放。火山的喷发往往造成大量火山灰及板块损毁。

（3）山地滑坡。山体滑坡是指"山体斜坡上某一部分岩土在重力作用下，沿着一定的软弱结构面（带）产生剪切位移而整体地向斜坡下方移动的作用和现象"，⑤ 俗称"走山"、"垮山"、"地滑"、"土溜"等。⑥

（4）泥石流。因为暴雨、暴雪或其他自然灾害引发的山体滑坡并携带有大量泥沙以及石块的特殊洪流。⑦ 泥石流具有突然性、流速快、流量大、物质容量大和破坏力强等特点。⑧

2. 气象灾害

（1）热带气旋。"在热带洋面上生成发展的低气压系统称为热带气旋。国

---

① 他认为，如果忽略自然灾害给人类社会所造成的其他损失，仅从纯粹的经济角度来看，地震、热带风暴和洪水占所有灾害经济损失的90%左右，其他灾害，诸如旱灾、火灾、风暴、霜冻、冰雹等等占了余下部分。埃瑞克·班克斯. 巨灾保险 [M]. 杜墨，任建畅，译. 北京：中国金融出版社，2011：16.

② 白志廷. 地震与建筑物的抗震设计思想 [J]. 科技与企业，2013（15）：32.

③ 冯卫东. 人和地球或来自黑洞 [J]. 科学与文化，2010（6）.

④ 陈运平，等. 海南省南海地震监测和海啸预警服务 [J]. 华南地震，2006（1）：62.

⑤ 刘喜梅. 试论山体滑坡的成因及预防 [J]. 科技致富向导，2012（14）：30.

⑥ 张琴琴. 基于高分辨率遥感影像震害信息提取 [D]. 青岛：山东科技大学，2012：6.

⑦ 于之华. 高速公路路基面病害分析 [D]. 济南：山东大学，2011：22.

⑧ 李用昌. 浅讨滑坡泥石流对公路使用的危害和处治措施 [J]. 商品与质量·建筑与发展，2013（7）：48.

际上以其中心附近的最大风力来确定强度并进行分类：12 级以上的通称为台风；10~11 级的是强热带风暴；8~9 级的是热带风暴；小于 8 级的是热带低压"。① 强热带气旋因其地域，为不同的名称所区别。生成于大西洋、加勒比海的称为飓风，生成于印度洋、阿拉伯海、孟加拉湾的称为旋风，生成于太平洋的则称为台风。其危害性主要表现为：形成强降水、破坏性强风以及龙卷风，到达陆地后，会造成沿海地区的风暴潮和洪水，给所经洋面上的船只和陆地上的农田、房屋等造成极大的破坏。以美国为例，1900 年 9 月袭击得克萨斯州加尔维斯敦的飓风造成的死亡人数估计在 8 000~12 000 人；1928 年 9 月袭击佛罗里达州奥基乔比湖的飓风造成 1 836 人丧生；1919 年 9 月袭击佛罗里达和得克萨斯的飓风共造成了 600~800 人死亡；2012 年飓风"桑迪"造成了约 250 亿美元的保险损失。在亚洲，2013 年超强台风"海燕"是 1990 年以来西北太平洋诞生的最强台风，在菲律宾造成的死亡人数达 6 009 人。

（2）温带气旋。温带气旋是形成于中纬度地区的一种气旋，又称为"温带低气压"。温带气旋对中高纬度地区的天气变化有着重要的影响，多风雨天气，有时伴有暴雨、暴雪或强对流天气，有时近地面最大风力可达 10 级以上。② 虽然温带风暴不像热带风暴那样强烈，但影响的地理区域却更大，甚至可能造成更为严重的损失。如 1993 年 3 月吹袭美国东岸的"世纪风暴"，横扫美国 26 个州，影响全美一半人口，为美国历史上最严重的一场雪灾。

（3）雷暴、龙卷风。雷暴与龙卷风是较为常见的气象灾害，也会危及生命和财产安全。尽管大多数雷暴与龙卷风不被认为是巨灾，但极少数超强雷暴、龙卷风也会造成巨大的破坏。如美国 1896 年 5 月 27 日圣路易斯龙卷风造成 255 人死亡，1 000 余人受伤；1936 年 4 月 5 日 "Tupelo" 龙卷风造成 203 人死亡，受伤人数 1 600 人。

3. 其他自然灾害

（1）洪涝。③ 洪涝都是水灾。《现代地理学辞典》给洪水的定义是"河流水位超过河滩地面溢流现象的统称"，④ 包括风暴潮和泥石流。一般而言，当

---

① 李圆. 多普勒雷达资料在天气预报中的应用 [D]. 成都：电子科技大学，2008：12.

② 王振兴. 大风浪天气滚装船航行安全预警系统的研究 [D]. 大连：大连海事大学，2010：7.

③ 有的学者认为洪涝灾害与旱灾不符合巨灾风险的特征，将之排除在外。本书以为，一些特大的洪涝灾害和旱灾仍然会造成特别严重的损失，而且符合巨灾的其他特征，应当归入巨灾范畴。

④ 刘国庆. 基于 GIS 和模糊数学的重庆市洪水灾害风险评价研究 [D]. 重庆：西南大学，2010：13.

一个地区承受新的水量流入而无法释放存量或流入的水量时，就会发生洪水。洪水发生于河流、溪流和其他水体，往往由大雨、暴雨所引发。涝灾则是水过多或过于集中所造成的积水成灾。例如近年来我国一些城市由于暴雨导致城市排水系统暂时失灵，造成城市内涝。

（2）旱灾。旱灾往往是由于气候严酷或不正常的干旱导致较大面积的减产或绝产。据统计，世界上"波及范围最广、影响最为严重的一次旱灾，是20世纪60年代末期在非洲撒哈拉沙漠周围一些国家发生的大旱，遍及34个国家，近1亿人口遭受饥饿的威胁。"[1]

在这些类别的自然灾害中，一些严重的灾害造成了极端毁灭性的损失，我们称之为巨灾。

（三）巨灾的特点

这类自然灾害之所以被称为巨灾，是因为它们相对于普通灾害而言，往往呈现出以下几个最基本的特征：

1. 概率小

相较于一般灾害，巨灾发生的频率很低，属于小概率事件。比如前文提及地球上每年发生500多万次地震，但每年能被归为巨灾的地震最多几次，甚至一次都没有。旱灾的发生频率也很高，但达到巨灾标准的旱灾相较而言就很少了。

2. 损失大

巨灾会造成巨大的财产损失和人员伤亡，对国民经济造成严重影响。这种损失还会波及保险公司。巨灾所造成的非常规损失将严重影响商业保险公司的偿付能力，有时甚至会导致资本不足的保险公司和再保险公司破产。正因为如此，学者们往往通过量化标准对巨灾加以界定。

3. 突发性

突发性是自然灾害的共同特点，区别在于持续时间的长短。旱灾、热带气旋、温带气旋等持续时间一般较长，人们往往有时间采取救灾措施；而地震、洪灾、泥石流从爆发到成灾的过程极为短暂，一旦发生，损失几乎同时形成。[2]

4. 预测难

尽管随着科学技术的不断进步，人类认识自然的程度越来越高，但巨型自

---

① 李坤，等. 谈旱涝对黄河流量的影响 [J]. 中国新技术新产品，2010（4）：95.
② 周志刚. 风险可保性理论与巨灾风险的国家管理 [D]. 上海：复旦大学，2005：27.

然灾害的预测仍是一大难题。一是灾害发生的时间难以预测。以地震为例，就算能够研究和探索出某地震带处于活跃期，但无法确定其准确时间，预测意义并不大。二是灾害的程度难以预测。人们通过各种手段能够对暴雨、暴雪、干旱、台风等气象灾害进行一定的预测，但无法完全确定其危害程度。

三、我国巨灾概况

我国是世界上自然灾害最严重的国家之一。其种类之多，强度之重，频次之高，损失之大，均列世界前列。据统计，20 世纪全世界 54 次最严重的自然灾害，就有 8 次发生在我国。新中国成立后，我国每年自然灾害造成的年均直接经济损失 50 年代约为 480 亿元，60 年代约为 570 亿元，70 年代约为 590 亿元，80 年代约为 690 亿元，[①] 进入 90 年代以后，年均已经超过 1 000 亿元。[②]

近年来，随着气候变化，全球自然灾害呈上升趋势，我国更是巨灾频发。据国家减灾网数据，2008 年 1 月至 2013 年 6 月初，我国共发生自然灾害 6 943 次。从灾害类型看，其中洪涝灾害 2 585 次（37.25%），风雹 1 551 次（22.34%），低温冷冻、雪灾 760 次（10.94%），地震 644 次（9.28%），旱灾 625 次（9.00%），山体滑坡 326 次（4.70%），台风 265 次（3.82%）。其中，2008 年南方冰雪灾害、"5·12" 四川汶川 8.0 级地震，2010 年 "4·14" 青海玉树 7.1 级地震、"8·7" 甘肃舟曲特大泥石流，2013 年 "4·20" 四川芦山 7.0 级地震，损失尤为惨重。

从民政部救灾司发布的最新数据来看，2013 年 1~11 月，我国自然灾害以洪涝、地震、台风和干旱灾害为主，风雹、低温冷冻、雪灾、山体崩塌、滑坡、泥石流、沙尘暴、森林火灾等灾害也均有不同程度发生。各类自然灾害共造成全国 37 452.4 万人次受灾，1 805 人死亡，439 人失踪，1 102 万人次紧急转移安置；86.9 万间房屋倒塌，780 万间不同程度损坏；农作物受灾面积 30 383 900 公顷，其中绝收 3 423 700 公顷；直接经济损失 5 711.1 亿元。

研究表明，我国发生频次最高、分布范围最广、损失最为严重的重大自然灾害，分别是地震、洪涝、台风及旱灾。其中，旱灾对农业生产的危害极大，对住宅建筑的损害性极小，因此本书所研究的巨灾保险立法主要针对地震、洪涝、台风三种巨型自然灾害。

（一）地震

我国地处环太平洋地震带与地中海—喜马拉雅山地震带的交会处，是世界

---

① 李军. 论我国巨灾保险制度的建立与完善 [D]. 成都：西南财经大学，2006：12.
② 石兴. 巨灾风险可保性与巨灾保险研究 [M]. 北京：中国金融出版社，2010：37.

上地震活动最为活跃的国家之一。① 我国地震风险主要分布在西南、新疆、华北和台湾等地区，具有频率高、分布广、强度大、震源浅、地区差异明显等特征。历史上的多次大地震，造成的损失之大，当居各类巨灾之首位。仅新中国成立以来，就有 1950 年西藏察隅 8.5 级地震、1966 年河北邢台 7.2 级地震、1970 年云南通海 7.7 级地震、1976 年河北唐山 7.8 级地震、1996 年云南丽江 7.0 级地震、2008 年四川汶川 8.0 级地震、2010 年青海玉树 7.1 级地震、2013 年四川芦山 7.0 级地震等多次巨型灾害，给人民群众的生命财产带来了惨重损失，对国民经济造成了严重的影响。

（二）洪涝

受纬度、地形、海陆分布等条件影响，我国气候变化十分复杂，洪涝灾害极为频繁。1954 年大水灾中，全国受灾面积达 2.4 亿亩（1 亩 = 666.67 平方米，后同），成灾面积 1.7 亿亩，长江洪水淹没耕地 4 700 余万亩，死亡 3.3 万人。② 1998 年，一场大洪灾几乎席卷了大半个中国，"共有 29 个省区遭受了不同程度的洪涝灾害，直接经济损失高达 1 666 亿元"。③

（三）台风

我国东部沿海地区靠近西太平洋和印度洋海洋风暴区，极易发生严重台风、暴雨和风暴潮。我国过境台风大多产生于西太平洋区域，在东南沿海登陆，主要影响华南、华东两大区域，少数登陆华北、东北地区。④ 我国台风风险具有沿海性、时段趋于集中、⑤ 次生灾害严重、⑥ 强度逐年增强等特点。

（四）旱灾

我国极端气候事件频发，灾害异常性特征显著，汛期呈现南旱北涝的灾害格局。作为农业大国、人口大国，干旱对我国农业生产造成了很大的影响。自古以来，干旱就不断袭扰着华夏大地，⑦ 是影响区域最广的自然灾害，全国范围内都可能会出现。1978—1983 年，我国北方连续大旱。1997 年全国受旱农

① 于斌. 青藏铁路沿线地震灾害风险区划［D］. 西宁：青海师范大学，2010：1.
② 张翰华. 水文水资源环境管理与防洪减灾［J］. 管理观察，2013（3）：139.
③ 梁艳慧. 基于合作博弈的大连市水资源配置研究［D］. 大连：大连理工大学，2011：23.
④ 1985 年，8507、8508、8509 号台风袭击东北地区，230 人死亡，直接经济损失 47 亿元，东北三省减产粮食 50 亿千克。
⑤ 台风往往集中于每年 7～9 月登陆，盛夏、初秋间居多。
⑥ 台风容易造成暴雨、洪水和地质灾害等次生灾害。
⑦ 据李约瑟统计，在过去的 2100 多年间，中国共有 1600 多次大水灾和 1300 多次大旱灾。陈达在《人口问题》中统计，自汉初到 1936 年的 2142 年间，水灾年份达 1031 年，旱灾年份达 1060 年。

作物 33 351 万公顷，占全国耕地面积近 2/3。1999—2000 年的世纪末大旱，全国因旱损失粮食 594 亿公斤，经济作物损失 506 亿元，成灾面积、绝收面积和因旱造成粮食损失均为新中国成立 51 年来最大值，旱灾波及全国 20 余个省、自治区、直辖市。① 2009 年华中、华北出现旱情后，2010 年西南地区又出现了极其严重的旱灾，云南、贵州等五个省份达到特旱。研究表明，我国旱灾越来越趋于严重。

上述四种巨型自然灾害是我国最为常见的巨灾风险，往往带来大范围、大面积、大数额的损失。加之人们风险意识弱，灾害防御体系差，抵御灾害能力差，我国巨灾风险管理形势极为严峻。②

当前，我国已基本具备抗御一般性自然灾害的能力，有效抗御巨灾是今后防灾减灾的重点。③ 面对这一艰巨任务，我国政府理应进一步强化自身主导作用，建立健全灾害应急管理机制，迅速提升巨灾风险管理水平。

四、巨灾风险管理

（一）风险管理

作为一门新兴的管理学科，风险管理最早起源于美国，20 世纪 70 年代以后，逐渐蔓延到全球。④ 我国对风险管理的研究始于 20 世纪 80 年代，至今仍处于起步阶段。

风险管理是社会组织或者个人用以降低风险的消极结果的决策过程，⑤ 通过各种有效手段，以最小的成本收获最大的安全保障。⑥

（二）巨灾风险管理

巨灾风险波及范围大，造成损失严重，一旦发生，受灾民众基本难以承受。因此，强化风险管理是应对巨灾最重要的举措。

事实上，对于巨灾风险，人们只能在非常有限的程度上加以管理。面对一般自然灾害，人们可以通过各种方式减灾、防灾，甚至可以通过技术手段避免灾害的发生；但在面对巨型自然灾害时，一般的防御手段基本上难见成效。比

---

① 张翔. 辽宁省旱灾风险评价 [D]. 大连：辽宁师范大学，2009：3.
② 陈海生. 巨灾风险分散机制研究 [D]. 苏州：苏州大学，2008：5.
③ 《中国减灾》编辑部. 应对巨灾风险需要制度创新 [J]. 中国减灾，2008（10）.
④ 李巍. 浅析企业加强风险管理的应用对策 [J]. 商业文化，2012（9）：36.
⑤ 风险管理的主体可以是任何组织和个人，包括个人、家庭、组织（包括营利性组织和非营利性组织）。
⑥ 埃瑞克·班克斯. 巨灾保险 [M]. 杜墨，任建畅，译. 北京：中国金融出版社，2011：112.

如，人们根本无法干预地震、台风的发生，只能在灾前消极防御、灾后积极救济，但灾害终究还是会造成巨大的损失。巨型自然灾害永远不会因为风险管理的干预而消除。因此，巨灾风险管理的目标只能是损失最小化。

对于巨灾风险管理，大致可以从风险控制、风险融资、风险降低三方面予以探讨。

1. 风险控制

根据埃瑞克·班克斯的阐述，风险控制（他称之为损失控制）主要采取事前措施，规避风险或是提高风险抵御能力，以降低损失事件造成损失的可能性。[①] 风险控制是风险管理最基本的构成之一。当然，无论采取何种风险控制措施，并不会降低或消除巨灾风险因素或风险事故，例如地震和台风的发生根本无法干预。因此，巨灾风险管理在风险控制方面，应将重点放在提高风险抵御能力上来。如对建筑物规定最小强度和强化标准，使用高抗性建筑材料和建筑技术。这一手段应是极有成效的，2008 年汶川特大地震中"最牛希望小学"就是一个成功范例。[②]

如何在建筑工程中进行风险控制，这一课题已经引起人们的广泛关注并得以付诸实践，比如设计的改善和材料的强化。通常，遵循最低结构性建筑规范被认为是最有效的降低巨灾风险的方法之一。更有研究证明，将建筑物价值的1%用在安全措施方面，可以将可能最大损失降低 33%。[③] 这也就是说，虽然采取强有力的损风险控制措施并不能改变灾害的发生，也不能完全避免损失的发生，但是，却能够用我们所能采用的最好的标准，使巨灾造成的损失最小化。

正如埃瑞克·班克斯所言，"在风险常发的地区广泛实施的损失控制措施，可以形成对巨灾之后引发的财务负担的有效缩减"，[④] 这对于缺乏健全的保险机制的当今中国，尤显重要。

---

① 埃瑞克·班克斯. 巨灾保险 [M]. 杜墨，任建畅，译. 北京：中国金融出版社，2011：108.

② 网络流传的"最牛希望小学"，是指北川县曲山镇邓家希望小学。该校地处汶川特大地震的核心灾区，但因建筑质量较高，设计较为科学，极大地提高了抗震能力。地震中，学校周围建筑基本成为废墟，而该校教学楼、宿舍楼、食堂等四栋主要建筑却依然大致完好。同时，得益于学校一直坚持开展安全教育和紧急疏散演练，483 名学生无一受伤。

③ 埃瑞克·班克斯. 巨灾保险 [M]. 杜墨，任建畅，译. 北京：中国金融出版社，2011：114.

④ 埃瑞克·班克斯. 巨灾保险 [M]. 杜墨，任建畅，译. 北京：中国金融出版社，2011：110.

2. 风险融资

顾名思义，风险融资就是通过获取资金，用来支付或抵偿风险损失的各种手段，又称为损失融资。一般可分为事前融资、同期融资、事后融资。

事前融资是风险管理单位在损失发生之前，通过融资手段，积累一部分补偿损失的资金。我们常见的巨灾保险、巨灾债券、应急资本和衍生品都属此列。

同期融资是指风险管理单位可以随时从营业收入中筹措损失的资金。[①] 巨灾风险管理中应用较少。

事后风险融资是指风险管理单位在风险事故发生后，筹措补偿损失的资金。一般包括现金/准备金的获得渠道、短期和长期债务发行及发售股权。如佛罗里达飓风巨灾基金发行的事后债券。

风险融资主要通过风险留存、风险转移和风险对冲等方式运行。

风险留存，是指风险管理单位主动或被动地保留风险。应该说，巨灾风险无法通过风险留存予以有效管理。事实上，对于巨灾风险，人们往往是未能正确认识其危害性，出于疏忽或是侥幸心理，将风险留存，最终造成巨大损失。我国的个人和组织由于风险意识不强，对巨灾风险的性质和规模认识不足，往往也就采用了风险自我留存的方式。加之我国巨灾保险制度的缺位，最终灾后保险赔付比例严重偏低。[②]

风险转移，是指通过保险、再保险机制转移风险。保险有效地将融资成本从风险承担人（或被保险人）处转移到保险公司。收取保费后，保险公司在某一特定损害发生时，向被保险人提供赔偿支付。在这一过程中，风险往往可能会因为分散化而出现减少。本书将重点研究这一渠道。

风险对冲，是指对于一些标准合约化保险不能解决的独特风险或不可保风险，通过融资手段将之从一方转移到另一方，后者可以保留该风险或再次对冲。风险对冲可以用于巨灾风险。非传统风险转移和风险对冲是巨灾风险管理

---

① 风险融资. 百度百科//baike. baidu. com/view/1119197.

② 历次巨灾后，我国保险赔付比例严重低于国际水平。以 2008 年"5·12"汶川特大地震为例，直接经济损失为 8 451 亿元，"截至 2009 年 5 月 10 日，保险业共处理有效赔案 23.9 万件，已结案 23.1 万件，结案率 96.7%；已赔付保险金 11.6 亿元，预付保险金 4.97 亿元，合计支付 16.6 亿元"，赔付比例不到 2‰。而发达国家的保险业在巨灾应对中都发挥了巨大的作用。据统计，"全球保险赔款占灾害损失的比例平均为 36%，部分国家甚至高达 60% 以上。2004 年美国和加勒比地区系列飓风共造成 622 亿美元的经济损失，保险业支付了 315 亿美元的赔款，占总损失的 51.5%。2005 年美国'卡特里娜飓风'导致近千亿美元损失，保险业支付了 450 亿美元的赔款，占总损失的 45%"。韩雪. 论我国巨灾保险体系的构建 [J]. 学术交流，2012 (7)：123.

的核心要素。①

3. 风险降低

风险降低是风险管理单位在风险发生前，采取撤出或是分散化的方式，降低甚至完全规避风险。撤出就是部分或全部放弃具有特定风险的业务、活动或地区，如搬离巨灾风险高发地区，这也是唯一能够达到零损失概率的风险管理策略。分散化是指在不相关的风险类别之间构建一个分散化的资产组合，以达到降低损失的目的。

在实务中，人们往往采取上述几种方法搭配使用来降低和最小化巨灾损失。本书重点研究巨灾保险这一风险管理手段。

第二节　巨灾保险

在灾害风险管理体系中，保险、再保险作为风险损失融资中的重要机制，一直被认为是极为重要且行之有效的风险管理工具。巨灾保险一经出现，就成为了分散灾害风险、发挥减灾救灾功能、完善灾后救助体系的重要手段。相较于灾后社会捐助与财政救济，巨灾保险更具可持续性和主动性。

一、巨灾风险之可保性

可保性是被保险人购买保险、保险人承保的前提，是巨灾保险立法、巨灾保险制度建立的基础。正如学者谢家智、陈利所言，"巨灾风险可保性的研究对于厘清巨灾风险的保险属性，引导市场积极参与巨灾风险的管理，加快发展我国巨灾保险意义重大"。②

（一）传统风险可保性

学界认为："风险的普遍、复杂性往往与保险业务经营管理的商业性、合法性和盈利性等发生冲突，也就是说，如果保险人不加选择地满足被保险人转嫁风险的需要，就可能使自己陷入危险的境地，当然投保人也不是在任何条件下都要购买保险以实现风险转移，由此产生了风险可保性。"③

---

① 埃瑞克·班克斯. 巨灾保险 [M]. 杜墨，任建畅，译. 北京：中国金融出版社，2011：114.

② 谢家智，陈利. 我国巨灾风险可保性的理性思考 [J]. 保险研究，2011（11）：21.

③ 石兴. 巨灾保险可保性与巨灾保险研究 [M]. 北京：中国金融出版社，2010：45；石兴. 巨灾保险费率精算模型及其应用研究 [J]. 南京审计学院学报，2011（2）：74.

传统保险理论认为，可保性风险是指"保险人能够运用保险精算原理及其基础大数法则，将那些具有同类风险的众多单位或个人集合起来，以合理计算分担金的形式，由保险人筹措建立保险基金，实现对少数成员因该风险事故所致经济损失的补偿行为和保险人必要的盈利的目的"，[①]"这样的风险才能为保险人所接受，是可保的风险"。[②]

也就是说，满足以下特征的风险才具有可保性：

1. 纯粹风险

前文谈及，风险可分为纯粹风险与投机风险。保险的对象仅仅只针对那些有可能造成损害且不会产生盈利的风险。那些可能产生盈利、有损失或无损失的投机风险，不具有可保性。

2. 偶然、随机的风险

风险发生的对象、时间、地点、损失程度以及发生频率都是不确定的，是不能受人为控制的。如果不可能发生损失，那么就不存在风险事件，保险就失去了意义，投保人根本不会选择投保；如果损失的时间、地点和程度都是确定的，保险人也不会对这种必然的损失予以承保。

3. 大量、同质的风险

存在大量的标的同时面临某一种风险的情况下，只有少数标的会真正遭受损失而需要赔付。只有这样的风险才能计算出合理的保险费率，既让投保人付得起保费，又让保险人的经营能够稳定。这是保险大数法则的基石。[③] 事实上，任何一种保险都要求存在大量保险标的，既能让保险人建立起充足的赔付基金，给受损的被保险人提供保障；又能将风险发生次数与损失值保持一个较小的波动，从而稳定保险人的经营活动。

4. 具有可保利益的风险

可保利益是指"投保人或被保险人对保险标的所具有的法律上承认的经济利益"。[④] 首先，该利益必须合法，不具有法律意义上的瑕疵，为法律所认可且受法律保护；其次，该利益必须是确定的；最后，该利益必须为经济

[①] 吴祥佑. 可保性边界拓展与保险业发展 [J]. 西南科技大学学报：哲学社会科学版，2012 (6)：17.

[②] 石兴. 巨灾风险可保性与巨灾保险研究 [M]. 北京：中国金融出版社，2010：45.

[③] 在保险学领域，大数法则要求：损失发生概率较小；损失具有确定的概率分布；损失不能同时发生。

[④] 石兴. 巨灾风险可保性与巨灾保险研究 [M]. 北京：中国金融出版社，2010：48.

利益。①

5. 损失有重大性

作为一种有效的风险管理手段，当风险的发生可能造成重大或较大损失时，保险才会被需求。一方面，如果潜在的损失很小，完全在人们的承受限度内，就不会产生保险需求；只有潜在损失比较大，投保人在计算保费与可能的损失赔付后觉得合算，才会选择通过保险来转移风险。另一方面，保险人也会斟酌选择，如果风险可能造成的损失过于重大，已经超过其承受范围，保险人在没有其他风险分散或制度安排的情况下，不会选择承保该风险。

与可保风险相对的则是不可保风险，即不能满足上述条件，不为保险人所接受的风险。有学者将之归纳为：不存在大量的同质的风险；存在大量的同质风险单位数量，但难以分摊损失；不存在偶然性、意外性的风险、必然性风险；故意风险、违法风险、自身特征风险、动态风险、② 合同风险、没有社会和经济价值的风险；等等。③

也就是说，在传统保险理论中，必须满足纯粹的、偶然的、损失重大、符合大数原则、具有可保利益等条件的风险，方为可保性风险。

可保性是巨灾保险得以存在并发挥减灾功效之基石，更是巨灾保险立法之必要前提。我国要建立、完善巨灾保险法律制度，进而建构起科学的巨灾保险体系，首先必须解决巨灾风险可保性这一关键性问题。

（二）巨灾风险可保性

以传统风险可保性理论来衡量，巨灾风险并不符合大数定律等条件，故被认为不具有可保性或是具有很弱的可保性。巨灾一旦发生，极有可能严重影响保险公司的经营安全，对其正常运转造成极大冲击。因此，我国保险监督管理委员会（简称"保监会"）出于对保险公司经营风险与整个保险市场秩序的考量，要求财产保险合同中一般只承保基于大量非巨灾风险保单的纯粹风险，将地震等巨灾风险予以排除。④ 然而，其他国家和地区巨灾保险几十年来的成功运行，早已证明巨灾保险在巨灾风险转移、损失分摊、补偿支付方面所发挥的巨大效能。解决不了巨灾风险的可保性问题，巨灾保险制度就难以真正建

---

① 人的身体和生命并不能用金钱来衡量，所以人身险所承保的风险主要是针对该风险会造成被保险人经济上的损失，所以一般都是在承保前，保险人与投保人将损失的补偿标准协商一致。

② 吴祥佑. 可保性边界拓展与保险业发展 [J]. 西南科技大学学报：哲学社会科学版，2012（6）：16.

③ 石兴. 巨灾风险可保性与巨灾保险研究 [M]. 北京：中国金融出版社，2010：51-53.

④ 只允许附加条款的存在。

立，巨灾保险也就没办法发挥其应有功效。因此，巨灾风险之可保性成为制约我国巨灾保险的关键。

那么，巨灾风险是否具有可保性呢？学界对此也争论不休。由于从精算和数理统计的角度考察，巨灾风险不符合大数定律等条件，国内外一大批学者认为其不具有可保性。但为数不少的学者从多方论证，巨灾风险具有一定可保性，且其可保性是可以通过一定技术手段予以拓展的。学界对此问题论述较为充分，本书对几位学者颇具有代表性的观点略作介绍。

石兴从风险特征入手，认为巨灾风险特征与传统意义上的可保性风险特征存在相对统一的地方，由此证明巨灾风险并非不可保。①

张庆洪等基于决策论和保险经济理论，认为风险的可保与否关键在于转移机制和市场结构的安排能否实现风险转移和优化分配。②

卓志、丁元昊等探讨了纯市场、纯政府、保险市场与政府相结合这样三种框架下巨灾风险管理的可保性与可负担性。③

周志刚认为，随着保险技术的进步，可保风险与非可保风险的界限越来越模糊，巨灾风险的可保性被大大扩展。④

梁昊然认为，巨灾风险如依传统理论，当不具可保性，但可以通过价格可保性扩展、分保可保性扩展、共保可保性扩展、替代性风险转移可保性扩展、财务实力可保性扩展、时间可保性扩展、地域可保性扩展、限缩损失可保性扩展等八种方式，对巨灾风险可保性予以扩展，使之在一定程度上符合可保风险之特征，实现巨灾风险的承保和分散。⑤

谢家智、陈利从巨灾风险可保的理论依据（风险平衡理论、风险分散理论、风险分解理论、风险期望理论）与现实条件（时机成熟、灾害学技术发展、保险技术发展、保险业壮大、保险市场竞争激烈、国民收入水平提高、法规的配套健全）两方面论证巨灾风险可保性条件的弱化，并通过建立巨灾风险可保模型（保险精算的可保模型、巨灾保险供求模型）进行验证分析，认为一定条件下巨灾风险具备可保性。⑥

---

① 石兴. 自然灾害风险可保性研究 [J]. 保险研究, 2008 (1): 42-45.
② 张庆洪, 葛凉骥. 巨灾保险市场失灵原因及巨灾的公共管理模式分析 [J]. 保险研究, 2008 (5): 97.
③ 卓志, 丁元昊. 巨灾风险: 可保性与可负担性 [J]. 统计研究, 2011 (9): 74-79.
④ 周志刚. 风险可保性理论与巨灾风险的国家管理 [D]. 上海: 复旦大学, 2005: 33-34.
⑤ 梁昊然. 论我国巨灾保险制度的法律构建 [D]. 长春: 吉林大学, 2013: 21-25.
⑥ 谢家智, 陈利. 我国巨灾风险可保性的理性思考 [J]. 保险研究, 2011 (11): 23.

二、巨灾保险之概述

（一）巨灾保险的内涵

巨灾保险是指通过保险手段，对可能造成巨大损失的地震、洪水、台风等巨型自然灾害风险予以分散，对巨灾造成的损失予以补偿的风险管理机制。

丁元昊从经济角度、保险学角度（从巨灾保险的参与主体、保险标的、保险责任三方面）、法律角度对巨灾保险的内涵进行了剖析；① 吴惠灵从经济、法律角度对其内涵展开了论述；② 梁昊然则对巨灾保险的性质进行了界定，认为巨灾保险有广义、狭义之分，是财产保险，并将农业巨灾保险排除在外。③

从巨灾保险的法律关系来看，巨灾保险是以巨灾保险合同为基础，双方当事人约定，投保人支付保费，保险人收取保费并对巨灾所造成的标的物损失予以赔付的法律行为，形成特定的经济关系，受相关法律制度制约。

巨灾保险是有效分散巨灾风险的一种手段，巨灾保险制度则是通过立法对巨灾保险做出的制度性安排。当前，实施单项巨灾保险即单一的洪水保险、地震保险、飓风保险、农业巨灾保险是学界的主流观点，不过未来的发展趋势是综合性的巨灾保险制度。甚至有学者提出了承担跨区域和不同巨灾类型的"全风险保单"模式。④

巨灾保险在灾害管理中更多地被当作一种风险管理工具。其出现本就是为了分散灾害风险，发挥减灾救灾功能，是灾后救助体系的重要完善手段。相较于灾后社会捐助与财政救济，巨灾保险更具主动性和可持续性。

巨灾保险有广义、狭义之分。广义的巨灾保险是指一切涵盖巨灾风险的保险，都可以称为巨灾保险。狭义的巨灾保险是指承保特定巨灾风险的财产保险。

（二）巨灾保险的分类

1. 以保险标的划分

从保险标的物来看，巨灾保险在广义上大致可以分为财产保险和人身保险两类。人身保险由于符合传统理论上的可保性，商业保险对之基本覆盖。所以巨灾保险主要是在财产保险领域。

在财产保险中，为企事业法人单位提供巨灾风险保障的财产险因其特殊

---

① 丁元昊. 巨灾保险需求研究 [D]. 成都：西南财经大学，2012：23.
② 吴惠灵. 我国巨灾保险体系构建研究 [D]. 重庆：西南政法大学，2010：12.
③ 梁昊然. 论我国巨灾保险制度的法律构建 [D]. 长春：吉林大学，2013：36-38.
④ 周振. 我国农业巨灾风险管理有效性评价与机制设计 [D]. 重庆：西南大学，2011：5.

性，另作研究。① 本书重点研究以居民住宅建筑为标的的巨灾保险，对具有行业特殊性的农业巨灾保险略作介绍。②

2. 以保险性质划分

从保险的性质来看，巨灾保险可以分为政策性巨灾保险与商业性巨灾保险。

政策性巨灾保险是指带有政策扶持性的巨灾保险，政府在巨灾保险实施过程中给予了一定的政策支持、财政扶持，甚至作为保险、再保险提供者，承担赔付责任。

商业性巨灾保险是指完全商业化、市场化的巨灾保险，或是完全按市场化运作，或是在政策性巨灾保险之外，为满足投保人更高的保险需求而提供相应的商业性产品。

3. 以承保风险划分

从承保风险种类来看，巨灾保险可以分为单风险巨灾保险与多风险巨灾保险。

单风险巨灾保险仅仅只承保某一种巨灾风险造成的损失。

多风险巨灾保险则承保多种巨灾事件所造成的损失。

4. 以强制程度划分

从强制程度来看，巨灾保险可以分为强制型巨灾保险与自愿型巨灾保险两大类。

强制型巨灾保险是指巨灾保险的投保、承保具有一定程度的强制性。因强制程度的不同，又可以分为强制型、半强制型两类。其中，强制型巨灾保险即法定巨灾保险，投保人投保、保险人承保都是强制性的，土耳其地震保险就是强制性巨灾保险。半强制型巨灾保险则有所不同，一般主要是对保险人课以承保义务，必须提供巨灾保险产品。

自愿型巨灾保险是指巨灾保险投保人、保险人可以依照自主意愿选择是否投保、承保巨灾保险。英国洪水保险就是典型的自愿型巨灾保险。

此外，还可以依据保险的层级，将巨灾保险分为原保险与再保险。

---

① 石兴认为，为企事业法人单位所面临巨灾风险提供保障的主要是商业性巨灾保险，在实践中已经较为完善，主要通过共保、再保险和资本市场来分散保险人所承保的巨灾风险，实现其可保性。详见：石兴. 巨灾风险可保性与巨灾保险研究 [M]. 北京：中国金融出版社，2010：87.

② 吴惠灵将巨灾界定为自然灾害，巨灾保险的种类主要指财产险和人身险，分别对巨灾损失中的物质损失和生命健康损失进行经济补偿，而责任险相对而言较少，其讨论也仅限于财产险和人身险。吴惠灵. 我国巨灾保险体系构建研究 [D]. 重庆：西南政法大学，2010：14.

（三）巨灾保险的特点

1. 政策性

巨灾保险制度离不开政府的支持。对于所有开展巨灾保险的国家和地区而言，其目的是为了减轻政府财政压力，通过保险手段分散巨灾风险，能够在灾后迅速保障灾民基本生活之需要，或是灾后重建之需要，故多由政府推动并大力支持，很难离开政府的介入与扶持。值得一提的是，也正是有了政府支持，才避免了保险业单独承担巨灾风险而导致巨灾保险难以"存活"的尴尬局面，极大地提高了保险业应对巨灾风险的能力，使保险业能够在巨灾发生后免受"灭顶之灾"。

2. 非营利性

一般而言，政策性巨灾保险具有非营利性，不以营利为目标。不管是由政府成立专门机构经营巨灾保险、承担赔付责任，还是交由商业保险公司运营、保险公司承担全部或部分赔付责任，巨灾保险经营机构提供巨灾保险业务的目的都是为了分散巨灾风险，减轻、补偿巨灾损失，而非追求利润。

3. 社会保障性

所谓社会保障性，是巨灾保险因政府的参与及赔付有限性而具有一定的社会保障属性。

政府参与。巨灾保险属于准公共产品，具有一定的公益性，因此尽管参与力度有所不同，但巨灾保险的各个环节，从立法支持、组织实施、强力推进，都离不开政府的参与。也正是在政府的助推、保障下，被保险人才能够及时获得赔付，财产安全得到保障。而巨灾保险的实施，也在一定程度上减轻了政府的社会保障职责。

保障有限性。巨灾保险不同于一般的商业财产保险，不能将巨灾损失悉数赔偿，而是通过给付限额的方式，仅仅只满足受灾民众最基本的生活保障。从其他国家和地区相关制度来看，大多数国家和地区设立巨灾保险制度的目的就是为保障民众基本生活之需要。因此，我们认为巨灾保险具有社会保障性。[①]

---

① 也有学者根据保险赔偿金的称谓论述巨灾保险的社会保障性质，认为"之所以称之为给付金而不是赔偿金是由于在巨灾的发生不是由国家的过错造成的，不管是从侵权还是违约双方面看国家都没有赔偿责任，现在国家出这笔钱纯粹是出于人道主义，因此巨灾保险金定义为巨灾保险给付金会更加适合"。本书以为不可取。"给付金"、"赔偿金"、"补偿金"的称谓其实并不重要，因为保险金的支付都是基于保险赔偿原则，是保险经济补偿职能的体现。所以，单以称谓来确定巨灾保险的性质，未免有些牵强。

（四）巨灾保险的功能

1. 有效分散巨灾损失

巨灾保险的首要功能在于对巨灾损失的有效分散。通过时间、地域的扩散，让某次巨灾事件所造成的损失通过多个年份、多个地域的合力来加以弥补，将不可保的巨灾风险扩展为可保性风险，并通过对巨灾保险的参与，提高民众应对巨灾风险的能力；在灾害发生后，保险人能够以最快速度，根据保险合同，给予被保险人一定的经济补偿，减轻受灾民众的经济负担和心理压力，帮助他们进行家园重建、恢复生产生活。

2. 提高风险管理水平

对于所有的国家和地区而言，巨灾风险管理都是个极大的挑战。一方面，巨灾风险波及范围大，造成损失严重，一旦发生，受灾民众基本难以承受；另一方面，基于巨灾的特征，人们只能在非常有限的程度上对巨灾风险加以管理，目标只能是损失最小化而非消除巨灾。在巨灾风险管理体系中，巨灾保险作为风险损失融资的重要机制，一直被认为是极为重要且行之有效的风险管理工具。巨灾保险能够充分调动社会各方面资源，有效协调政府与市场的功能，通过快速赔付以保障受灾民众基本生活，缓解政府财政压力和对社会经济秩序的冲击。同时，巨灾保险能在一定程度上减少民众对政府财政和社会援助的依赖心理，提高民众的风险管理意识。相较于社会捐助与财政救济，巨灾保险更具主动性和可持续性，更有助于政府风险管理水平的提高。

3. 减轻政府财政负担

基于巨灾事件的特殊性，灾后救济主要依靠政府财政支出。如若民众风险意识弱，灾害防御体系差，灾害抵御水平低，巨灾风险往往带来大范围、大面积、大数额的损失，政府不得不投入巨额资金用于民众基本生活保障与灾后重建。这既给政府增加了沉重的财政负担，又影响了财政资金的救灾效率。所以，主要依靠政府财力的防灾、救灾模式，必然导致巨额的财政负担，且资金补偿效率偏低，一直为人们所诟病。充分发挥巨灾保险的赔偿功能，保障民众的基本生活，尽量减轻灾害对民众生活的影响程度，在居民住宅损失交由巨灾保险机制予以赔付的情况下，可以将财政资金更多地投放到公共领域，这正是巨灾保险的主要功能之一。

4. 维护社会经济秩序

巨灾具有高度的不确定性，破坏力大，影响范围广，对于经济发展与社会稳定均有着极大的负面影响。巨灾一旦发生，其影响已经远远超出个人和家庭的层面，往往会造成整个地区巨大的财产损失和人员伤亡，对当地的社会、经济造成巨大破坏，甚至会诱发新的社会不稳定因素，对国民经济和社会秩序造成严重影响。

维护社会经济秩序是巨灾保险的另一功效。其实现途径是通过保险业对受灾民众的财产赔付，帮助民众迅速摆脱巨灾损失的影响，恢复生产、重建家园；国家得以将有限的财力投放到灾区基础设施等民生工程的恢复重建，帮助民众尽快恢复正常的生产生活，从而维护社会经济秩序的稳定，保障社会安全。

（五）巨灾保险的缺陷

1. 逆向选择

所谓逆向选择，是指由于双方信息不对称而诱发的契约当事人作出损人利己的选择。也就是说，交易一方利用自己比对方了解更多信息的优势而获利。就保险市场而言，逆向选择也是比较常见的。通常保险人根据平均风险程度来确定保险保费，而投保人则较可能出于自身风险程度和利益考虑，往往风险程度高的投保人会选择投保，而在风险程度较低的情况下认为没有投保的必要性，从而导致投保率下滑，风险单位减少，使得整个保险市场的风险程度提高。

在巨灾保险领域，由于巨灾风险的特殊性，出现逆向选择的可能性更大，而且这种逆向选择还不仅限于投保人，保险人亦是如此。如果采取自愿保险方式，投保人往往对自有财产的巨灾风险程度（自己保费投入与受灾可能性）多加衡量，最终因为风险程度较高而参保，因风险程度较低觉得不合算而弃保，甚至会因为持续一段时间内未发生巨灾而拒绝续保，从而导致仅有高风险地区和高风险时间段才可能有较高的巨灾保险需求，这必然导致巨灾风险单位数量不足，严重影响巨灾风险的时间可保性与地域可保性，最终致使巨灾保险市场效率低下、赔付能力萎缩、抗风险能力降低，巨灾保险很难达到预期效果。

2. 道德风险

所谓道德风险，是指由于个人品德瑕疵，为获取保险金，使其促使或放纵风险事故的发生的行为。在保险领域，道德风险时有发生，很多案件都源于道德风险行为，如杀人骗保、纵火骗保等。

在巨灾保险市场，道德风险的表现形式虽有所不同，但可能更为严重。巨灾风险的特殊性决定了被保险人不能促使巨灾风险的发生，他只能在巨灾发生时主动扩大损失或是放任损失的扩大，以达到获取更大利益的目的。比如在分档定损赔付的情况下，在房屋损失程度接近半损标准时，被保险人很可能不采取止损措施，放任损失扩大，或是将损失扩大，使损失超过半损标准，意图获取全损赔付金。

第三节　我国巨灾保险之现状

一、我国巨灾保险之历程

新中国成立以来，我国以地震保险为主的巨灾保险经过了试水与停办——恢复与限制——有条件开放与探索的艰辛历程。本书对此略作介绍。

（一）试水与停办

1951 年，中央人民政府政务院作出了《关于实行国家机关、国营企业、合作社财产强制保险及旅客强制保险的决定》，[①] 地震等巨灾风险作为中国人民保险公司普通火险的扩展责任，被纳入承保范围。但受国家计划经济体制影响，1958 年我国保险业务停办，巨灾保险由此中断。

（二）恢复与限制

1979 年，我国保险业务逐渐恢复，人保公司重新将地震、洪水等巨灾风险列入财产险责任范围。但随着保险市场的进步、理论研究的深入、风险意识的增强，巨灾带来的经营风险被人们所重视。1996 年，中国人民银行决定将地震、台风等巨灾风险从企业财产保险、综合险中排除，但将洪水风险列入承保责任范围。2000 年，证监会要求，未经批准，保险公司不得随意扩大保险责任以承保地震风险。

（三）有条件开放与探索

2001 年 9 月，保监会有条件地放开商业财产地震保险的承保，业务范围限于有重大社会影响的大型项目。[②] 各保险公司也开始对巨灾保险展开探索，推出了一些巨灾保险产品，但受各种条件限制，效果并不好。随着保险业的发展，历次巨灾带来的惨重损失，我国政府、社会各界越来越重视巨灾保险的防灾救灾功效，云南、深圳的巨灾保险试点也于 2013 年年底正式启动。

---

① 许均. 我国巨灾保险法律制度研究 [D]. 上海：华东政法大学，2008：13.
② 许均. 我国巨灾保险法律制度研究 [D]. 上海：华东政法大学，2008：14.《企业财产保险扩展地震责任指导原则》（保监发〔2001〕160 号）：针对关系国计民生或者具有重大社会影响的大型项目，在经报中国保监会批准后，可扩展承保地震保险。

二、我国巨灾保险之现状

（一）地震保险

地震是我国主要的巨灾风险之一，地震保险同样走过了艰难曲折的发展历程。1951 年地震风险被列入责任范围；1959 年随保险业务停办而中止；1980年，受唐山大地震影响得以恢复，并被包含在主险条款中；① 1996 年被列入除外责任；2000 年要求地震责任从主险条款中剔除，只能作为附加险承保，非经批准不得承保地震风险；2001 年有条件地开放。

2000 年 7 月，保监会批准设立地震附加险，费率为主险的 10%，最高可获赔主险保额的 80%，免赔额为 500 元。

2005 年末，人保财险推出"居家无忧"家庭财产保险组合产品，曾附加地震责任扩展保险，② 此款产品现已停售。

2006 年 3 月，大地产险公司江西分公司推出"大地解忧"房屋地震保险，为首个城乡居民房屋地震损失险种，在九江地区开展试点。该险种承保里氏3.8 级以上地震，最高可获赔房屋价格的 80%，保费为每年房屋价格的 1%。③

2007 年底，苏黎世保险北京分公司推出全方位居家生活综合保险，可以附加承保地震险，保额为家财、房屋价值的 80%，费率为 1‰。

2008 年 1 月，华安保险"福满堂"家庭财产综合保险在广州、天津试销，汶川地震后在成都等城市陆续投放。"地震、海啸也在保险责任范围之内，但对地震责任的区域进行了适当限制，其中河北、宁夏、甘肃、山西、内蒙古、陕西、海南、新疆、西藏、云南等地区属于地震、海啸责任的除外地区"。④

2008 年 6 月，"天安保险大连分公司推出一款家庭财产特种保险产品，保险责任涵盖破坏性地震、雪灾、洪水、海啸等巨灾保险责任"。⑤

---

① 2008 年汶川特大地震后，中国人保财险将 1600 多万元的长效还本农房地震保险赔款，支付给德阳市旌阳区 4 个乡镇的受灾保险农户。据了解，该笔赔款是人保公司于 20 世纪八九十年代前后承保的长效还本家财险业务项下的赔款。这也见证了我国地震保险的存在痕迹。详见. 人保毛晓梅，王文帅. 人保向德阳受灾农户一次性支付 1600 万元农房地震险赔款 [EB/OL]. 新华网，[2008-06-05]. http://news.xinhuanet.com/newscenter/2008-06/05/content_ 8317731.htm.

② 袁序成、吴成明. 建立我国地震保险制度的几点思考 [J]. 区域金融研究，2008 (9)：4.

③ 李平. 建立家庭财产地震保险制度的思考 [J]. 城市与减灾，2009 (5)：15.

④ 金磊. 涵盖地震责任：华安保险"福满堂"家财险热销 [EB/OL]. [2008-09-09]. 搜狐理财，http://money.sohu.com/20080909/n259456469.shtml；叶秋勇. 涵盖地震责任 华安保险"福满堂"家财险热销 [N]. 中国保险报，2008-09-17 (05).

⑤ 张琳. 天安保险推出巨灾产品 [EB/OL]. [2008-06-21]. http://www.cs.com.cn/bxtd/02/200806/t20080621_ 1500754.htm.

2013 年，平安保险开发了平安地震保险，推出平安地震自助卡，包括财产、人身安全保障。客户只需花费 80 或 150 元，就可以享受 60 万或 150 万元的保障。①

寿险方面。2008 年，中国人寿先后推出"国寿重大自然灾害意外伤害保险"、国寿"安享一生"两全保险（分红型）两种产品，恒安标准人寿推出"福惠双赢"两全保险（分红型）产品，均涵盖了地震、洪水等 6 种重大自然灾害。

尽管有多种地震保险产品问世，但市场认可度不高，投保率极低，影响范围较小。尤其是地震险大多作为附加险予以承保，严重限制了民众的投保热情和购买能力。

（二）洪水保险

在我国现有产险险种中，大多涵盖洪水风险。但是，我国洪灾保险由于依附于主险，费率依火灾险之标准，未考虑洪灾风险因素，因而容易出现保险公司逆向选择的情况。

为此，20 世纪 90 年代，我国一些地区开展了洪水保险的试点，但都以失败告终。水利部门曾在淮河流域开展蓄滞洪区保险试点，建立保险基金，分洪后给予补偿，但由于多种因素影响而失败。②

1992 年，中保财险对江西农村强制性实施长效房屋保险，保险标的为房屋，覆盖水灾、风灾、火灾等多种风险，保费为一次性的 62 元，最高赔额为 2000 元；城镇居民则推行储蓄式保险。但 1998 年洪灾的赔付，使得保险公司损失较大，仅中保财险一家在江西赔款就达 3.5 亿元。③ 保险公司基于经营风险过大，选择将保费退回投保人，不再承保洪水风险。④

（三）台风保险

我国现阶段并没有专门针对台风的天气保险产品，但我国一些保险公司推出的人身意外险、旅行保险、车辆险、企业财产险、家庭财产险、工程险和农业险等多个险种中，大多把台风、洪水、泥石流等重大自然灾害造成的损失，列入责任范围。

---

① 地震附加险：汶川地震后首现 2013 年现身厦门 [EB/OL]. 厦门福房网，http：//www. ffw. com. cn/1/84/890/194636_ 2. html，2014-03-10.

② 苏赢. 洪水造成巨额损失 保险却无半分介入——访中国防洪减灾研究所所长程晓陶，人民网，http：//www. people. com. cn/GB/paper2515/10121/927239. html，2014-03-10.

③ 顾春慧，郭文娟. 洪灾保险探讨 [J]. 湖南水利水电，2009（4）：93.

④ 程晓陶，苑希民. 江西省洪水保险的调查与思考 [J]. 中国水利水电科学研究院学报，1999（2）：14.

也就是说，"我国现有的台风保险，主要作为财产险、一切险的一项保险责任予以承保。产品定价由各保险公司总公司控制，费率在全国范围内基本一致。这也很难避免逆向选择的出现。"① 就保险公司而言，浙江、福建、广东沿海一带台风灾害较为频繁，所造成的损失较大，运营风险明显大于其他地区，承保风险与利润不相匹配，这使得保险公司在这些地区对台风风险的承保呈十分谨慎态度，甚至执行极为严格的承保政策。对于投保人而言，由于执行统一费率，在上述台风频繁的地区，民众投保意愿较高，却因为保险公司的"畏难"以及保险产品的种类单调，找不到适合的产品，很难投保成功；在其他地区的民众却因为台风风险较小，少有投保意愿。

（四）农房保险

2006 年以来，福建、浙江、贵州等地开始探索实施政策性农房保险，对农村住房因自然灾害所受损失予以赔付。之后，全国各省市纷纷展开试点，农房保险得以迅速发展并取得显著成效。2012 年 12 月 24 日，民政部、财政部、保监会联合下发《关于进一步探索推进农村住房保险工作的通知》，要求"进一步探索推进农村住房保险工作，在农户自主自愿的前提下，逐步扩大农村住房保险的覆盖面，不断提高农村住房风险保障水平"。② 通知要求，"农房保险的保险责任应主要包括洪涝、台风、风雹、雪、山体滑坡、泥石流等自然灾害以及火灾、爆炸等意外事故。保险公司可在条件允许和风险可控的基础上提供地震风险保障"。③

2006 年 8 月，福建省农房保险实现了全覆盖，将全省范围内 670 万农村住户全部纳入。④ 到 2012 年 9 月月底，省财政累计投入保费 2.9 亿多元，全省累计赔付保险金 2.6 亿多元，惠及 9.7 万户农户。⑤

浙江省于 2006 年 11 月正式启动了政策性农村住房保险。到 2007 年 4 月 15 日，全省共有 979.18 万户农户参保，保费收入 1.14 亿元，参保率达 95.46%，基本覆盖全省范围。⑥

2012 年年底，全国 20 多个省份已经开展了农房保险试点工作，承保 6 700

① 梁昊然. 论我国巨灾保险制度的法律构建 [D]. 长春：吉林大学，2013：125.

② 付秋实. 农房有了更大更强的"保护伞" [N]. 金融时报，2013-01-23 (11).

③ 曲哲涵. 农房保险突破行规 [N]. 人民日报，2013-01-18 (02).

④ 高嵩. 福建政府买单搭建自然灾害防护网 [N]. 中国保险报，2013-06-25 (01).

⑤ 胡苏. 福建农房保险惠及近十万农户 民心工程仍需进一步完善 [N]. 经济参考报，2012-11-30 (18).

⑥ 汪建军、王铮、葛俊松、仝春建. 浙江政策性农房保险超额完成目标 [N]. 中国保险报，2007-05-14 (03).

万间农房，累计保额达 6 382 亿元。①

第四节　我国巨灾保险之困境

一、法律制度长期缺位

从国外巨灾保险的实践来看，往往是在某次巨灾之后，政府迅速立法，进而实施。我国是世界上自然灾害最频繁、最严重的国家之一，近几年更是巨灾频发，损失惨重。2008 年南方冰雪灾害与汶川地震之后，学界、保险界对巨灾保险的呼声高涨，相关研究呈现出井喷之势，保监会相关人士也多次提及立法工作。但直到今天，相关立法进程仍显缓慢，仅有前文所提及《深圳市巨灾保险方案》出炉（笔者多方收集，未能找到该方案详细资料），国家层面的立法仍有待时日。

二、保险市场实力有限

我国保险业起步较晚，中间又有 20 多年的中断期，进入到 20 世纪 80 年代，我国商业保险才得以真正开始发展。1980 年、1982 年，我国先后恢复了财产保险与人身保险业务。以 1992 年首家外资保险公司在华成立为标志，我国保险市场进入快速发展阶段。20 多年来，尽管我国保险市场发展较快，保险密度和保险深度仍远低于世界平均水平。相关数据显示，2010 年，发达国家保险市场的保险深度已达 12% 左右；而保险密度方面，发达国家早已达 2 000~3 000 美元。② 2012 年，我国保险密度为 1 143.8 元，约为发达国家的 1/10；保险深度为 2.98%，不到发达国家的 1/4。由此可见，我国保险市场发展水平较低，与发达国家差距明显，这也导致了我国保险市场的巨灾风险承保能力极为有限。

三、巨灾保险供给不足

我国巨灾保险始于新中国成立之初。1996 年，地震风险被列为保险除外责任，2000 年地震责任从主险条款中剔除，地震保险基本处于停滞状态。洪水险、台风险又有所不同。目前我国现行的多个险种中均涵盖洪灾、台风风

---

① 庹国柱. 巨灾保险不妨从农业保险起步 [N]. 中国保险报，2013-05-13 (09).
② 李俊峰等. 我国保险市场现状及对策分析 [J]. 今日财富，2009 (7)：26.

险，多以附加险的形式存在。但在洪灾、台风易发地区，保险公司往往拒绝提供洪水险、台风险。至此，我国巨灾保险出现供给不足的局面。2008 年前后，一些保险公司开始推出涵盖地震等巨灾风险的保险产品，但由于保费太高，且投保条件较为严格，投保率较低，市场效果不佳。

我国巨灾保险之所以会供给不足，原因是多方面的。

（一）风险数据匮乏

风险精算是保险经营管理的基础之一。只有在获取精确的风险信息后，保险公司才能对其风险承担能力进行科学评估，进而决定是否开展此项业务。目前国内缺乏完备的关于巨灾发生频率和损失的历史统计资料，相关数据库和风险分析模型较少，巨灾风险数据严重不足，因而无法准确测算风险概率和损失，也就无法进行保险费率的厘定与承保能力的评估。

（二）产品开发滞后

我国巨灾保险受实践层面影响，相关产品开发、设计落后。我国地域广阔，各地区可能发生的巨灾各有不同，受灾程度亦有所差异，这就导致我国商业保险公司很难开发出科学的、适应性很强的巨灾保险产品；同时，由于巨灾风险属于小概率事件，往往具有很大的不确定性，评估难度较大；加之巨灾一旦发生，损失极为惨重，赔付金额极为巨大，保险公司往往对其所承担的风险感到畏惧，认为巨灾保险的回报率不及其他险种的收益高，进而对巨灾保险采取谨慎或回避态度，不愿意开发和推出巨灾产品。

（三）经营技术落后

其一，由于我国现有巨灾险是非强制性的，受相关产品费率影响，承保人往往出于经营稳定性需要，在巨灾风险较大的地域内拒绝提供巨灾产品，这也与投保人在巨灾风险较小地区放弃巨灾产品相对应。其二，巨灾保险涉及地质、地理、气象、建筑等多学科，技术门槛与投入成本较高；[①] 灾后理赔情况复杂，往往要进行大量的查勘、定损工作，经营技术要求很高。而我国保险市场由于发展水平较低，保险经营技术落后，达不到巨灾保险经营的要求。

（四）专业人才缺乏

巨灾保险涉及多个学科领域，专业性强，知识面广泛。从现有研究人员来看，一部分是从事灾害学、事故学研究，一部分则是金融、保险专业研究人员，复合型专业人才极度匮乏。[②] 另外，巨灾保险从业人员亦有如此要求。巨

---

① 王新新. 以保险为重要内容的我国巨灾风险管理体系探讨 [J]. 灾害学, 2009 (4)：139.
② 陆柏，陈培. 我国巨灾保险的现状与对策 [J]. 中国减灾, 2009 (5)：34-35.

灾保险产品的开发和经营涉及地质、地理、气象、土木工程等多学科的专业技术知识，这方面的专业人才也正是现阶段我国保险公司所缺乏的。

四、巨灾保险需求不足

与供给不足相对应的是，我国巨灾保险市场需求也明显不足。这也与我国保险市场发展时间较短、巨灾产品不完善、民众巨灾保险意识薄弱、国民收入水平不高等多方因素息息相关。近年来，我国保险业发展迅速，但受发展时间、收入水平、城市化水平、教育水平等多方面因素影响，我国保险市场较发达国家而言仍显落后。由于对保险了解不多，加之根深蒂固的保守思想影响，人们宁愿把钱存进银行或是置产投资，也不愿意花"冤枉钱"去购买保险，利用保险进行风险管理的意识相对较弱，这也限制了我国保险市场的快速发展。

据保监会数据，2012 年，我国保险业原保险保费收入 15 487.93 亿元，赔付支出 4 716.32 亿元。其中产险保费收入 5 330.93 亿元，产险业务赔款 2 816.33亿元。财产险业务中，机动车辆保险保费收入 4 005.17 亿元，占了 72%；企业财产保险 360 亿元，占比 7%；农业保险 241 亿元，占比 4%；其他财产险 478 亿元，这之中仅有一小部分为家庭财产保险，学界估计不足财产险保费总收入的 1%。[①] 此项数据离国外发达国家产险收入相差甚远，充分说明我国民众风险意识不强，对财产保险的需求和购买愿望都不高。

从巨灾保险的生存空间来看，尽管我国巨灾频发、损失惨重，但由于我国灾后救济由政府大包大揽，每次巨灾之后，多由政府财政支出和民间捐助予以救济，人们已经对政府和社会产生了过度的依赖感，保险意识极为淡薄，很少有人主动去了解和购买巨灾保险；加之经济发展水平、国民收入水平不高等因素的影响，我国民众保险投入较少，对发生频率极低的巨灾保险的需求就更小了。再者，由于巨灾风险的严重损害性，加剧了保险公司的承保风险，保险公司往往在设计巨灾保险产品时，将价格定得比较高，这也在很大程度上抑制了民众的购买欲望。

五、风险分散机制匮乏

时下，我国再保险市场仍不发达，资本市场难言完善，保险市场缺乏有效

---

① 中国保监会统计信息部. 中国保险市场 2012 年经营状况分析 [EB/OL]. [2014-01-12]. 百度文库, http://wenku. baidu. com/link? url = GtrATZBy7Sb9DWNgrUMC0kDBdbyN _ gWFx8XjNMT2FA7jMm5SdK8Ofz5nVvXgxzKgiMVAM8jUBb0jpulYgee5VO6R27h3M2BauUdBBiOQU-S.

的风险分散途径。

（一）再保险发展滞后

所谓再保险市场，一般是在国际范围内，通过再保险，将大数定律应用到本国之外的更广泛的区域，在更大的地域和时间范围内聚集风险单位，实现风险分散的最优化，也就使得在局域内不可保的风险成为可保风险；同时，将巨额风险分散给其他保险人，由众多保险人共同承担风险，避免保险公司自留风险过大，在巨灾来袭时因索赔出现巨额亏损甚至破产。从以往数据来看，1985年墨西哥大地震、1988年吉尔伯特飓风最后赔偿责任的98%以上由再保险公司清偿，欧美国家多次巨灾之后，全球再保险业都承担了全部经济损失的50%以上。[①]

我国1980年恢复国内保险业务以来，中国人保、中国平安、太平洋保险保险公司相继开始办理再保险业务。1996年，中国再保险公司成立。到2012年底，再保险公司增加到7家。几十年来，再保险竞争模式和产品结构发生了转变，再保险业务全面实行商业化运作。总的说来，我国再保险市场发展相对滞后，与直保市场发展不相适应；资金不足，承保能力弱；滞后于国际再保险市场；市场容量不够，对海外再保险市场的依赖性较大；再保险市场主体数量少，竞争不够充分；再保险市场供给结构性不足；出现再保险贸易逆差；缺乏明确的准入与退出机制，垄断性较强。专业人才极度匮乏，服务水平滞后；未形成专业化再保险中介机构；法制不健全，无专门的再保险法规，市场秩序混乱，监管不规范。2010年，中国再保险集团公司保费收入为37.96亿美元，同期慕尼黑再保险公司保费收入为312.8亿美元，瑞士再保险公司保费收入为247.56亿美元。我国已成为全世界最小的再保险市场之一，严重影响了巨灾风险的承保能力，也间接导致了巨灾保险供给的不足。

（二）资本市场欠发达

一般而言，资本市场包括证券、长期信贷、衍生工具等市场。发达的资本市场对保险市场秩序的稳定至关重要。就我国而言，由于资本市场还处于较低水平，市场效率低下，导致保险资金应用渠道相对较窄，资金风险增加。目前，我国保费主要应用于储蓄、债券、股票和少量金融衍生工具。以保监会发布的《2013年保险统计数据报告》为例，到2013年年底，保险资金运用余额为76 873.41亿元，其中，银行存款22 640.98亿元，占比29.45%；债券33 375.42亿元，占比43.42%；股票和证券投资基金7 864.82亿元，占比

① 黄敏莎. 极值理论在巨灾保险中的应用 [D]. 广州：中山大学：12.

10. 23%；其他投资 12 992. 19 亿元，占比 16. 9%。参考其他国家和地区巨灾保险制度，巨灾风险证券化亦是转移巨灾风险的有效方式，但由于我国资本市场的不完善，这也暂时只能停留在理论层面。

六、政府支持力度不够

巨灾保险实施难，并不仅仅在于市场失灵，政府角色定位也出现了一定的偏差。一直以来，我国政府在灾害风险管理方面，重点关注应急管理与恢复管理，往往忽视了风险管理。作为重要的灾害风险管理工具，巨灾保险一直为政府所忽视，或虽有重视却缺乏积极主动性。

（一）风险管理意识淡薄

风险管理在我国还是一门新兴学科。我国对风险管理的研究始于 20 世纪 80 年代，至今不过 30 余年，尚处于起步阶段，且其主要应用于企业管理。受传统观念的影响，国人大多认为风险是不可管理的，政府也对风险管理的认识不充分，对于事前风险管理的巨灾保险也就重视不够。

（二）政府角色定位不明

我国的灾后救济由于国家财政支出居于主要地位，决定了民政部、财政部的主导地位。我国 2006 年就提出要建立国家财政支持的巨灾风险保险体系，也就是说，巨灾保险将由中央政府主导、公共财政支持。然而，多年来，政府一直没有明确自身定位，也没有设置统一协调管理的机构，以至于灾后救济中各个部门、各级政府仍各行其是，很难将灾前、灾中、灾后风险管理统一规划、协调管理。

（三）地方政府价值偏好

巨灾保险的实施与推广，离不开地方政府的大力支持。由于巨灾保险是对低发生概率风险的管理，具有长远利益而非短期效益，这与当前我国地方政府官员追求短期回报的愿望相悖。加之推广成本相对较高，地方政府投入巨灾保险制度建设的主动性和积极性势必大打折扣。

第五节　我国巨灾保险之突破

一、技术可行性

（一）立法技术

党的十一届三中全会以来，我国法制建设进入快速发展时期，立法技术日趋成熟，中国特色社会主义法律体系已经形成。虽然尚无专门的巨灾保险法规，但相关法律法规中对巨灾保险也有所规定。尽管有一定难度，但目前的立法技术基本上能够满足巨灾保险立法之需要。

另外，虽然我国巨灾保险立法还处于探索阶段，但国外巨灾保险立法技术业已成熟。美国、日本、新西兰、法国、土耳其等国家和地区通过立法，建立起较为完善的巨灾保险体系，并在多次巨灾救济中发挥了极其重要的作用。1994年，新西兰《地震委员会法案》取代《地震险和战争险法案》，成为该国巨灾保险之保障；美国现有《联邦洪水保险法》《全国洪水保险法》《洪水保险改革法》《加州地震保险法》等系列法令；日本颁布了《灾害对策基本法》《地震保险法》等法令，其地震保险和农业巨灾保险极具特色；欧洲诸国，法国、西班牙、瑞典、挪威、土耳其等均以法律形式实行强制性巨灾保险。正是国外日臻完善的巨灾保险制度的刺激和影响，国人于20世纪80年代开始了相关理论研究。纵观其他国家和地区，尽管由于法律、社会文化和经济发展水平不一，其巨灾保险制度也呈现出较大的差异性。但究其根本，各国在巨灾保险立法的理论基础、运行机制等方面还是存在很多共性，也为我国巨灾保险立法提供了有益的借鉴与参考。

（二）灾害学技术

我国灾害学的发展既是对我国开展巨灾保险业务的有力推动，也为巨灾保险立法提供了良好的基础。尤其是自然灾害学发展迅猛，从风险评估体系，到防灾抗灾对策，再到风险区划，对地震、台风、洪水、泥石流等巨型自然灾害的客观规律进行了揭示与探索，为我国巨灾保险的实施奠定了理论基础。

（三）保险技术

金融数学与保险数学的融合。"决策论、概率论和数理统计等相关理论的发展对保险经营管理提供了有益启发，促进了保险精算、保险产品定价、现值理论等保险经营管理技术的成熟"，[1] 为保险风险转移至资本市场以及保险市场与资本市场的融合对接提供了理论依据。

"计算机和通讯等高新技术的不断发展，为金融创新和保险工程提供了强大的技术支持。计算机代替人工对大量保险数据的运算、开发成功和商业化的统计软件代替人脑对已有数据进行精确的实证分析、金融数学的模型和工具在实践前的统计建模、精算模拟与检验等"，[2] 极大地提高了保险业的技术水平。

---

[1]　谢家智，陈利. 我国巨灾风险可保性的理性思考 [J]. 保险研究，2011（11）：26.

[2]　谢家智，陈利. 我国巨灾风险可保性的理性思考 [J]. 保险研究，2011（11）：26.

值得一提的是巨灾模型混合技术的开发。该技术是将不同巨灾模型同一灾因的输出结果进行二次加工，以反映不同模型观点的融合，实现巨灾模型的优化，能降低各模型公司间结果的不确定性。这虽然并不能使结果更加精确，却能给决策带来更有价值的参考。①

二、政策可行性

随着巨灾损失的扩大，风险管理意识的提高，我国政府对巨灾保险的防灾减灾功能愈发重视。2003 年，温家宝总理就保监会提交的《建立我国财产巨灾保险研究报告》作出批示，要求"深入研究巨灾保险方案，加快推进震灾保险体系建设"。②

2006 年，国务院下发《关于保险业改革发展的若干意见》，提出了"建立国家财政支持的巨灾风险保险体系"的目标。③ 2007 年 10 月出台的《国家防震减灾规划（2006-2020）》提出，"逐步建立和完善政府投入、地震灾害保险、社会捐助相结合的多渠道灾后恢复重建与救助补偿体制"。④ 巨灾保险毕竟具有政策性和公益性，"单靠商业保险公司也无力承担巨额损失赔偿。只有政府提供必要的财政支持，如限额提取巨灾保险基金，参与再保险，通过税收等手段刺激市场热情等，巨灾保险才具有可操作性"。⑤

事实上，农房保险的成功探索也彰显了政府重视、政策支持对于巨灾保险的重要性。从 2006 年至今，政策性农房保险在全国范围内的成功探索，尤其是在福建、浙江两省取得的显著成效，充分显示了巨灾保险在政府支持下的光明前景。

三、供需可行性

（一）承保实力增强

随着经济环境、社会环境、政策与法律环境的不断优化，我国在保险监管、经营技术、对外开放等方面取得了长足进展，保险行业发展水平不断提

---

① 张利，丁元昊. 浅析巨灾模型混合技术的国际经验 [EB/OL]. [2014-03-14]. http://www.cpcr.com.cn/zbxfw/zbxjs/201403/t20140314_29580.shtml.

② 曾文革，张琳. 对我国制定地震保险法的思考 [J]. 云南师范大学学报：哲学社会科学版，2009 (6)：104.

③ 舒迪. 灾后 12 小时内将确保灾民基本生活 [N]. 人民政协报，2011-12-13 (02).

④ 曾文革，张琳. 我国巨灾保险立法模式探讨 [J]. 西华大学学报：哲学社会科学版，2009 (4)：103.

⑤ 何霖. 日本巨灾保险之进程与启示 [J]. 灾害学，2013 (2)：189.

高，为我国巨灾保险制度的推行奠定了坚实的基础。巨灾风险是否具有可保性也与本国保险业实力及国民收入、消费水平息息相关。保险业财力不足，再保险市场和资本市场较小时，保险公司根本没实力承保巨灾风险，否则一旦发生巨灾就是毁灭性打击。进入 21 世纪，我国保险行业规模迅速扩大，实力不断增强，具备巨灾保险运行的基本条件。

1. 规模扩大

截至 2012 年年末，全国共有保险集团公司 10 家，保险公司 138 家，保险资产管理公司 15 家，其他公司 1 家。其中中资保险公司 86 家，外资保险公司 52 家。全国共有省级分公司 1 644 家，中支和中支以下营业性机构 71 126 家。① 到 2013 年，我国保险业原保险保费收入 1.72 万亿元，同比增长 11.2%，位居全球第四；② 资金运用余额为 7.68 万亿元，较年初增长 12.15%；总资产 8.28 万亿元，较年初增长 12.7%。③

2. 收益增加

2013 年保险业利润总额为 991.4 亿元，同比增长 112.7%；投资收益 3 658.3 亿元，投资收益率 5.04%，同比增长 1.65%；保险行业 2013 年的营业利润率约为 4.75%。

3. 资产优化

截至 2013 年年末，我国保险资金中，银行存款 22 640.98 亿元，占比 29.45%；债券 33 375.42 亿元，占比 43.42%；股票和证券投资基金 7 864.82 亿元，占比 10.23%；其他投资 12 992.19 亿元，占比 16.9%。④

（二）国民收入提高

改革开放以来，我国经济保持了长期的高速增长，国民收入有了很大提高，保险购买力有所增强。根据世界银行公布的数据，2011 年我国人均 GDP 为 5 444.8 美元（世界排名第 84 位），人均 GNI 为 4 940 美元（世界排名第 114 位），已跨入中等偏上收入国家。据国家统计局公布的《2012 年国民经济和社会发展统计公报》，2012 年我国人均 GDP 为 6 100 美元，国民收入水平又跨上了一个新台阶。而保险行业通常将人均 GDP 2 000 美元称为保险业发展的

① 中国保监会统计信息部. 中国保险市场 2012 年经营状况分析.

② 2013 年保险业保费增长 11.2% 利润总和达 991.4 亿元 ［EB/OL］. ［2014-01-21］. 新华网，http：//news. xinhuanet. com/fortune/2014-01/21/c_ 119062131.

③ 保监会. 2013 年保险统计数据报告 ［EB/OL］. ［2014-03-10］. 中国保险监督管理委员会网站，http：//www. circ. gov. cn/web/site0/tab5257/info3901864.

④ 保监会. 2013 年保险统计数据报告 ［EB/OL］. ［2014-03-10］. 中国保险监督管理委员会网站，http：//www. circ. gov. cn/web/site0/tab5257/info3901864.

拐点。当前，我国已经处于这个拐点之上，对保险的需求和购买能力处于上升阶段。受到近几年巨灾频发的影响，民众对巨灾保险的认可度也逐渐提高，只要有法律的要求和政策的引导，民众参与巨灾保险极具可能性。

（三）民众需求激增

2008 年以来，我国遭受了数次巨灾袭击，造成了惨重的经济损失与巨大的人员伤亡。受多次巨灾的刺激，民众对巨灾风险的严重性有了更为清醒的认识，风险意识有所增强，对保险的认识和接受度也有所提高。尤其是在对巨灾保险有一定了解的基础上，曾经遭受过巨灾风险的民众对巨灾保险的认可度较高，有较强的购买欲望。

2012 年 7~8 月，课题组成员多次赴"汶川地震"灾区青川、北川、都江堰等地调研，走访受灾群众上百家；并在绵阳、德阳、成都、南充、达州、重庆等六地发放调查问卷 2 000 份，收回有效问卷 1 960 份，有效问卷率达 98%。问卷分为城镇居民和农村居民两种，分别对其收入水平、生活理念、消费理念、对保险的认识、对巨灾保险的了解和认可度，以及巨灾保险（假设政府补贴部分保费）的购买可能性进行了调查。结果显示，城镇居民对保险的接受度为 63%，农村居民接受度为 27%，整体水平为 43%（车险除外）；16% 的城镇居民对巨灾保险有所耳闻，但知之甚少，农村居民对巨灾保险的认识为零；在看了相关介绍后，成都、德阳、绵阳等重灾区民众对巨灾保险的认可度高达 87%，有购买愿望的民众为 73.5%；南充、达州、重庆等非重灾区民众对巨灾保险的认可度为 52%，33% 的受访者表示价格合适可以考虑；16% 的受访者表示如果政府补贴部分保费则肯定会买（这部分人近几年大多经受过洪涝灾害，且有一定经济实力）。

这次调查反映出以下几个问题。其一，法律、政策的缺位以及相应实践的薄弱，导致民众对巨灾保险的了解度很低。其二，随着经济社会的发展，国民收入不断增长，民众对保险的认识和接受度有所提高，保险购买能力有所增强。其三，在对巨灾保险有一定了解的基础上，曾经遭受过巨灾风险的民众对巨灾保险的认可度较高，有较强的购买欲望。其四，西部地区因其巨灾多发性，人员伤亡重，经济损失大，民众的"损失厌恶感"相较其他地区更为强烈，完全可以作为巨灾保险的试点区域。

第二章　我国巨灾保险立法之现状

第一节　我国巨灾保险立法之缺漏

一、相关概念

（一）巨灾保险制度

巨灾保险制度是通过立法对巨灾保险作出的制度性安排。

（二）巨灾保险立法

巨灾保险立法是指国家机关依据法定职权和程序，运用一定技术，制定并颁行有关巨灾保险事项普遍应用规则的活动。巨灾保险立法依效力层级，可以分为法律、行政法规或部门规章；依立法体例，又可分为单项立法、综合立法、补充立法。

（三）巨灾保险法律制度

巨灾保险法律制度，是指调整巨灾保险关系的法律规范体系。各国的巨灾保险法律制度因其灾害及经济发展水平的不同而有所差异。

二、我国巨灾保险立法之现状

（一）自然灾害立法

当前，我国自然灾害风险管理领域的法律法规主要有：《防震减灾法》《防洪法》《保险法》《气象法》《海洋环境保护法》等法律；《地质灾害防治条例》《森林防火条例》《破坏性地震应急条例》《蓄滞洪区运用补偿暂行办法》《自然灾害救助条例》《突发事件应急预案管理办法》《中华人民共和国防汛条例》《草原防火条例》《军队参加抢险救灾条例》等行政法规；《山东省地震应急避难场所管理办法》《山东省气象灾害评估管理办法》《湖北省突发事件应对办法》《湖北省抗旱条例》《黑龙江省气象灾害防御条例》《黑龙江省防震减灾条例》《安徽省气象灾害防御条例》等地方性法规；国家及各省市防灾减灾规划，《受灾人员冬春生活救助工作规程》《救灾捐赠管理办法》《气象灾害预警信号发布与传播办法》《防雷减灾管理办法》《市政公用设施抗灾设防管理规定》等部门规章，《新疆维吾尔自治区级救灾物资储备管理暂行办法》《内蒙古自治区自然灾害生活救助资金管理暂行办法》《河北省印发气象防灾减灾绩效管理工作方案的通知》等地方政府规章。

从法律、行政法规、部门规章，到地方性法规、地方政府规章，我国巨灾风险管理法律体系已初步建立，但还有待完善。

（二）巨灾保险立法

1995 年，我国颁布的《保险法》主要对商业保险行为予以规范，其中并未涉及巨灾保险内容，其后的几次修订也没有添加巨灾保险。《防震减灾法》提出"国家鼓励单位和个人参加巨灾保险"，《防洪法》也提出要大力鼓励洪水保险的发展，但是相关细则未见出台，巨灾保险一直处于无法可依的状态，工作进展不大，保险业在巨灾风险管理中的作用也就极为有限。另外一些法律法规中，也有提及巨灾保险者，但大多模糊不清，不具有可操作性，也就很难发挥指导、规范作用。

三、我国巨灾保险立法之缺漏

（一）立法进程缓慢

从巨灾保险的实践来看，其他国家和地区往往是在某次巨灾之后，迅速立法，继而实施。我国是世界上自然灾害最严重的国家之一，近几年更是巨灾频发，损失惨重。2008 年南方冰雪灾害与汶川地震之后，学界、保险业界对巨灾保险的呼声高涨，相关研究呈现出井喷之势，保监会相关人士也多次提及立法工作，但直到今天，相关立法进程仍显缓慢，仅有前文所提及《深圳市巨灾保险方案》，① 国家层面的立法仍未出炉。

（二）缺乏可操作性

现有涉及巨灾保险的法规中，大多只是对开展巨灾保险进行号召和笼统的指导，并没有对巨灾保险的具体制度进行设计，甚至还出现了下位法与上位法相冲突的情况。在实际操作中，巨灾保险业务所涉及部门，往往出于自身利益的考虑，在相关规章、文件中与之相抗。如 1996 年中国人民银行就将地震风险列为保险除外责任，从企业财产基本险和综合险中排除；2000 年保监会所

---

① 笔者多方收集，未能找到该方案详细资料。

下发的文件中就要求保险公司不得随意扩大保险责任以承担地震风险。因而，我国的巨灾保险经营难以有效开展，几乎是名存实亡。

第二节　我国巨灾保险立法之可行性

虽然我国巨灾保险立法尚处于探索阶段，但随着理论研究的不断深入、巨灾保险试点的开展、民众需求的日益高涨，在立足于本国国情的基础上，适当借鉴其他国家和地区巨灾保险立法的成功经验，制定出我国的巨灾保险法律制度，用以指导、规范我国巨灾保险活动，已指日可待。

一、理论研究

（一）巨灾保险研究

笔者在中国知网，分别以"巨灾风险""巨灾保险""地震保险""洪水保险""台风保险"为主题，进行精确匹配检索。

截至 2014 年 5 月 10 日，"巨灾风险"相关文献数为 2 239 篇，其中博士论文 59 篇，优秀硕士论文 306 篇，基金论文（省部级以上基金项目）148 篇；"巨灾保险"相关文献数为 1 592 篇，其中博士论文 26 篇，优秀硕士论文 180 篇，基金论文 142 篇；"地震保险"相关文献数为 347 篇，其中博士论文 1 篇，硕士论文 23 篇，基金论文 8 篇。"洪水保险"相关文献数为 264 篇，其中，优秀硕士学位论文 20 篇，基金论文 30 篇。"台风保险"相关文献数为 32 篇，其中优秀硕士学位论文 2 篇，基金论文 3 篇。

从时间上看，我国对巨灾保险的研究相对较晚，1986 年蒋恂提出建立巨灾保险基金的设想，可谓开我国巨灾保险研究之先河，到 2000 年的十多年间，每年只有寥寥几篇，2001 年才突破至 38 篇。总的说来，2008 年以前，相关研究成果较少；到 2008 年两次巨灾之后，政府、保险业界和学术界对此问题的关心程度较之前几年大幅增加，学界掀起了巨灾保险及巨灾保险立法的研究热潮，相关成果出现"井喷"现象。以"巨灾保险"为例，1986—2007 年文献总数为 425 篇，2008 年进入高增长期，2008—2013 年文献数分别为 335、272、207、194、172、198 篇。为方便检索，本书将部分代表性成果列举于下：

博士论文：周志刚《风险可保性理论与巨灾风险的国家管理》（复旦大学，2005 年），曾立新《巨灾风险融资机制与政府干预研究》（对外经济贸易大学，2006 年），沙克兴《台湾自然灾害风险管理与保险机制之研究》（中南大学，2007 年），罗登亮《汶川地震灾后住房恢复重建的法律选择》（西南财经大学，2008 年），王琪《中国巨灾风险融资研究》（西南财经大学，2009年），杜林《重大灾害风险分散机制下保险经营模式研究》（中国地质大学，2009），李文娟《巨灾保险需求及其影响因素研究》（武汉大学，2009 年），郑慧《风暴潮灾害风险管理研究》（中国海洋大学，2012 年），丁元昊《巨灾保险需求研究》（西南财经大学，2012 年），王化楠《中国整合性巨灾风险管理研究》（西南财经大学，2013 年）等。

"地震保险"优秀硕士论文：孙永贺《巨灾风险的非传统风险转移方式（ART）在我国地震保险中的运用研究》（东北财经大学，2004 年）、邬亲敏《建筑物地震保险评估方法与信息管理系统研究》（中国海洋大学，2004 年）、梁瑞莲《论我国地震保险制度的建立》（对外经济贸易大学，2007 年）、王康《建立我国地震保险制度的研究》（天津财经大学，2009 年）、程倩《我国地震保险制度的构建》（西南财经大学，2009 年）、潘玲《我国住宅地震保险经营模式研究》（西南财经大学，2009 年）、宋慧英《我国地震保险制度研究》（新疆财经大学，2009 年）、米云飞《我国地震保险损失补偿的金融对策研究》（河北大学，2010 年）、荆艳妮《基于 DFA 方法的地震保险定价研究》（中国海洋大学，2011 年）、任卫卓《试论我国地震保险模式选择》（西南财经大学，2011 年）、代静琳《建立我国家庭财产地震保险的探讨》（云南大学，2011 年）、胡晓峰《论中国地震保险制度构建》（辽宁大学，2011 年）、何倩《地震风险中的家庭财产保险机制研究》（西南财经大学，2013 年）、关影《我国房屋地震保险合同研究》（吉林大学，2013 年）、张丹叶《我国地震保险制度构建相关问题研究》（华东政法大学，2013 年）等。

"洪水保险"优秀硕士学位论文：王晓丽《太湖流域洪水灾害与洪水保险的基本问题研究》（华东师范大学，2004 年）、刘庆红《蓄滞洪区洪水保险与再保险研究》（武汉大学，2004 年）、孙雷蕾《对构建我国洪水保险体系的研究》（天津大学，2004 年）、李逸波《我国洪水保险模式研究》（中国农业大学，2005 年）、秦倩祺《我国洪水保险制度设计与费率厘定研究》（浙江工商大学，2008 年）、孔小玲《我国洪水保险损失预测模型建立及应用》（湖南大学，2008 年）、邵月琴《我国洪水保险模式的构建研究》（湖南大学，2009 年）、仲伟《美国国家供水保险制度分析》（吉林大学，2009 年）、刘剑《基于居民购买意愿的洪水保险需求研究》（湖南大学，2011 年）、杨曦《我国洪水保险需求的实证分析》（西南财经大学，2011 年）、沈志刚《我国洪水保险的最优再保险选择》（湖南大学，2011 年）、钟妍捷《我国洪水保险研究》

（广西大学，2013 年）。

"台风保险"优秀硕士学位论文 2 篇：方玉《福建省台风灾害危险性评估和气象指数保险》（南京信息工程大学，2012 年）、谢婷婷《基于稳定分布的我国台风损失及其保险定价》（广东商学院，2012 年）。

（二）巨灾保险立法研究

对巨灾保险法律制度的研究，始见于 2003 年李学勤《论我国巨灾保险法的构建》一文。

2014 年 5 月 10 日查询中国知网得见，以"巨灾/地震/洪水/台风保险+法律/立法"为篇名的文献有 90 篇，其中博士论文 2 篇，硕士论文 16 篇，基金论文 3 篇。

博士论文：吉林大学隋祎宁《日本地震保险法律制度研究》、梁昊然《我国巨灾保险制度的法律构建》。

硕士论文：许均《我国巨灾保险法律制度研究》（华东政法大学，2008年）、宁晨《构建我国巨灾保险法律制度研究》（华中师范大学，2009 年）、刘洪国《中国地震保险法律制度构建研究》（湖南大学，2009 年）、张琳《我国巨灾保险立法研究》（重庆大学，2010 年）、方漱玉《中国农业保险立法中政府角色的定位》（武汉理工大学，2010 年）、赵兆《中国巨灾保险监管法律问题研究》（华东理工大学，2010 年）、吴双《巨灾再保险相关法律问题研究》（华东政法大学，2011 年）、葛钰繁《我国巨灾保险风险证券化的法律探究》（华中科技大学，2011 年）、唐维维《洪水保险法律制度研究》（湖南大学，2011 年）、杨洋《我国建立巨灾保险法律制度研究》（西南政法大学，2012 年）、包李梅《我国农业巨灾保险法律制度研究》（重庆大学，2012 年）、汪平《构建地震保险制度的法律思考》（西南政法大学，2012 年）、熊磊《巨灾保险风险证券化中 SPRV 的法律规制研究》（华南理工大学，2012 年）、陈丽娟《我国巨灾保险法律制度研究》（华中师范大学，2012 年）、王颖《巨灾保险法律制度的比较及其在我国的构建设计》（华东政法大学，2013 年）、张素君《我国巨灾保险法律制度研究》（山东大学，2013 年）、张艳辉《我国巨灾保险立法研究》（安徽大学，2013 年）等。

期刊、报纸、学术辑刊文章若干，其中，黄军辉《巨型灾害保险法律制度的构建》（国家检察官学院学报，2007 年第 3 期）、冼青华《论我国巨灾保险立法的历程、现状与改进》（重庆理工大学学报，2010 年第 2 期）、任自力《美国洪水保险法律制度研究——兼论其变革对中国的启示》（清华法学，2012 年第 1 期）等颇具代表性。

国内学者主要对国外立法例、立法的必要性与可行性、立法模式的选择、立法内容等问题给予了重点关注，为我国巨灾保险立法奠定了一定的理论基础。

二、实践基础

目前，我国巨灾保险立法近于空白，仅在一些法规中零星可见，但过于笼统，可操作性不强。尽管如此，我国巨灾保险立法及相关实践经过几十年的探索，也积累了一定的经验。

（一）立法实践

新中国成立六十多年来，我国法制建设基本完成，建立起了中国特色社会主义法制体系，正由社会主义法制国家向社会主义法治国家迈进。在风险管理领域，我国也有相当数量的立法，如：《防震减灾法》《防洪法》《保险法》《气象法》《海洋环境保护法》《自然灾害救助条例》《核电厂核事故应急管理条例》《国家海上搜救应急预案》《森林防火条例》《国家突发环境事件应急预案》《突发事件应急预案管理办法》《抗旱条例》《地质灾害防治条例》《破坏性地震应急条例》《蓄滞洪区运用补偿暂行办法》《人工影响天气管理条例》等。

尽管以上相关法律规范的规定方式较为简单，并且大都是一般性的原则规定，但这些法律法规和基本立法经验可为我国巨灾保险立法所借鉴。2013 年末，深圳市政府常务会议审议并原则通过了《深圳市巨灾保险方案》，标志着我国首部巨灾保险地方立法已基本完成。

（二）保险实践

在实践中，1996 年前的财产险都涵盖了巨灾风险，就是在之后，保险公司在部分险种中也设有巨灾风险损失的附加险。此外，1987 年，民政部在 7 个省市进行农业灾害保险试点，由于缺乏配套措施，未能取得理想效果；此后在淮河流域、江西等地开展的洪水保险试点，终以失败收场。[①] 2000 年 7 月，中国保监会批准设立了地震附加险。2007 年中央财政政策性农业保险试点建立巨灾风险分保机制，中国人保财险、中华联合保险、安华农业保险 3 家保险公司参与了中央财政政策性农业保险保费补贴试点。2008 年前后，各保险公司推出了许多商业性巨灾保险险种。这些实践为我国巨灾保险立法奠定了一定

---

① 何霖. 我国构建巨灾保险法律制度的可行性分析 [J]. 四川文理学院学报，2010（6）：12.

的基础。

2008 年以来，保监会加快了巨灾保险立法的准备工作，并积极支持有条件的地区开展巨灾保险试点。2013 年，保监会批复云南、深圳地区开展巨灾保险试点。本书对两地相关工作作了简单分析，发现其切入点不同，保险模式也有很大差异。

云南农房地震险试点。2012 年初，云南保监局、云南省地震局、云南财经大学和诚泰保险等单位，共同启动了地震保险课题研究，围绕设计和建立巨灾模型、设计巨灾准备金（基金）、发行地震专项债券、适时组建共保体等内容开展工作。保障范围上，首先针对民众投保意愿较强的城镇和农村居民住宅（民房）开展基本地震保险业务，而后再逐步扩展组合居民地震意外伤害保险业务及企事业单位财产、公共利益财产、家庭财产等商业地震保险业务。[①] 目前，已在楚雄地区开展农房地震险试点工作。

深圳综合巨灾险试点。经过前期研究，2012 年，深圳保监局提出了"引入巨灾基金制度、建立分层次的巨灾保障体系"的建议方案。2013 年 12 月 30 日，《深圳市巨灾保险方案》经深圳市政府常务会议审议并原则通过。该市巨灾保险制度由政府巨灾救助保险（政府出资购买）、巨灾基金（财政资金建立）、个人巨灾保险（居民自愿购买）三部分组成;[②] 保障的对象为出险时处于深圳区域内的所有人口，实现全覆盖;[③] "包括地震、台风等巨灾，以及自然灾害引发的核事故风险"。[④] 据了解，目前深圳保监局还在与保险公司就合同细节进行协商，暂未有巨灾保险产品推向市场。

三、现实需要

在我国，传统的损失分担和灾后救济多以政府救助和社会捐助为主。然而，"以财政补贴为主的政府救助往往受财力所限难尽如人意，社会捐助对于巨灾损失而言又是杯水车薪"。[⑤] 由于对巨灾风险和巨灾保险的认识不足、巨灾保险法规缺乏，巨灾保险供需失衡，利用保险手段分散巨灾风险的能力十分有限。2008 年我国南方冰雪灾害直接经济损失为 1 516.5 亿人民币，而保险赔

---

① 闫秀娥. 巨灾保险云南试点 [EB/OL]. [2014-03-13]. http：//ynjjrb. yunnan. cn/html/2014-03/13/content_ 3123016. htm.

② 曾炎鑫. 全国首个巨灾保险制度在深出炉 [J]. 证券时报，2014-01-02（A14）.

③ 胡佩霞. 来深出差旅游务工均可享受巨灾保险 [J]. 深圳商报，2014-01-02（A02）.

④ 李画. 巨灾保险制度率先在深圳建立 [N]. 中国保险报，2014-01-06（01）.

⑤ 何霖. 我国巨灾保险制度构建之方向——以新西兰、日本两国为参照 [J]. 价值工程，2012（25）：289.

款仅 10.4 亿人民币；汶川大地震直接经济损失 8 451 亿人民币，保险赔付仅 16.6 亿人民币，尚不足损失总额的 2‰；2013 年四川芦山地震，共计造成 196 人死亡，失踪 21 人，11 470 人受伤，业界预计直接经济损失达到 500 亿元左右，灾后重建资金需求约为 1 000 亿~1 500 亿元，而受保险免责条款限制，加之投保率太低，保险赔付的比例仅占到 0.3%，远远低于国际水平。

正是基于巨灾的破坏力与财政救助的低效率，党和国家高度重视巨灾保险的发展。2006 年，国务院提出"建立国家财政支持的巨灾风险保险体系"的目标；2013 年，党的十八届三中全会明确提出，我国要"完善保险补偿机制，建立巨灾保险制度"。①

四、其他国家和地区经验

当前，"诸多发达国家和地区都通过立法，建立起相对完善的巨灾保险制度，相关法律制度也较为成熟"。② 如美国的《联邦洪水保险法》《全国洪水保险法》《洪水保险改革法》《加州地震保险法》等系列法令；③ 日本颁布了《灾害对策基本法》《地震保险法》等法令；新西兰《地震委员会法案》为该国巨灾保险之保障；"欧洲诸国，法国、西班牙、瑞典、挪威、土耳其等均以法律形式实行强制性巨灾保险"。④ 对于其他国家和地区的巨灾保险立法，本书将在接下来的一章详细介绍分析。

基于"巨灾风险之特殊性，各国立足于本国国情，形成了风格迥异的巨灾保险法律体系，但在其理论基础、制度运行及具体设计方面也不乏相通之处"。⑤ 当然，在我国巨灾保险法律制度构建过程中，对于国外制度的借鉴，当结合国情，有所取舍，逐步建立起具有本国特色的巨灾保险法律体系。

---

① 李画. 巨灾保险制度率先在深圳建立 [N]. 中国保险报，2014-01-06 (01).
② 何霖. 我国构建巨灾保险法律制度的可行性分析 [J]. 四川文理学院学报，2010 (6)：13.
③ 何霖. 我国巨灾保险法律制度构建初探 [J]. 南方论刊，2010 (12).
④ 何霖. 我国构建巨灾保险法律制度的可行性分析 [J]. 四川文理学院学报，2010 (6)：13.
⑤ 何霖. 我国构建巨灾保险法律制度的可行性分析 [J]. 四川文理学院学报，2010 (6)：13.

第三章 其他国家和地区巨灾保险立法之启示

第一节 其他国家和地区巨灾保险立法之概况

一、日本

日本地处板块交接处，属环太平洋地震带，是一个多地震、火山、台风等巨灾的岛国。"自 18 世纪以来，日本已发生过 1707 年 8.4 级宝永地震，1923 年 7.9 级关东大地震，1934 年室户台风，1945 年枕崎台风，1946 年 8.1 级南海道大地震，1948 年 7.1 级福井地震，1959 年伊势湾台风，1964 年 7.5 级新潟地震，1978 年 6.8 级宫城地震，1994 年三陆遥冲 7.5 级地震、北海道 8.2 级地震，1995 年神户 8.2 级地震、阪神 7.5 级大地震，2000 年鸟取 7.3 级地震，2001 年艺予 6.7 级地震，2004 新潟县中越冲 6.8 级地震，2006 千岛群岛 8.1 级地震，2007 年新潟县中越冲 6.8 级地震，2007 年千岛群岛 8.3 级地震，2007 年能登半岛 6.9 级地震，2008 年岩手宫城内陆 7.2 级地震，2009 年静冈 6.4 级地震等数十起巨型自然灾害"。① 而 2011 年 3 月 11 日发生的 9.0 级地震，其所引发的海啸、火灾、核泄漏事故，不仅造成了巨大人员伤亡和财产损失，更是让全球保险业"如坠冰窟"。

依托较为完善的巨灾保险体系，日本保险业在 2011 年 3 月 11 日 9 级大地震救济中发挥了极其重要的作用。日本金融厅 2011 年 7 月 19 日表示，"东日本大地震的普通保险金和互助保险金合计实际赔付金额已达到 1.8 万亿日元（约合人民币 1 473 亿元）。预计赔付额约为 2.7 万亿日元，其中，地震保险为

---

① 何霖. 日本巨灾保险之进程与启示 [J]. 灾害学，2013（2）：188.

1.05 万亿日元（截至 7 月 7 日），超过了产险业界最初预计的 4 000 亿日元以及后来估算的 9 700 亿日元"。①

（一）日本巨灾保险发展历程

1. 日本巨灾保险制度之探索

1868 年明治政府成立后，日本开始了对大陆法系法律制度的移植与日本社会的近代化，逐渐建立起资本主义法律体系。在此过程中，已经引入损害赔偿制度的日本开始思考长久以来频繁发生的巨型灾害的救济措施。由家庭财产巨灾保险（以地震保险为核心）与农业保险两部分构成的巨灾风险管理制度应运而生。

家庭财产巨灾保险方面。德国人 Paul Mayet 于 1875 年提出，日本应该借鉴德国之公营保险，建立火灾保险，以应付火灾、地震灾害、暴风、洪水、战争对房屋造成的巨额损害，并提出《房屋保险法案》，但于 1882 年被最终否决，可谓日本巨灾保险立法尝试之肇始。由此，日本朝野开始接触巨灾保险并有所了解。1923 年关东 7.9 级大地震，死亡人数高达 14 万，财产损失无数，促使日本重新审视地震保险，加强了相关资料的收集与研究。此后，日本于 1934 年制定《地震保险制度纲要》，提出地震保险国营化，将地震保险契约强制附加于火灾保险之上；1944 年由于战争逼近本土，在应急状态下制定《战时特殊损害保险法》，将巨灾保险与战争联系起来，可谓日本强制地震保险之开端；1948 年福井 7.1 级地震后，大藏省银行局保险课完成《地震保险法纲要案》，提出设立地震保险基金的设想，但未通过内阁的决议；1952 年，日本损害保险协会组建暴风、水灾、地震保险特别委员会，专注于巨灾保险的研究，并于 1953 年颁布《地震保险实施纲要》。日本通过以上法案，多次对地震保险制度进行探讨和尝试，但除《战时特殊损害保险法》施行 1 年多，其余均由于各种原因而未能施行。

农业保险方面。日本对农业巨灾保险的探索，最早可见于 1923 年斋藤宇一郎针对日本东北地区严重的冻灾所提出制定的《小作保险法》。随后，日本政府于 1929 年、1938 年分别制定《家畜保险法》《农业保险法》，逐步尝试建立农业巨灾保险制度。②

2. 日本巨灾保险制度之确立

频发的巨灾促进了巨灾保险制度的飞跃发展。被称为"昭和三大台风"

---

① 何霖. 日本巨灾保险之进程与启示 [J]. 灾害学，2013（2）：188.
② 何霖. 日本巨灾保险之进程与启示 [J]. 灾害学，2013（2）：188.

的 1934 年室户台风、1945 年枕崎台风、1959 年伊势湾台风，给日本带来了惨重损失。受此影响，日本商业保险公司的财产保险不断调整危险责任范围，将之前并不承保的风灾、雹灾、雪灾、水灾等自然灾害风险逐步纳入。1947 年，日本部分保险公司开始经营水灾保险。1956 年，《暴风水灾危险承保特别约定》正式施行。

"1964 年 6 月 16 日的新潟 7.5 级地震，成为日本地震保险发展史上的重要转折点。以此次地震为契机，日本加紧开展地震保险的可操作性研究及立法工作，于 1965 年提出《对建立地震保险法律制度的正式答复》，确立了地震保险'国家承担超额损害再保险、限制保险金给付额、强制附加于火灾保险'这三大核心内容。以此为基础，日本于 1966 年 6 月 1 日颁布《地震保险法》和《地震再保险特别会计法》，保险公司开始经营地震保险业务，官民一体的地震保险制度在日本初步建立。此后，日本多次修改地震保险法律法规，不断完善地震保险体系。尤以 1978 年宫城地震、1995 年阪神大地震之后的优化革新为典型"。①

农业巨灾保险方面。"1947 年，日本将《家畜保险法》《农业保险法》合并，并于当年 12 月颁布《农业灾害补偿法》，1952 年制定《农业共济基金法》，进一步完善了农业灾害补偿机制，基本建立起由各级农业共济组合具体实施、强制保险与自愿保险相结合的农业巨灾保险体系。政府每年进行必要的财政补贴并提供再保险支持。几十年来，日本政府不断对相关法规进行修订和调整，确保了日本农业保险的持续稳定发展。仅《农业灾害补偿法》就已修订过 23 次，最新版本为 2009 年所定"。②

（二）日本巨灾保险法律制度之内容

1. 地震保险

在地震灾害多发、损害惨重的现实境遇下，经过一百多年的讨论与尝试，1966 年，借新潟 7.5 级地震之机，日本国会制定了《地震保险法》《有关地震保险法律施行令》《地震再保险特别会计法案》及《有关地震保险法律施行规则》，官民一体的地震保险制度在日本初步建立。

（1）立法目的。《地震保险法》第一条明确规定，制定该法令的目的是"保障地震等受灾地区居民的稳定生活"，也就是说，日本地震保险的主旨在于保障民众的生活安定。也正是基于此，日本政府在全世界范围内较早地建立

---

① 何霖. 日本巨灾保险之进程与启示 [J]. 灾害学，2013（2）：189.

② 何霖. 日本巨灾保险之进程与启示 [J]. 灾害学，2013（2）：188.

起地震保险制度，并由政府承接再保险业务和赔偿兜底责任。日本地震保险发展至今已近五十年，但这一主旨从未改变过。正是在政府的努力普及与大力支持下，日本地震保险的覆盖率一直处于较高水平。①

（2）承保范围。日本地震保险有企业财产地震险、家庭地震保险两类。在实践中，企业财产地震保险往往是完全意义上的商业保险，② 不具有特殊性，既不需要也没必要建立类似于家庭财产地震保险制度这样的特殊制度，而是由相关企业自愿投保，各个保险公司根据自身经营范围及状况，在实施风险计量分析后设计相关产品并予以承保。

因此，在日本，通常意义上的地震保险，一般特指家庭地震保险。这是由日本地震保险立法之主旨所决定的，能够真正保障民众生活的就是家庭财产，尤其是住宅。因此，日本地震保险的可保标的限定为居民居住的建筑物、生活用家庭财产。③ 其他的店铺、写字楼、工厂不能纳入地震保险的承保范围。

（3）责任范围。从该国地震保险产品的责任范围来看，日本地震保险主要对以地震、火山爆发、海啸为直接或间接原因的火灾、损坏、掩埋或冲毁引起的损失进行赔偿。也即是说，主要是对巨灾直接损失予以承保。④ 之所以将这类风险所引发的火灾予以覆盖，是因为在日本财产保险中，地震引发的火灾损失是免责的，所以地震保险将之纳入承保范围。

（4）投保模式。巨灾保险的投保模式可分为自愿投保、强制投保及半强制投保模式。日本地震保险采取的是原则上自动附加的半强制模式。这也是日本地震保险的特色之一。日本地震保险创设之初，由于担心自愿保险模式的地震保险难以达到预期效果，为提高地震保险的普及率，防止逆选择的发生，且降低保费，采取的是强制保险模式，即地震保险强制附加于火灾保险所有险种，只要购买火险就得购买地震险。在此情形下，到1992年，地震保险随着火灾保险的普及率达到了惊人的62.8%。尔后，由于保险公司提出因地震保险的强制附加影响了主保险契约的订立，日本最终将之由强制附加逐渐演变为原

① 兼好克彦《日本的地震保险制度与再保险研究》中提及，目前日本地震保险家庭附带率大约是23%，家财险的家庭投保率约为49%，投保家财险的投保人中大约有一半的家庭投保了地震保险。详见卓志. 巨灾风险管理与保险制度创新研究 [M]. 成都：西南财经大学出版社，2011：279.

② 许均. 日本地震保险：法律先行 三方分担 [N]. 中国保险报，2008-06-03（05）.

③ 价值超过30万日元的贵重物品不在承保范围之内。许均. 国外巨灾保险制度及其对我国的启示 [J]. 海南金融，2009（1）：67.

④ 巨灾直接损失也分为巨灾事件直接损失与巨灾事件所引发的次生灾害造成的直接损失。日本地震保险将巨灾事件造成的直接损失与次生灾害造成的直接损失都纳入承保范围。

则强制附加。现行地震保险是必须与家庭财产保险捆绑投保，原则上自动附加的半强制投保模式，但有三种情况例外。① 投保模式的改变，也影响了日本地震保险的普及率。②

（5）保险金额。日本地震保险的保险金额为家庭财产保险金额的30%~50%。③ 同时，日本地震保险设置了最高赔偿限额。日本地震保险创设之初，建筑物以90万日元、家庭财产以60万日元为上限；随着社会经济的发展，建筑费用的增加，政府承保能力增强，相关上限逐渐提升。目前，建筑物以5000万日元为上限，家庭财产以1000万日元为上限。

由于保险人的偿付能力有限，为保证保险金的正常给付，日本地震保险对单次地震支付的总赔偿额也设置了上限。现行上限为5.5万亿日元。④

（6）免赔额。建筑物损失的免赔额为保险金额之3%，家财损失则为保险金额之10%。

（7）费率厘定。费率厘定是保险制度的核心问题之一。一般来说，巨灾保险的费率厘定规则分为两种：区分不同风险设定差别费率，不区分风险、地区实施统一费率标准。在日本，采用的是差别费率规则。其根据《财产保险费率厘定团体法》规定，由财产保险费率厘定机构在标准费率基础上，根据区域等级、建筑物类型等，将地震保险费率分为纯保险费率与附加保险费率两

---

① 下列三种情况可以不附加地震保险：一是保险人参保的其他保险已包括地震保险，且保额超过限定额度；二是被保险人申请不附加地震保险；三是短期主保险契约不得附加地震保险。详见：梁昊然. 论我国巨灾保险制度的法律构建 [D]. 长春：吉林大学，2013：75.

② 强制方式的取消，必然导致逆选择的发生。1992年地震保险普及率为62.8%，到1995年9月，普及率则急剧滑落到10.3%，就算是地震灾害发生频率最高的东京都、神奈川等地，也未能再超过20%。

③ 1966年《日本地震保险法》第2条第2项第4号规定，日本地震保险金额为主契约的火灾保险金的30%。1978年宫城7.4级地震之后，由于日本农协互助的建筑物复兴互助制度最高限额为互助金额的50%，二者出现了给付总额上的巨大差距。于此，日本对地震保险法律制度予以修改，其中一项就是将保险金额由以前的30%改为了投保人在30%~50%区间自行选择。

④ 给付额度经历了多次调整，其中，住宅上限：90万日元（1966年）→150万日元→240万日元→1000万日元（1978年宫城地震后）→5000万日元（1995年阪神7.2级地震后）；家庭财产上限：60万日元（1966年）→120万日元→150万日元→500万日元（1978年）→1000万日元（1995年）。单次地震支付的总赔偿额：3000亿日元（1966年）→1.2万亿日元（1978年）→1.8万亿日元→3.1万亿日元（1995年）→4.5万亿日元（2002年）→5.5万亿日元（2011年）。以上数据主要参考了：隋祎宁. 日本地震保险法律制度研究 [D]. 长春：吉林大学，2010：48；兼好克彦. 日本的地震保险制度与再保险研究//卓志. 巨灾风险管理与保险制度创新研究 [M]. 成都：西南财经大学出版社，2011：280.

个部分。① 厘定原则是"不赔不赚"。

（8）再保险流程。日本地震保险的流程大致为：投保人与财产保险公司签订地震保险合同；财产保险公司全额再保险到日本地震再保险公司"JER"；② "JER"将收取的再保费进行再再保险安排：其中20%分出给保险公司，与财产保险公司转再保；30%由该公司自留；50%向政府进行再再保险，签订超额转再保险合同。由此形成了独有的保险公司、再保险公司和政府共同分担责任的"二级再保险"巨灾风险分摊模式。

（8）责任分摊。日本地震保险主体之间的保险责任划分基本理念是，将巨灾损失按比例分为初级、中级、高级、超限损失四类，先是由商业保险公司与再保险公司予以赔付；当地震损失超过JER所能承受范围时，政府在一定限额内承担相应的巨灾损失。

以现行的单次地震保险金支付上限5.5万亿日元为例，我们略作分析。

初级巨灾损失（1 150亿日元以下），由产险公司与JER承担100%的支付责任；

中级巨灾损失（1 150亿~19 250亿日元），产险公司与JER承担50%，政府承担50%；③

高级巨灾损失（19 250亿~55 000亿日元），由政府承担95%，被保险人承担5%；④

如果该次地震损失超过了单次地震保险金支付上限5.5万亿日元，则按总上限与应付赔额的比例进行赔付。⑤

（9）风险转移。购买再保险，并推行巨灾保险证券化，积极发挥全球再保险市场和资本市场的风险分散作用。⑥

---

① 日本地震保险费率按照一类地区、二类地区、三类地区、四类地区的地区级别分类，在基本费率中将非木结构与木质结构予以区别，并使用了日本政府制定的约73万个震源模型预测每个地震支付的保险金额，在此基础上厘定了费率。

② 日本地震再保险公司是日本商业保险公司和政府共同成立的一家负责具体操作地震保险再保险业务的公司——日本地震再保险株式会社，简称"JER公司"。

③ 许均. 国外巨灾保险制度及其对我国的启示 [J]. 海南金融，2009（1）：66.

④ 许均. 我国巨灾保险法律制度研究 [D]. 上海：华东政法大学，2008：17.

⑤ 三井住友海上火灾保险公司专务执行官、东亚及印度区总裁兼好克彦认为，初级巨灾损失，1 150亿日元相当于商业险企（产险公司加上再保险公司）2年的再保险费；中级巨灾损失，19 250亿日元，商业险企积累的危险准备金余额完全可以应付；至于高级巨灾风险，95%由政府承担。因此，在该制度上，商业险企基本上能够应付地震风险。见卓志. 巨灾风险管理与保险制度创新研究 [M]. 成都：西南财经大学出版社，2011：282.

⑥ 曾立新、张琳. 我国巨灾保险立法模式探讨 [J]. 上海金融学院学报，2009（4）：51.

2. 农业巨灾保险[1]

日本农业巨灾保险采用的是相互制模式，其风险责任主要面对冰雹、洪水、火灾和地震，由农业共济组负责经营，采取高额财政补贴、二级再保险和农业巨灾证券等方式进行风险分散。[2]

（1）组织体系。由农业相互救济协会、农业相互救济联合会和农业相互救济再保险特别会计处三个层次组成。[3]

（2）保险单位。保险单位并非被保险农场所有面积，仅仅只是一部分的单独地块，以此来确定补偿的标准。

（3）保险金额。保险金额根据损失程度确定，如为全损，赔付额为最高额的50%，部分受损，则按比例支付一部分金额。[4] 1971年，日本修改了单位面积保额计算方法，使保额与各个地块的生产率相联系，同时把被保险农作物的最高保额提高到整个农场正常产量的72%。[5]

（4）费率厘定。日本农业巨灾保险实行差别化费率，根据各府前20年的实际损失率予以厘定。

（5）政府补贴。日本政府主要通过保费补贴、费率补贴、保险经营业务费用补贴、再保险业务等方式对农业巨灾保险予以补贴，以减少农民、保险经营者的费用，调动其参与积极性。

二、美国

尽管没有专门的《巨灾保险法》，但美国的巨灾保险立法较为广泛且发达，涉及洪水保险、农业巨灾保险，以及各州的地震保险、飓风保险、雹灾保险。在国家层面，《联邦洪水保险法》《洪水保险改革法》等法令保障了洪水保险的建立与实施；《联邦农作物保险改革法》等法令确立了农业巨灾保险制度。因灾情差异，各地所建立的巨灾保险也极具特色，如加州地震保险、佛罗

---

[1] 基于本书研究重点，我们对日本农业巨灾保险略作介绍。本小节内容主要参考了：李瑾. 巨灾保险制度国际比较：理论困境、政策突破及中国启示 [D]. 北京：南京大学，2011：21-30.

[2] 李瑾. 巨灾保险制度国际比较：理论困境、政策突破及中国启示 [D]. 北京：南京大学，2011：23.

[3] 高伟. 日本农业保险的发展概况与启示 [J]. 广西经济管理干部学院学报，2007（1）：53.

[4] 当农作物损失为30%~40%时，赔付额为最高赔付额的10%，以后，农作物损失每增加10%，赔付额增加最高赔付额的15%。

[5] 高伟. 日本农业保险的发展概况与启示 [J]. 广西经济管理干部学院学报，2007（1）：53.

里达飓风保险等。因本书将巨灾界定为自然灾害，故美国恐怖主义风险保险暂不讨论。

（一）洪水保险

美国是世界上最早推出洪水保险的国家，至今已有一百多年的发展历史。美国也是最早以立法形式推行全国性洪水保险的国家，虽几经周折，但不断探索，不断完善，现已成为世界上最为成功的巨灾保险制度之一。

1. 美国洪水保险发展历程

（1）肇始。美国洪水保险始于1897年的伊利诺伊州。受1895年、1896年连续两次重大洪灾影响，当地一家保险公司适时推出洪水灾害保险业务，主要针对密西西比河与密苏里河沿岸的居民。该业务推出后，仅有洪灾高风险地区的居民购买。然而，1898年的洪灾来袭，水灾损失超过了保险基金总和，该公司损失巨大，不得不退出该业务。

到了20世纪20年代，随着经济的发展，美国保险业出现快速增长。出于吸收更多保费、追逐更大盈利的目的，不少保险公司将洪灾损失纳入赔付范畴。① 随着保险市场的逐步扩大，保险的覆盖面增加，保险公司的风险也迅速扩张。20世纪20年代后期，一些保险公司由于1927年密西西比河大洪水的赔付招致破产，② 保险业才认识到他们在应对洪水风险时准备不充分，抗风险能力严重不足。保险市场对洪水保险的热情迅速降到冰点。单纯的保险公司介入洪灾保险宣告彻底失败。

（2）联邦洪水保险制度的夭折。由于洪泛区土地成本偏低，刺激了人们的开发热情，这类区域经济发展很快，也导致每次洪灾所造成的损失越来越大。到了20世纪50年代初，美国反思救灾思路，并开始重视洪水保险所能发挥的功效。1952年，美国总统杜鲁门向国会提交了洪水保险法案，但未获通过。1955年，美国先后遭遇两次飓风袭击，在巨大损失的刺激和推动下，美国国会于1956年通过了《联邦洪水保险法》，意图通过征收洪水保险保费，抵消洪泛区低廉低价的诱惑，并在一定程度上减轻政府财政负担。但由于立法准

---

① 由于初期洪灾区投保人较少，保险公司用于水灾的赔付较少，不构成严重的负担，收取更多的洪灾保险保费，甚至成为保险公司收入的重要增加点。

② 1927年密西西比河下游发生大洪水，其中七个州的170个县共计淹没土地518万公顷，70万人无家可归，200多人死亡，13.5万座建筑物倒塌或损坏，为美国最严重的洪水灾害之一。

备得不充分，国会存在疑虑，加之保险行业的意见分歧，① 导致保险基金最终未获批准，该法出台 9 个月后即宣告死亡。

（3）国家洪水保险体制的缓慢进展。1964 年，美国阿拉斯加南部发生 9.2 级地震，造成 178 人死亡，经济损失约 5 亿美元。1965 年，飓风"Betsy"造成约 24 亿美元的经济损失。经此，联邦的救灾费用增加了 4.5 倍，国家洪水保险计划再次提上议事日程。1965 年，《东南部灾害救济法》明确要求开展洪水保险研究。1968 年，美国国会通过了《全国洪水保险法》，1969 年，通过了《国家洪水保险计划》（NFIP）。② 以此为基础，联邦政府组建了专门负责该计划的联邦保险管理局，与国家洪水保险协会建立了合作关系；③ 同时，建立了洪水保险基金，统筹国家洪水保险计划，试图将洪水保险作为推动洪泛区管理的重要手段，抑制灾害损失急剧上升的趋势。④ 该保险只针对积极参与国家洪水保险计划的州和地区。政府对保费收入与实际支出的差额给予补助，⑤ 并作为洪水风险的最后保险人，承诺支付超出私营保险公司财力的赔偿。由于逆向选择，⑥ 以及相关信息的缺失，⑦ 该计划进展缓慢。⑧

（4）强制化进程。为了强力推进国家洪水保险计划，美国国会于 1973 年通过了《洪水灾害防御法》，将洪水保险的投保方式由自愿改为强制，⑨ 并且

---

① 按照该法之要求，洪水保险业务仍是由私营保险公司承担。国会认为，如果政府不对洪灾保险予以有力资助，私营保险公司根本不具备对抗洪灾风险的能力。另一方面，国会担心在立法未对洪泛区进行有效规范的条件下推行政府补贴的洪水保险有可能加剧洪泛区的开发及损失。保险行业则对保险措施的有效性持严重怀疑态度，各保险公司对是否开展此业务分歧很大。任自力. 美国洪水保险法律制度研究——兼论其变革对中国的启示 [J]. 清华法学，2012（1）：127.

② 李瑾. 巨灾保险制度国际比较：理论困境、政策突破及中国启示 [D]. 北京：南京大学，2011：73；肖婵. 借鉴国际经验论我国巨灾保险机制的设计 [D]. 上海：复旦大学，2010：38.

③ 该协会是 120 多家私营保险公司的联合体。

④ 任自力. 美国洪水保险法律制度的变革及其启示 [J]. 金融服务法评论，2012（1）：176.

⑤ 联邦保险补贴率为实际保险费的 10%，只有洪泛区内已有的建筑物可获得补贴，新建筑必须按实际保险费投保。这实际上是在抑制洪泛区的开发。

⑥ 该计划是自愿性的，由于参加洪水保险短期内要增加居民的经济负担，许多社区对之不感兴趣。

⑦ 主要是因为面对区域范围广大的洪水风险测定是一项十分巨大的工程，由于前期准备不足，该计划施行时，缺少可供各社区确定与洪水有关的土地利用法规的洪水保险费率图。

⑧ 在国家洪水保险计划实施的第一年，美国 2 万个社区中符合参加洪水保险资格的只有 4 个，总共只办理了 20 件保险业务。美国国会于 1969 年修改了洪水保险法，制订了应急计划，容许社区在绘制出详细的洪水保险费率图之前，以部分投保的形式参加应急计划。此后，保险计划仍进展缓慢。到 1973 年 5 月，只有 2 200 个社区参加了国家洪水保险计划，落实保险单 30 万份。详见：姜付仁，向立云. 美国防洪政策演变 [J]. 自然灾害学报，2000（3）：38-45.

⑨ 焦清平. 中国商业保险业的风险管理研究 [D]. 武汉：武汉理工大学，2008：74.

不再向确认为有洪水风险的资产提供联邦资助。① 该法授权"联邦政府确定风险区后通知有关社区，社区接到通知后须申请参加该计划或证明其不属于风险区"，② 如在收到通知一年内未参加该计划，将受到惩罚。③

强制化的实施激发了大量的矛盾，反对声日益高涨。1976 年，国会放宽了抵押贷款的禁令。1977 年的《洪水保险计划修正案》也作了一定的妥协。1977 年年底，由于经费使用的分歧严重，FIA 解除了与国家洪水保险协会的合作关系，④ 与私营保险机构分道扬镳。1979 年，FIA 归联邦紧急事务管理署统一领导，由政府单方面继续推进强制性洪水保险计划。

（5）重新探寻市场运作机制。1981 年，联邦政府重新探寻发挥私营保险机构在国家洪水保险计划中的作用，在与保险行业代表经过艰苦的谈判后，⑤ 推出了一个"以你自己的名义"的计划。⑥ 该计划中，私营保险机构将不承担赔付风险，仅以其名义代售洪水保险，将所有保费转给 FIA，并提取佣金。也就是说，保险公司和中介的责任仅仅只是代办承保和理赔手续，保费和赔款由财政部下设的全国洪水保险基金会收取和支付，联邦政府作为直接保险人，提供无限担保。⑦ 至此，FIA 确保了自己在 NFIP 中的主导地位，提高了洪水保险的运作效率。到 1985 年，NFIP 基本实现收支平衡。

（6）变革进程。此后，美国国家洪水保险计划经历了多次革新，其中，1994 年、2004 年、2005 年、2007 年的几次变革较为重要。

1994 年，美国国会通过了《国家洪水保险改革法》，增设了洪灾减轻资助计划，⑧ 强化了贷款机构的法律责任，大幅度提高了保险金额，调整了费率标准等。

为解决洪水保险中的重复性损失财产问题，⑨ 美国国会于 2004 年通过了

---

① 除非财产所在社区参加了国家洪水保险计划，或是资助申请者已经购买了洪水保险。联邦资助包括所有形式的联邦政府的直接援助，如洪灾补助、无偿救济、灾区减免所得税等，还包括联邦机构保险和管理的各种贷款。姚庆海. 巨灾风险损失补偿机制研究——兼论政府和市场在巨灾风险管理中的作用 [D]. 北京：中国人民银行金融研究所，2006：25.

② 刘彧. 美国国家洪水保险计划的评价及启示 [D]. 北京：对外经济贸易大学，2006：53.

③ 任自力. 美国洪水保险法律制度的变革及其启示 [J]. 金融服务法评论，2012（1）：178.

④ 刘彧. 美国国家洪水保险计划的评价及启示 [D]. 北京：对外经济贸易大学，2006：53.

⑤ 李瑾. 巨灾保险制度国际比较：理论困境、政策突破及中国启示 [D]. 北京：南京大学，2011：63.

⑥ 或称为"自行签单计划"。目前全美共有 200 多家私营保险公司参与该计划。

⑦ 许均. 我国巨灾保险法律制度研究 [D]. 上海：华东政法大学，2008：26.

⑧ 任自力. 美国洪水保险法律制度的变革及其启示 [J]. 金融服务法评论，2012（1）：179.

⑨ 任自力. 美国洪水保险法律制度的变革及其启示 [J]. 金融服务法评论，2012（1）：179.

《国家洪水保险改革法》，设立了领航计划，试图通过对相关投保人提供资助，帮助其减轻财产损失。但在实际操作中，该问题并未得到有效解决。

2005 年，为确保 NFIP 的可持续运行，[①] 联邦将 NFIP 的借款权限到 207.75 亿美元，[②] 以应付卡特里娜飓风的赔付。[③]

2007 年，针对卡特里娜飓风所带来的系列影响，兼之费率厘定的相关因素，联邦政府开启了新一轮的洪水保险计划改革，主要集中于"对精算方式进行改革、对保险范围和覆盖面予以扩大，并将保险与减灾措施相结合"等方面。[④]

2. 洪水保险计划的主要内容

（1）法律法规。主干法律为 1968 年《全国洪水保险法》、1969 年《国家洪水保险计划》、1973 年《洪水灾害防御法》，后有 1977 年《洪水保险计划修正案》、1994 年《国家洪水保险改革法》、2004 年《国家洪水保险改革法》、2007 年《洪水保险改革与现代化法案》等修正案。[⑤]

（2）管理机构。作为国家性巨灾保险项目，美国洪水保险计划（NFIP）接受联邦政府的直接管理，现主要由"联邦保险管理局"（FIA）和"减灾理事会"来管理。NFIP 建立之初，联邦政府组建了专门负责该计划的联邦保险管理局。1979 年，FIA 归联邦紧急事务管理署（FEMA）统一领导。

（3）参与对象。NFIP 的承保对象较为特殊，为鼓励减灾，其以社区为承保对象，单独的个人不能投保。也就是说，联邦政府根据洪区管理等相关条件来确定风险区，之后通知风险区内的相关社区，要求他们参加洪水保险计划。只有在社区申请参加 NFIP，并采用了 NFIP 所要求的区划方法和建筑法规后，该社区内的房屋所有人才可以购买洪水保险。

（4）承保范围。NFIP 主要针对洪水风险，具体包括"由于江河泛滥、山

---

① 2005 年仅"卡特里娜"就给 NFIP 带来约 230 多亿美元的损失，完全超出了洪水保险计划的承受力范围。NFIP 自成立到 2004 年，其洪灾保险赔款总额也才 127 亿美元。

② NFIP 在需要时，可以向美国财政部借款，以支付赔款，但需偿还本息。

③ "卡特里娜"给路易斯安那州、密西西比州及阿拉巴马州造成灾难性的破坏。据估计，"卡特里娜"造成最少 750 亿美元的经济损失，成为美国史上破坏最大的飓风。这也是自 1928 年"奥奇丘比"（Okeechobee）飓风以来，美国死亡人数最多的飓风灾害，至少有 1 836 人在灾难中丧生。详见. 卡特里娜. 百度百科 [EB/OL]. [2014-01-20]. http://baike.baidu.com/link? url = orp1WzRTNOdysc3xZdXT6bV0e5jreUgHI6GB - FhkGAril54y2tbnFp38rgr7a9j0jhYf7uRdHtiCOj _ nL _ 92QDsiFUj1sjFzJrBVcJl8jZG.

④ 李瑾. 巨灾保险制度国际比较：理论困境、政策突破及中国启示 [D]. 北京：南京大学，2011：63.

⑤ 肖婵. 借鉴国际经验论我国巨灾保险机制的设计 [D]. 上海：复旦大学，2010：37.

洪暴发、潮水上涨及倾泻对建筑物及其内部财产所引起的泡损、淹没、冲散、冲毁等造成的损失"。① 即承保风险为单一风险——洪水风险；承保对象主要是以家庭财产和小型企业财产为主，大型企业财产未纳入承保范围。② 这是因为 NFIP 本身就是为保障受灾民众的基本生活需要而设立的财政补贴型保险项目，所以超过这一范畴的保险需求由投保人自愿购买商业保险而获得满足。③

（5）投保模式。半强制模式。④ 最初，采取自愿参保的模式，但进展十分缓慢。1973 年《洪水灾害防御法》中，最重要的强制手段就是将贷款与洪水保险捆绑，处于洪水风险区的社区居民，只有购买了洪水保险才能获得联邦保险的信贷机构的贷款。后来，由于该措施激发了社会矛盾，反对声较为激烈，1976 年，美国国会放宽了抵押贷款的禁令。同时，将政府的各项救助、财政支援、所得税减免等作为促使社区参保的重要砝码，如果该社区不参加 NFIP，当遭受洪灾时，该社区内的居民将不能享受各种国家救助。1994 年修正案更是规定贷款必须购买洪水保险；"1994 年后曾接受过国家救助的居民必须购买或续保洪水保险"，⑤ 否则就失去再次获得救济的资格。

（6）经营模式。NFIP 由全国洪水保险基金负责积累和管理资金。各社区申请参加该计划后，社区内民众可以购买由参加"以你自己的名义"计划的保险公司所代售的洪水保险，保险公司将售出的保单和收取的保费全部交给洪水保险基金。⑥ 洪水灾害赔付也由洪水保险基金支付。当基金不足赔付额时，国家财政部可以提供临时借款，⑦ 日后由洪水保险基金将本息一并偿还。⑧ 也

---

① 肖婵. 借鉴国际经验论我国巨灾保险机制的设计 [D]. 上海：复旦大学，2010：38；任自立. 美国洪水保险法律制度研究——兼论其变革对中国的启示 [J]. 清华法学，2012（1）：127；夏益国. 美国洪水保险计划的运行及特征研究 [J]. 上海保险，2007（2）：32.

② 承保内容包括承保对象有墙有顶的建筑及内部财产，而不包括水上与地下的建筑等其他财产。详见：李瑾. 巨灾保险制度国际比较：理论困境、政策突破及中国启示 [D]. 北京：南京大学，2011：63.

③ 国家洪水保险标的之具体内容：一是承保的建筑物类型，包括单一家庭式住宅、2~4 层式家庭式住宅、其他住宅、非住宅类家财；二是家财方面，就其放置位置不同分为住宅类家财与非住宅类家财。详见：梁昊然. 论我国巨灾保险制度的法律构建 [D]. 长春：吉林大学，2013：71.

④ 也有学者将之称为"先决条件模式"。意即以参保为享受政府灾害救济之先决条件。

⑤ 吴惠灵. 我国巨灾保险体系构建研究 [D]. 重庆：西南政法大学，2010：19.

⑥ 私营保险公司按保费收入的一定比率获取佣金，只是在洪灾发生时负责办理有关赔偿手续和垫付赔偿资金，最终的保险风险和承保责任由政府承担。

⑦ 李瑾. 巨灾保险制度国际比较：理论困境、政策突破及中国启示 [D]. 北京：南京大学，2011：63.

⑧ 由于 NFIP 享受免税待遇，所以其偿付能力较强。

就是说，NFIP 的资金来源于保单收入、政府拨款、投资红利以及必要时的临时性财政借贷。

（7）主要产品。提供住宅保单、一般财产保单、住宅公用建筑联合保单等三种产品。

（8）赔偿限额与免赔额。NFIP 的目的是保障受灾民众的基本生活需要，因此，设置了赔偿限额与免赔额。根据 1994 年修正案之规定，NFIP 承保限额为："居民住宅性房屋不超过 25 万美元，室内财产不超过 10 万美元；小型企业非住宅性房屋不超过 50 万美元，室内财产也不超过 50 万美元"。① 免赔额均为 500 美元，在所有赔付中先行扣除。对于重复损失建筑，NFIP 设定的最高赔偿限额为 1.5 万美元。

（9）费率厘定。NFIP 的费率主要由联邦政府依据洪水保险费率图（FIRM）确定，因此，主要采用差别费率规则。联邦紧急事务管理署（FEMA）统一绘制出洪水风险图，并据此制定洪水保险费率图。保险费率一般分为两类：一是完全精算费率，适用于"居住在百年一遇洪水风险区之外的居民，以及居住在该区域内，但其建筑是在 FEMA 提供 FIRM 之后按照洪水风险程度建造或改建的建筑"；② 另一类是贴补后的低费率，主要针对 FIRM 制作前建造的老建筑，③ 由 NFIP 补贴部分保费。④ 另外，也有采用单一费率规则的特例。对于极少数部分尚未绘制出洪水保险费率图的社区，则采取单一费率规则，对之"提供小于精算的保险费的有限制的保额"；⑤ 同时，还要求这些社区有效控制对洪泛区的开发和利用。

为了提高洪水保险的覆盖率，NFIP 的费率一直比较低。目前的费率约为保额上限的 0.3%。

（10）风险转移。美国洪水保险计划中，政府作为洪水风险的最后保险人，主要通过洪水保险基金独立运行、临时性财政借款、巨灾风险证券化等手段进行风险转移。首先是洪水保险基金独立运行。NFIP 的资金由洪水保险基金单独筹集和管理，收取保费、支付赔偿、借贷并偿还本息。其次是国会在必要时提供临时性财政借款，当洪水保险基金不足以支付当次赔付时，国会授权

---

① 肖婵. 借鉴国际经验论我国巨灾保险机制的设计 [D]. 上海：复旦大学，2010：41.

② 许均. 我国巨灾保险法律制度研究 [D]. 上海：华东政法大学，2008：24.

③ 梁昊然. 论我国巨灾保险制度的法律构建 [D]. 长春：吉林大学，2013：87.

④ 随着时间的推移，享受财政补贴的保单越来越少，这也在一定程度上增加了 NFIP 的保费收入。

⑤ 李瑾. 巨灾保险制度国际比较：理论困境、政策突破及中国启示 [D]. 北京：南京大学，2011：63.

财政部向洪水保险基金提供有息借款或特别拨款。该借款由洪水保险基金用其收入进行偿还。最后是巨灾风险证券化手段。由于再保险市场供给严重不足，美国保险业早在1992年就推出了巨灾期货，此后，各种巨灾风险证券产品接连出现，[①] 实现了巨灾风险由保险市场向资本市场的部分转移，利用资本市场来增强保险市场的抗风险能力和偿付能力。

（11）责任分担。私营保险公司不承担任何赔付责任，仅仅只是代售洪水保险、代为处理灾后赔付等事务，持有100%的再保险。洪水保险的赔付由洪水保险基金全额承担，政府作为最终保证人，在洪水保险基金偿付不足时提供有息贷款或特别拨款，用以支持赔付，保证NFIP的正常运行。尤其是出现特大洪水灾害时，政府贷款是保险赔付的主要力量。

（12）政府职能。在美国洪水保险基金中，政府承担了以下职责：一是直接保险人，承担洪水保险的保险风险和承保责任；二是管理者，成立了"联邦保险管理局"（FIA），专门负责该计划的管理和推进；三是推动者，通过税务免除、费率贴补、特别拨款、提供有息贷款甚至强制手段等方式，推动NFIP尽可能地覆盖洪水风险区，保障受灾民众基本生活保障。

经过四十多年的运行，美国洪水保险计划取得了巨大的成功。

（二）加州地震保险

地震保险在美国的发展时间并不长，远远晚于洪水保险。地震保险也仅存在于地震多发的少数地区，以加州地震保险为典型。加州保险法在其第二编第8.5章专门规定了地震保险。本书以加州为例，对美国地震保险法律制度予以介绍、分析。

1. 加州地震保险发展历程

加利福尼亚位于美国西部太平洋沿岸，地处圣安德利亚断层，由于该断层的活动，加州成为世界上地震最为频繁、[②] 损失最为惨重的地区之一。[③] 20世

---

① 目前出现的巨灾风险证券产品主要有：巨灾债券、巨灾期货、巨灾期权、巨灾互换、资本票据、巨灾权益看跌期权、行业损失担保、"侧挂车"等。谢世清. 巨灾保险连接证券［M］. 北京：经济科学出版社，2011：6.

② 有研究认为，洛杉矶和圣地亚哥附近断层的压力一直在逐渐加强，地震随时可能发生。据美国专家估计，这一地带如果有地震发生，震级将高达7.6级以上。2032年前，旧金山（即圣弗兰西斯科）发生大地震的机会是62%，洛杉矶在2024年前发生大地震的机会高达90%。如果超级地震降临，可能会导致数万人死亡，造成的损失将难以估量。详见：加州海岸6.5级地震 数万居民断电［N］. 华西都市报，2010-01-11（12）.

③ 尽管美国地震大部分发生在阿拉斯加和密西西比河流域，但加州由于人口密度、工业化程度，资本最为密集，往往地震造成的损失更大。1906年旧金山大地震，市区尽毁。1994年北海岭地震，虽然震级仅有里氏6.7级，但破坏力惊人，经济损失相当于1976年中国唐山大地震的10倍。

纪美国共发生 3 次大地震,都是在加州。① 进入 21 世纪,该地区地震灾害亦是频频发生:2003 年圣西蒙 6.5 级地震;2008 年 7 月 29 日洛杉矶 5.4 级地震;2010 年 1 月 9 日,加州西侧海域发生 6.5 级地震,同月 14～15 日,加州东部发生 9 次地震;2014 年 3 月 9 日,加州北部海域发生 6.9 级地震。高频次的地震风险,给当地社会经济发展和民众的生活带来了极大的影响。

最初,加州地震保险并未被要求强制提供,其参与率一直偏低。1984 年,为了进一步刺激投保人对地震保险的需求,提高地震险的普及率,加州立法机构在其制定的《强制提供法案》中,强制要求保险人向投保人提供住宅地震保险,但并不强制投保人购买地震保险。这是加州地震保险发展的转折点之一,地震保险很快普及开来。尤其是 1989 年洛杉矶地震之后,民众对地震保险的需求和购买意愿不断攀升。

1994 年北岭地震成为加州地震保险发展的又一个关键点。1994 年 1 月 17 日凌晨 4 时 31 分,洛杉矶地区发生里氏 6.6 级地震。由于时值深夜,大多数人处于沉睡之中,损失极为惨重。② 这次地震所造成的 400 多亿美元的经济损失,保险业承担了 125 亿美元,而加州前 25 年地震保险保费总额才 34 亿美元。由于对地震风险的评估不足,保险业遭受重创,大部分保险公司为了避免地震风险的增加,纷纷严格限制甚至拒绝签发新的房屋保单,停止地震保险承保业务。到 1995 年 1 月,这类保险公司占到了全州房屋保险市场的 93%。而坚持开展地震保险业务的公司则将保费大幅度提高,费率暴涨 1 倍以上。如此一来,加州地震保险投保率大幅度下滑。

1995 年,针对加州保险市场所面临的危机,加州议会通过 *Assembly Bill 13 Earthquake Insurance*:*California Earthquake Authority* 法案(简称 "AB13 法案"),决定成立由州营运的地震保险公司——加州地震保险局(简称 CEA),并规定其可在该法规定之条件下签发基本住宅地震保险单,且免征联邦所得税。而 "保险人亦可以加入地震保险局,销售该局之基本住宅地震保险单,

---

① 1906 年旧金山 7.8 级大地震、1989 年旧金山 6.9 级大地震、1994 年洛杉矶 6.6 级大地震。

② 据统计,这次地震造成 62 人死亡,9 000 多人受伤,25 000 人无家可归,毁坏建筑物 2 500 余座(加上严重受损约 4 000 余座),几条高速公路多处被震断,一些立交桥坍塌,通向洛杉矶市区及其他地区的 11 条主干道被迫关闭。地震还造成该市大部分地区断电停水,约 4 万户住宅断水,5.2 万户断电,3.5 万户断煤气,通讯网络出现严重阻塞,累计经济损失高达 300 亿美元,相当于 1976 年中国唐山 7.8 级地震造成的经济损失的 10 倍;是加州 1952 年 7.5 级地震造成的经济损失的 600 倍及 1987 年 7.1 级地震造成的经济损失的 5 倍,而这次地震的震级却比上述地震小 0.5-1.2 级。详见于. 加州大地震-百度百科 [EB/OL]. [2014-03-10]. http://baike.baidu.com/view/4997449.htm#3.

并代表该局提供理赔与保户服务"。① 1996 年 6 月，加州议会同时通过 3 个有关加州地震保险局的《地震保险法修正案》。② 至此，加州地震保险计划基本成型。

2. 加州地震保险计划主要内容

（1）组织机构。加州地震保险局是加州地震保险的核心组织，是由民营保险业者自愿加入、自愿出资组成，由加州政府营运、管理的风险共保体，为准公共机构。该机构受"加州州长、加州财政厅长、加州保险监督官、参议院临时主席以及国会等五个单位组成"的加州地震局委员会监管。③ 主要职责是向有地震保险需求的居民提供适当的地震保险，但不追求地震保险普及的效果。

（2）承保范围。承保风险为地震风险，但不包括地震引发的火灾和海啸风险。

（3）承保对象。加州地震保险仅仅提供基本地震险，以投保人最基本的住宅为承保对象。④ 主要包括住宅、家庭财产。⑤

（4）投保模式。加州 1996 年相关法令承袭了 1985 年法令之规定，采取自愿投保的模式，投保人自愿投保，但保险公司仍然负有向投保人提供地震保险之义务。⑥ 同时，杜绝保险公司变相排除地震保险的行为。⑦

（5）资金来源。加州地震局的资金主要来源于地震保险费、成员公司投

---

① 要求必须有超过 70%的财产保险公司加入后方可运行。引自：梁昊然. 论我国巨灾保险制度的法律构建 [D]. 长春：吉林大学，2013：85.

② SB1993、AB2086 及 AB3232 法案。

③ 梁昊然. 论我国巨灾保险制度的法律构建 [D]. 长春：吉林大学，2013：85.

④ 梁昊然. 论我国巨灾保险制度的法律构建 [D]. 长春：吉林大学，2013：72.

⑤ 法律规定，在加州营业的保险公司提供地震保险应是财产巨灾保险"最小保单"。这个所谓最小保单，是指保险标的主要是保单持有人的住宅，而把游泳池、独立车库等非生活必需品列为除外物品。最小保单实际上确定了在该州营业的保险公司应该提供地震保险的最低标准，其目的是为加州居民提供能够支付得起的地震保险。魏宏. 地震保险基金运作模式的国际比较及对我国的启示 [D]. 北京：对外经济贸易大学，2009：23.

⑥ 《加州保险法》第 10085 条：房屋所有人向保险公司投保住宅保险时，保险公司有义务告知有关地震灾害保险的信息，并询问其是否投保，如果投保人未在 30 天内予以答复，则视为拒绝投保地震灾害保险。梁昊然. 论我国巨灾保险制度的法律构建 [D]. 长春：吉林大学，2013：74.

⑦ 《加州保险法》规定："保险公司不得因投保人同意加保地震险而拒绝续保或者终止住宅保险单，除非住宅保险单是由投保人终止的。"同时，"适用于住宅保险之核保标准，不得对同意或选择继续加保地震保险之被保险人而为差别之使用"。

入的资本金、借款、再保险摊回及资金运用收益。① 州政府不提供资金，也不承担连带责任。

（6）主要产品。主要有三种：一是提供给业主的产品，主要包括个人业主、联合业主；二是提供给租赁人的产品，主要是针对租赁房屋的个人；三是提供给制造房屋或有移动房屋的业主的产品，移动房屋就是指汽车拉着的房车。

（7）保险上限与免赔额。一是建筑物与家庭财产，均以重置价值为保险金额基础，并设置有 15% 的免赔额。② 建筑物以 20 万美元为投保上限，其中，公寓式建筑物上限为 2.5 万美元；家庭财产以 10 万美元为上限。二是生活补助款，每单保障上限为 2 万美元，无自负额要求。③ 三是土地保额，最高额度为 1 万美元。四是单次地震赔款限额，加州地震保险局将之定为 105 亿美元。

（8）费率厘定。采取差别费率。为尽量降低地域间逆选择，全州各地分别设置有 19 种费率标准，并通过"地区间交叉补贴来降低高风险地区的保费"。④ 费率的厘定依据地区风险程度、土质、建筑物状况等，保费须经州监管厅的核准，最多可减免 5%。

（9）风险转移。共保体、再保险与金融工具相结合，⑤ 是加州地震保险制度的最大特色。加州政府与财政并无出资义务，亦无承担赔偿连带责任之义务。在其制度设计中，充分地将共保体（加州地震保险局实为参与该局的 170 余家保险公司的风险共保体）的功能、再保险（以两倍于原始营运资金作为承保额度的再保险合约来增加承保能量⑥）与金融工具（主要是指发行政府盈余公债、巨灾债券等）的风险转移功能紧密结合，形成了加州地震保险所特有的风险转移模式。

（10）责任分担。一般情况下，在地震发生后，经由加州地震保险局核算

---

① 目前加州地震局的资本金约为 25 亿美元，偿付能力超过 80 亿美元，是世界上最大的住宅地震保险机构之一。与加州地震局结盟的保险公司（目前共 170 余家）在收取地震保险费用后，除去手续费，全额划转至加州地震局。冯文丽，王梅欣. 我国建立农业巨灾保险基金的对策 [J]. 河北金融，2011（4）：7.

② 15% 的免赔额是针对建筑物与家庭财产的总损失金额而言，而非分别计算。

③ 姚庆海. 巨灾风险损失补偿机制研究——兼论政府和市场在巨灾风险管理中的作用 [D]. 北京：中国人民银行金融研究所，2006：28.

④ 梁昊然. 论我国巨灾保险制度的法律构建 [D]. 长春：吉林大学，2013：84.

⑤ 梁昊然. 论我国巨灾保险制度的法律构建 [D]. 长春：吉林大学，2013：86.

⑥ 梁昊然. 论我国巨灾保险制度的法律构建 [D]. 长春：吉林大学，2013：98. 另据美国加州地震局常任顾问 Marshall 先生在 2008 年 10 月北京召开的"国际巨灾保险基金管理研讨会"上所提供的数据，加州地震保险局投资于住宅的再保险占到了承保金额的 37%。

赔付额度，保险公司先行承担支付责任，之后再向加州地震保险局报账。加州地震保险的赔付分为 6 个层级，这之中，风险转移的特色发挥得淋漓尽致。

第一层级：原始营运资金层级——10 亿美元。累计损失在 10 亿美元内的，由该资金予以赔付。目前该资本金约为 25 亿美元。

第二层级：业界赋课保费层级——30 亿美元。① 当可营运资金降低到 3.5 亿美元以下，或不足以赔付时，CEA "有权向参与保险人摊收赔款，但不得超过 30 亿美元"，② 且须先以 CEA 盈余支应。

第三层级：第一超额损失再保险层级——20 亿美元。当累计损失超过 40 亿美元时，由再保险公司承担 20 亿美元；

第四层级：收益债券层级——10 亿美元。"当累计损失超过 60 亿美元时，加州地震保险局可以发行加州政府盈余公债 10 亿美元"。③ 此时，加州地震保险局有权向保单持有人课征额外附加保险费，用于偿付公债或其他债务。④

第五层级：巨灾债券层级——15 亿美元。累计损失超过 70 亿美元时，可向资本市场发行 15 亿美元的巨灾债券。

第六层级：第二再保险层级——20 亿美元。当累计损失超过 85 亿美元时，再保险公司将再承担 20 亿美元。

加州单次地震最高赔付额则为这六层级之和——105 亿美元。

（三）飓风保险

美国的飓风保险制度由各州自行组织实施，如佛罗里达、得克萨斯、⑤ 密西西比、⑥ 路易斯安那、⑦ 夏威夷等州各行其是，⑧ 但均较为完善，并在历次灾害救济中发挥了重要作用。以 2005 年卡特里娜飓风为例，其造成约 1 080 亿美元的经济损失，成为美国史上破坏最大的飓风。但这之中，保险赔款为 405

---

① 赋课，即赋税。
② 梁昊然. 论我国巨灾保险制度的法律构建 [D]. 长春：吉林大学，2013：99.
③ 梁昊然. 论我国巨灾保险制度的法律构建 [D]. 长春：吉林大学，2013：99.
④ 姚庆海. 巨灾风险损失补偿机制研究——兼论政府和市场在巨灾风险管理中的作用 [D]. 北京：中国人民银行金融研究所，2006：32. 如果保单持有人拒绝支付，地震保险局有权撤销其基本住宅地震保险，保险人亦将撤销其住宅财产保险单。
⑤ 得克萨斯风暴保险协会，1971 年设立，主要承保风暴和雹灾，政府为再保险人。
⑥ 密西西比风暴承保协会，成立于 1970 年，主要承保沿海地区的风暴和雹灾，政府为再保险人。
⑦ 路易斯安那州公民财产保险公司，成立于 1968 年，主要承保飓风、雹灾。政府为再保险人。
⑧ 1993 年，夏威夷州立法机构设立了夏威夷飓风减灾基金，以解决财产险市场供给不足的问题。该保险项目只承保飓风损失，且在国家气象服务局发布飓风警报后启动。曾立新. 巨灾风险融资机制与政府干预研究 [D]. 北京：对外经济贸易大学，2006：34.

亿美元，占到了41.6%。本书对最具代表性的佛罗里达飓风巨灾保险制度略作介绍。

佛罗里达州地处美国东南部，东临大西洋，西临墨西哥湾，是美国最易遭受飓风袭击的地区之一，也是美国遭受飓风巨灾损失最严重的州。其飓风保险项目主要有居民财产保险公司和佛罗里达飓风巨灾基金。其中，佛罗里达飓风巨灾基金制度最为完善，运行机制最为合理，运作也最为成功。

1. 居民财产保险公司（CPIC）

佛罗里达飓风保险机制始于20世纪60年代末。由于当地飓风灾难十分频繁，潜在的飓风损失十分巨大，商业保险公司都不愿意开展相关项目。受此影响，佛罗里达州政府于1970年立法成立了"佛罗里达风暴承保协会"（FWUA），并于1972年开始正式运作，其目的是给"佛罗里达的居民提供不能从私营保险市场购买得到的巨灾风暴、雹灾等风险保障，并且在损失发生时支付保险索赔"。该协会从1972年到1992年，在佛州29个沿海县中开展了活动。在这20年间，几次大的飓风均未对该州造成大的损失，当地的商业保险公司见有利可图，逐渐开展巨灾保险业务并展开激烈竞争。

1992年8月24日，安德鲁飓风来袭，造成了史无前例的、高达180亿美元的财产损失，其中81%都被保险公司承担，当地保险业遭受重创。11家保险公司破产，其他商业保险公司也开始重新考虑是否继续经营飓风保险项目。针对这种现象，佛州政府在JUA之外，又制定了相关法规，以防止保险公司撤离资金。① 为填补撤离保险公司留下的空缺，稳定保险市场，佛州政府于1992年12月立法，成立"佛罗里达住宅财产和意外联合承保协会"（JUA）。该协会于1993年3月正式成立，其目的是"给那些有良好的诚信但是无力从自愿保险市场上购买到保险的居民提供住宅财产保险保障"。

事实上，FWUA和JUA的目的基本上一致，区别在于前者只承保暴风雨风险，后者则提供多风险的财产保险。正是基于二者功能的重叠性，2002年，FWUA和JUA合并为居民财产保险公司（CPIC），其官方目的与前身保持一致。② CPIC根据所提供的保单差异，将被保险人分为高风险账户、个人线账

---

① 宁晨. 构建我国巨灾保险法律制度研究 [D]. 上海：华中师范大学，2009：11.

② CPIC是一个由州政府监管的剩余市场组织，只对那些有保险需求，但是由于其风险过大而不能从商业保险公司获得保险的被保险人承保。短短几年里，CPIC成为佛州最大的财产保险公司，其市场份额占到佛州财产保险市场的1/3。详见：谢世清. 佛罗里达飓风巨灾基金的运作与启示 [J]. 中央财经大学学报，2010（12）：73.

户、商业线账户三个账户。①

2. 佛罗里达飓风巨灾基金（FHCF）

1993 年 11 月，针对该州财产保险市场面临的严重危机，佛州政府立法成立了"佛罗里达飓风巨灾基金"（FHCF）。该基金由佛州管理委员会投资发起设立并监督、运作，要求在佛州的保险公司必须承保飓风灾害风险，并出资参加这一基金，对投保人则没有强制性要求。该基金的资金主要来源于保险公司在留足自留额后向其支付的分保费、紧急征费、基金的投资收益等，在资金不足时经批准可以发债，特殊情况下还可以向保单持有人紧急征集 10% 上限的资金。在该基金中，政府的角色是再保险人。该基金享受联邦和州的所得税免税待遇；② 税前提取巨灾准备金；触发指标以全国飓风中心宣布飓风标准为理赔依据。该基金实际上就是"私人融资、由州政府经营的再保险项目，是全美第一个由联邦和州提供免税待遇而由私人积累资金供支付巨灾损失的项目"，③ 也是全美运作最为成功的巨灾基金之一。

（1）组织机构。FHCF 由佛州管理委员会（SBA）管理，SBA 以"佛州州长任主席、州司法部长任秘书、州财政部长任财务主管"的三人委员会为最高权力机构。④ FHCF 内部由一名执行主任、几名高级官员和多名职员组成，本身雇员较少，运行成本较低。

（2）费率。主要实行差别费率。⑤ 在佛州承担居民财产保险的保险公司基于其自身的风险暴露向 FHCF 支付再保险费，该费率约为商业再保险市场的 1/4 到 1/3。巨灾基金之所以能够提供如此低廉的再保险，主要基于三个因素：其一，FHCF 具有免税资格；其二，管理成本低，营业费用不到所收保费的

---

① 其中，高风险账户提供高风险区域的单独风险和多风险保单；个人线账户主要提供除了高风险账户区域的单独风灾保单和任何区域居民财产的多风险保单；商业线账户提供除了高风险账户区域的单独风灾保单和任何区域的商业住宅财产的多风险保单。引自：李勇权，郭东东. 佛罗里达巨灾保险机制的发展及对我国的启示//卓志. 巨灾风险管理与保险制度创新研究［M］. 成都：西南财经大学出版社，2011：290.

② 主要是投资收益免税。但法律规定该基金每年用于防灾减灾的资金资助不得少于 1 000 万美元但不高于投资收益的 35%，以加强飓风灾害的预防、救助与研究等。

③ 梁昊然. 论我国巨灾保险制度的法律构建［D］. 长春：吉林大学，2013：82.

④ 夏益国. 佛罗里达飓风巨灾基金的运营及启示［G］. 金融危机：监管与发展——北大赛瑟（CCISSR）论坛文集，2009：193.

⑤ 巨灾基金的保险费率高低一方面由佛罗里达飓风损失预测委员会所认可的飓风损失模型所预测的飓风风险高低决定，另一方面又取决于每一个保险人所承保的住宅财产的保险价值、地理位置、建筑物结构、免赔与共保比例数量等因素。详见于：夏益国. 佛罗里达飓风巨灾基金的运营及启示//卓志. 巨灾风险管理与保险制度创新研究［M］. 成都：西南财经大学出版社，2011：335.

1%，而商业保险公司营业成本则为其所收保费的 10%～15%；①　其三，无赢利要求，不以营利为目的，所以其费率不含利润因素；其四，当 FHCF 赔偿过多而入不敷出时，可通过向保单持有人进行紧急征费来弥补损失。

（3）保额。FHCF 提供的是标准的超额再保险。只有当商业保险公司所承担的索赔超过规定的最低额度，该基金方承担剩余赔付的一定比例。FHCF 允许商业保险公司在其提供的 45%、75%、90% 三种比例的保额水平中自由选择。②　相关数据显示，原保险公司更倾向于购买 90% 比例的再保险。

（4）资金来源。FHCF 的资金来源包括：原保险公司缴纳的再保险费，投资收益，"紧急情况下发行收入债券所募集的资金"。③　也就是说，其资金来源完全市场化，政府并没有任何的资金投入，也不承担兜底责任。

（5）免赔额。2005 年前，立法规定每个飓风中保险人的行业总免赔额均为 45 亿美元。2005 年 3 月，1486 号法案降低了保险人取得巨灾基金赔偿的门槛。该法案规定，"每年前两个飓风中的行业总免赔额仍为 45 亿美元，但随后的飓风中行业总免赔额下降为 15 亿美元"。④

（6）政府支持。佛罗里达州政府对飓风巨灾基金的支持主要体现在：其一，强制推行；其二，税收优惠；其三，简洁高效的管理机构降低了运行成本。

（四）农业巨灾保险

美国是世界上最早开办农业巨灾保险业务的国家之一。经过半个多世纪的改革，美国有了最为成功的农业巨灾保险，在立法、风险管理、险种设计等方面为世界各国提供了大量的可借鉴之处。

---

①　夏益国. 佛罗里达飓风巨灾基金的运营及启示 [G]. 金融危机：监管与发展——北大赛瑟（CCISSR）论坛文集，2009：193.

②　每种比例都规定了不同的自留额乘数因子，以及相同的赔付乘数。这些乘数因子根据年份的不同而做出调整。以 2009-2010 年度为例，自留额乘数因子为：13.3564＼8.0138＼6.6782，FHCF 强制赔付乘数为 16.0625。假设原保险公司该年度向 FHCF 缴纳的再保险费 100 万美元，且该公司选取的保额形式为 45%，那么该公司的自留额为 1 335.64 万美元，FHCF 承担的赔付额为 1 606.25 万美元，由于保额比例为 45%，原保险公司尚需承担 FHCF 赔付额的 55%，即 883.4375 万美元。详见：李勇权，郭东东. 佛罗里达巨灾保险机制的发展及对我国的启示//卓志. 巨灾风险管理与保险制度创新研究 [M]. 成都：西南财经大学出版社，2011：288.

③　紧急情况下发行的债券包括"事后债券"和"事前债券"。事后债券是为了弥补由于 2004-2005 年飓风季造成的损失而发行的债券，具有免税资格。事前债券则是为了增强 FHCF 未来的赔付能力而发行，不可以免税。谢世清. 佛罗里达飓风巨灾基金的运作与启示 [J]. 中央财经大学学报，2010（12）：74.

④　夏益国. 佛罗里达飓风巨灾基金的运营及启示 [G]. 金融危机：监管与发展——北大赛瑟（CCISSR）论坛文集，2009：194.

早在 1938 年，美国国会就通过《联邦农作物保险法》，开始了农业保险的尝试，主要是对大豆、小麦、玉米等少数作物和局部地区实行保险。到了 20 世纪 70 年代，政府同时提供农作物保险与无偿灾害救援两种救济方式，致使农业保险进展并不明显。

鉴于无偿灾害救援计划的种种弊端，美国联邦政府于 1994 年通过了《联邦农作物保险改革法》，对农业灾害救援方式进行了大规模调整。根据该法案，联邦政府取消了无偿灾害救援，开始实施具有一定强制性的农业"巨灾风险保障机制"。该法案规定，向农户提供大灾最低保险，农户支付 1 美元保费，政府补贴 2.5 美元。① 其后又不断推出"多风险保险保障制度"、"区域风险保险计划"等农业巨灾保险。②

（1）承保范围。美国农业巨灾风险保障机制的承保范围主要是水灾、旱灾、风灾、火灾、冰雹、低温多雨和病虫害等一些不可抗拒的因素所造成的农业损失。③ 通过对农作物平均产量的核定，对平均产量提供一定比例的保险，赔偿金额或根据当年预计市场价，或是事先选定价格的一定比例计算。④

（2）组织结构。美国农业巨灾保险主要由联邦农作物保险公司、私营保险公司、农作物保险协会三方共同参与。

（3）政府支持。联邦政府对农业巨灾保险的支持主要体现在四个方面：一是不断制定和修改相关法律法规；二是通过一般保费补贴、巨灾超额赔款等方式对农业巨灾保险提供财政支持；三是通过联邦农作物保险公司向私营保险公司提供再保险支持；四是对农作物保险予以免税并鼓励提供专项补贴。

（4）风险管理。美国政府主要通过财政补贴、再保险、紧急贷款、农业巨灾风险证券化等手段，将巨灾风险予以分散和转移。

三、新西兰

2011 年 2 月 22 日，"新西兰第二大城市克赖斯特彻奇发生里氏 6.3 级地震，遇难者超过 300 人。这是新西兰 80 年来伤亡最严重的一次自然灾害，也

---

① 邓国取. 中国农业巨灾保险制度研究 [M]. 北京：中国社会科学出版社，2007：37.
② 许均. 我国巨灾保险法律制度研究 [D]. 上海：华东政法大学，2008：23.
③ 许均. 我国巨灾保险法律制度研究 [D]. 上海：华东政法大学，2008：23.
④ 在"巨灾风险保障机制"中，对平均产量提供 50% 的保险，赔偿金额根据当年预计市场价的 60% 计算；在"多风险保障制度"中，保险的产量商品可以在前 4 年平均产量的 65%～75% 间选定，赔偿金额按事先选定价格的 100% 计算。

带来了超过 86 亿美元的新西兰历史上最大一笔保险赔付。"① 该国完善的地震保险及再保险体系，被称为"最成功的地震保险制度之一"。②

新西兰地震保险始于 20 世纪 40 年代。作为地震多发国，基于 1942 年地震灾后重建的反思，新西兰迅速完成了巨灾保险立法。1944 年，新西兰制定了《地震和战争损害法案》，成为该国巨灾保险立法之原型。③ 1945 年，地震与战争损害委员会成立，地震保险由此启动。其后经历了多次改革，逐渐走向成熟。

1993 年，《地震保险委员会法案》成为新西兰地震保险启动以来最重大的改革。这次改革，主要集中在保险范围的改变，即由原来的所有财产调整为仅限于家庭财产。④ 1994 年 1 月，《地震保险委员会法案》正式实施，取代以往的《地震险与战争险法案》；地震与战争损害委员会也更名为地震委员会，专门负责管理地震保险事务。

最终，以 1998 年《地震保险委员会修正案》为核心，⑤ 新西兰确立了现行地震保险制度。该国地震保险强制附加于火灾保险契约，其提供的保险范围包括地震、火山爆发、海啸等多项自然灾害，其宗旨是帮助民众在自然灾害发生后重建家园，尽快从自然灾害损失中得以恢复。⑥

（1）组织机构。"地震委员会、保险公司和保险协会"三个部分构成了新西兰应对地震风险的完整体系。⑦ 地震委员会（EQC）由政府全资持股，为新西兰地震保险的运营主体，负责各项重大自然灾害保险的总体运营计划，包括地震保险基金的运行、投资、再保险安排，负责灾后家财强制地震保险的损失赔偿；保险公司主要负责强制地震险保费的代收代缴，以及家财险中自愿保险的损失赔偿；保险协会则主要负责启动应急计划。⑧

---

① 何霖. 我国巨灾保险制度构建之方向——以新西兰、日本两国为参照 ［J］. 价值工程，2012（25）：288.

② 谢苗枫等. 学者称新西兰地震保险模式值得我国借鉴 ［N］. 南方日报，2011-02-24（03）.

③ 最初设有地震险与战争险两种，分自愿与强制两种模式。

④ 不再承保非住宅的建筑物及其附属家具，并将战争保险予以排除。宁晨. 构建我国巨灾保险法律制度研究 ［D］. 武汉：华中师范大学，2009：16.

⑤ 该修正案主要对自然灾害基金的运行作了小幅修正。

⑥ 何霖. 我国巨灾保险制度构建之方向——以新西兰、日本两国为参照 ［J］. 价值工程，2012（25）：288.

⑦ 梁昊然. 论我国巨灾保险制度的法律构建 ［D］. 长春：吉林大学，2013：84.

⑧ 刘萌萌. 地震保险模式值得中国借鉴 可有助于政府理财 ［EB/OL］. ［2011-02-25］. http：//www. chinavalue. net/Story/2011-2-25/13820. html.

（2）保险范围。新西兰承保因地震、海啸、地层滑动、火山喷发及地热等导致的个人财产损失，包括住宅和家庭财产。也就是说，其承保的危险并不仅仅限于地震，已经扩张到范围更大的自然灾害。[1]

（3）投保模式。采取强制附加的半强制模式。在新西兰，其地震保险"强制附加于火灾保险契约，购买商业保险公司的火灾保险则自动投保地震保险"，[2] 因而具有一定强制性。

（4）资金来源。主要来源于保费收入和政府拨款。新西兰通过建立自然灾害基金和再保险的方式，来保障保险金的支付能力。地震委员会将被保险人所缴纳的保险费，[3] 在扣除必要费用后，[4] 归入自然灾害基金。该基金平日用于国内、国际市场的投资，[5] 以及向国内、国际再保险市场购买再保险。[6]

（5）赔偿限额与免赔额。新西兰地震保险设置有赔偿限额，住宅为10万新元外加商品和服务税（GST）；个人财产为2万新元外加商品和服务税（GST）。免赔额则为房屋损失1%，财产损失200新元，土地损失10%。

（6）费率厘定。强制地震保险费率为万分之五，自愿地震保险费率更高。

（7）风险转移。新西兰"将政府行为与市场行为相结合，多渠道分散巨灾风险"。[7] 在整个体系中，政府居于主导地位，并承担最终清偿责任。

（8）责任分担。一旦发生重大自然灾害，首先由地震保险委员会负责支付约2亿新元法定保险的损失赔偿；若该笔资金难以补偿灾难所带来的损失，则会启动再保险、超额再保险方案；[8] 若仍不足以赔偿损失，则由政府承担剩

---

① 何霖. 我国巨灾保险制度构建之方向——以新西兰、日本两国为参照 [J]. 价值工程，2012（25）：288.

② 《地震灾害委员会法》第18条规定，地震灾害保险以强制方式附加于住宅火灾险上。姚庆海. 巨灾风险损失补偿机制研究——兼论政府和市场在巨灾风险管理中的作用 [D]. 北京：中国人民银行金融研究所，2006：45.

③ 保险公司主要负责强制地震险保费的代收代缴，并不承担赔偿责任。当投保人购买了强制附加于火灾险的地震保险后，将投保人所缴纳的地震保险费缴入地震保险委员会设立的自然灾害基金。

④ 事先已经扣除保险公司的佣金。

⑤ 自然灾害基金在政府的指导下，70%用于投资新西兰国家的政府公债、债券、购买银行票券或以现金方式孳息，另外的30%则投资于全球资本市场。参见：刘禹彤. 从公共危机管理视角看巨灾风险管理 [J]. 中国集体经济，2013（10）：59.

⑥ 由于地震保险委员会坚持使用同一首席再保人，提供完整的风险与损失数据，与政府一起致力于降低地震累积风险，严格落实建筑法规等，其再保险的购买一直都很顺利。

⑦ 何霖. 我国巨灾保险制度构建之方向——以新西兰、日本两国为参照 [J]. 价值工程，2012（25）：288.

⑧ 蒋哲，等. 学者称新西兰地震保险模式值得中国借鉴 [N]. 南方日报，2011-02-24（02）.

余责任。① 也就是说，新西兰政府承担无限清偿责任，居于绝对主导地位。其支付体系如下：

第一层：地震保险委员会层级——2亿新元。地震保险委员会单独负责支付2亿新元法定保险的损失赔偿。

第二层：再保险层级——7.5亿新元。再保险人承担40%，地震保险委员会承担60%。②

第三层：超额再保险层级——20.5亿新元内。当损失超过7.5亿新元，且在20.5亿新元内时，启动超额损失保险合约程序，进行赔款摊回。

第四层：政府兜底层级。当损失超过20.5亿新元时，政府先以自然灾害基金予以偿付，直至承担最后赔偿责任。

经过70年的发展与革新，新西兰地震保险制度"既合理地利用了市场手段，又有效地发挥了政府作用"，③ 故被誉为全世界最为成功的地震保险制度之一。

四、英国

英国巨灾保险制度以洪水保险为核心，但涵盖所有巨灾风险。英国洪水保险也极具特色，它是完全市场化运作，政府只需要履行防洪等公共职责即可。

英国作为岛国，降雨丰沛，河流众多，洪灾频发。"据英国保险协会统计，在全国大约2350万户人家中，约有200万户人家的住宅面临中度洪水威胁，有40万户人家的住宅面临严重洪水威胁，随着全球气候变暖，面临洪水威胁的住宅可能增加到350万户"。④

早在20世纪50年代，面对洪灾带来的惨重损失，英国政府在加大防洪投入、重视防洪工程的同时，开始考虑通过商业保险公司来分散洪灾风险。为

---

① 当地震保险委员会的自然灾害基金和再保险保障不足以填补损失时，由政府国库拨款补足。但是地震保险委员会必须为此保证责任付费，也就是说，要定期向政府支付相当费用作为政府承担损失超过再保险合同部分的对价。付费金额则须每年商定，例如1992年商定数额是6000万新元，1998年商定数额是1000万新元。参见：张萌. 我国巨灾风险的补偿机制研究 [D]. 天津：天津财经大学，2010：9；曹海菁. 法国与新西兰巨灾保险制度及其借鉴意义 [J]. 保险研究，2007 (3)：89；黄兴伟. 新西兰的地震保险制度 [J]. 金融博览，2008 (6)：46.

② 魏宏. 地震保险基金运作模式的国际比较及对我国的启示 [D]. 北京：对外经济贸易大学，2009：25.

③ 何霖. 我国巨灾保险制度构建之方向——以新西兰、日本两国为参照 [J]. 价值工程，2012 (25)：289.

④ 王涛. 英国：形成合力 推进洪水保险 [N]. 经济日报，2008-11-19 (03).

此，英国政府承诺将在防洪工程上继续投入巨资，[①] 以改善巨灾风险的可保性，吸引商业保险公司进入洪水保险领域。

基于政府的承诺和市场的前景，1960 年，英国保险市场推出了包含洪水保险的商业财产保险。1961 年，英国政府与保险行业协会签订了一份协定，"规定了政府和保险业在应对洪水灾害中所承担的责任，即英国政府承诺继续建立有效的防洪工程体系，以使保险损失控制在可以承受的范围之内"；[②] "保险行业保证向位于任何洪水风险区域的居民和小型企业提供财产洪水保险，以便在出现洪水损失的情况下给予补偿"。[③] 正是这份协定构成了英国洪水保险制度的基石。

随着灾害的加剧，完全市场化运作的英国洪水保险制度举步维艰。为督促政府加大投入，提高防洪经费，2002 年，英国保险协会公布了《洪水保险供给准则》，规定"只有政府根据其制定的具体准则和计划改进防洪设施，并及时提供有关风险水平和改建项目的准确信息"，才会"继续给居民和小型企业提供财产洪水保险"。[④] 对此，英国保险业通过定期与英国政府签署协议的方式，来明确双方责任。在此期间，保险业界将根据英国政府的投入力度，确定之后是否继续签订协议。

2003 年 1 月，双方签订了为期 5 年的《洪水保险供给准则》；2008 年 7 月双方签订了新的 5 年期《洪水保险供给准则》；[⑤] 2008 年 5 月，英国政府宣布将制定《洪水及水资源法》。[⑥] 2013 年，英国政府提出了新洪水保险计划，但因未将气候变化因素考虑进去而引发争议，目前仍未正式出台。[⑦]

（1）组织机构。由商业保险公司采取完全市场化运作模式进行经营管理，承担所有的风险。商业保险公司通过其分销网络完成洪水保险的销售和服务。商业保险公司组成的民间机构——英国保险协会则负责与政府签署相关合作协

---

① 1953 年初，英格兰东部遭暴风雨袭击，损失惨重，英国政府随后建立了泰晤士河口防波堤等众多海岸防御工程，并承诺之后将继续投入巨资，在全国范围内建立有效的洪水防御设施。参见：王涛. 英国：形成合力 推进洪水保险 [N]. 经济日报，2008-11-09（03）.
② 李喜梅. 中国巨灾保险制度探讨 [J]. 山东社会科学，2009（9）：71.
③ 刘春华. 巨灾保险制度国际比较及对我国的启示 [D]. 厦门：厦门大学，2009：22；倪铭娅. 谁能坦然面对突降的灾害 [N]. 中国财经报，2010-04-08（04）.
④ 刘春华. 巨灾保险制度国际比较及对我国的启示 [D]. 厦门：厦门大学，2009：22；陈少平. 洪灾保险的经济学分析与中国洪灾保险模式探讨 [D]. 南昌：南昌大学，2008：108.
⑤ 王涛. 英国：形成合力 推进洪水保险 [N]. 经济日报，2008-11-19（03）.
⑥ 王涛. 英国：形成合力 推进洪水保险 [N]. 经济日报，2008-11-19（03）.
⑦ 英国五十多万家庭遭洪水淹没 新洪水保险引争议 [EB/OL]. [2013-12-09]. http://news. china. com. cn/world/2013-12/09/content_ 30844055.

议，保证洪水保险有序进行。

（2）政府角色。政府与商业保险公司处于合作地位，只是需要承担加大防洪投入、提供相关公共服务等职责,[①] 并不参与管理，也不需要提供资金支持和税费减免政策。

（3）承保范围。承保风险广泛，即所有可能发生的巨灾风险，包括洪水、风暴等。承保对象为居民标准住宅、小型企业房屋财产。

（4）投保模式。自愿投保。投保人可以自主选择保险公司的相关产品，保险公司也是自愿经营相关业务。

（5）资金来源。保费收入、投资所得及再保险赔付。无政府资金支持和费率补贴。

（6）主要产品。单独保单，将洪水风险列入标准产险保单，而非附加模式。同时，所有自然灾害都列入一个保单，购买住宅保险时须购买全部险种，以防投保人之逆选择。

（7）赔偿限额与免赔额。因完全市场化运作，等同于普通财产险，赔偿限额和免赔额未设置针对巨灾风险的特殊要求。

（8）费率厘定。没有确定的费率，由商业保险公司在实际风险水平上精算厘定。

（9）风险转移。主要通过再保险进行风险分散。英国再保险市场十分发达，是世界十大再保险市场中心之一。

（10）责任分担。巨灾风险由保险公司完全承担。

五、法国

1981 年的洪水灾害，催生了法国巨灾保险制度。1982 年，《自然灾害保险补偿制度》获法国议会表决通过,[②] 由法国政府与保险业共同经营强制性巨灾保险，该国独具特色的巨灾保险制度由此确立。

1990 年，法国通过"NO. 92-509 法案"，将暴风雨、飓风以及龙卷风所致风灾损失纳入承保范围；1992 年，"NO. 92-665 法案"将因飓风、冰雹以及积雪对屋顶的损害均纳入承保范围；2002 年，"NO. 2002-276 法案"进一

---

① 主要提供巨灾风险评估、灾害预警、气象研究资料等相关公共品。
② 焦清平. 中国商业保险业的风险管理研究 [D]. 武汉：武汉理工大学，2008：43.

步扩大了承保范围。① 经过多次修订，法国巨灾保险制度逐渐完善，走向成熟，被誉为举世最佳的保险制度。

（1）组织机构。政府和保险业共同经营。法国财政部负责统一管理商业保险公司、中央再保险公司的巨灾保险经营行为。② 商业保险公司按照政府确定的费率予以承保，之后自主选择是否向法国中央再保险公司（Caisse Centrale de Reassurance，简称 CCR）分保。③ CCR 是法国巨灾再保险的主要经营者，基本垄断了巨灾再保险市场。它由政府全资持股且无限担保。

（2）政府角色。政府主要担负管理职能，确定巨灾保险费率与免赔额，并作为法国中央再保险公司的持股人和最后再保险人，承担最终赔付责任。

（3）承保范围。多风险。④ 尽管无明文规定，但在实践中，法国巨灾保险的承保风险包括地震、洪水、火山爆发、海啸、地陷、山体滑坡、风暴七类风险所造成的直接损失。⑤ 承保对象包括个人住宅、家庭财产，企业房屋及财产，以及农村财产，基本等同于现有财产险。⑥ 主要通过扩展现有财产险保单保险责任的方式，交由保险公司经营。

（4）投保模式。半强制投保，即强制自动附加模式。⑦ 保险公司负有提供巨灾保险的法定义务，⑧ 投保人是否购买巨灾保险是自愿的，但投保财产险则必须购买巨灾保险。⑨

（5）主要产品。单独保单，将洪水风险列入标准产险保单，而非附加模

---

① 可以承保因地下坑洞、自然泥坑或者人工挖掘的洞穴所引起的土体坍塌所致的损失。见曾文革，张琳. 我国巨灾保险立法模式探讨 [J]. 西华大学学报：哲学社会科学版，2009（4）：105.

② 杨爱军，李云仙. 国外巨灾风险管理制度分析及启示 [J]. 上海保险，2011（6）：56.

③ 如果选择分保，CCR 必须接受。许均. 国外巨灾保险制度及其对我国的启示 [J]. 海南金融，2009（1）：67.

④ 其相关法律中并未明确巨灾保险所覆盖的风险类型，仅将之定性为采取常规措施无法规避的由超强度自然风险导致的直接物质损失。

⑤ 其中，风暴的风速须达到每小时 145 千米以上。另外，因灾害所致财产直接损失才能得到保险的保障，间接损失如租金损失、丧失利用价值的损失等均不包含在保障范围之内。曾文革，张琳. 我国巨灾保险立法模式探讨 [J]. 西华大学学报：哲学社会科学版，2009（4）：54.

⑥ 主要包括火险、营业中断险、机动车辆险等险种。

⑦ 法国巨灾保险更强调对于保险人强制承保须以可以接受的费率为基础。梁昊然. 论我国巨灾保险制度的法律构建 [D]. 长春：吉林大学，2013：75.

⑧ 在每张财产险保单中自动地、无选择地附加自然灾害风险，加收财产险保费的特定比例作为巨灾风险的保费。

⑨ 曾文革，张琳. 我国巨灾保险立法模式探讨 [J]. 西华大学学报：哲学社会科学版，2009（4）：55.

式。同时，所有自然灾害都列入一个保单，购买住宅保险时须购买全部险种，以防投保人之逆选择。

（6）赔偿限额与免赔额。法国巨灾保险未设置赔偿上限。但设置有免赔额，且以低免赔额为特色。免赔额由政府确定并不断调整，直保公司无权选择，也不能安排购回或以其他保险单吸收。2001年起，法国巨灾保险实施阶梯式免赔额。①

（7）费率厘定。全国执行统一的费率标准，不考虑地区风险高低差异。巨灾保险费率由"政府根据基础保费确定，包含于财产险保单费率之中"。②止损再保险的费率则据个别商业保险公司的损失经验来计算。

（8）风险转移。主要通过CCR进行再保险。由于CCR代表政府提供全面性无限制再保方案，所以对所有承保巨灾风险的商业保险公司而言，是绝对安全的保障。CCR提供比例再保险和止损再保险两种产品。③

（9）责任分担。保险公司可以将巨灾风险向CCR分保。CCR"自行提取准备金和安排再保险。一旦CCR的巨灾保险准备金耗尽"，"剩余责任由最后的再保险人——政府承担"。④

六、挪威

挪威也是自然灾害较为频繁的国家之一。其巨灾保险制度以《挪威自然灾害共保规则》《自然灾害保险法》为核心，主要采用商业化运营模式。⑤

（1）组织机构。挪威自然灾害保险共保组织——挪威自然灾害基金（Norwegian Natural Perils Pool，简称NNPP），成立于1980年，所有承保火险业务的挪威保险企业都强制成为保险共同体的一部分。有8位董事会人员，设有联络委员会、理赔委员会、审计委员会、再保险委员会、保费委员会等5个委员会，分别负责与国家自然灾害救助基金的联系、自然灾害理赔等工作。

---

① 梁昊然. 论我国巨灾保险制度的法律构建［D］. 长春：吉林大学，2013：79.

② 许均. 国外巨灾保险制度及其对我国的启示［J］. 海南金融，2009（1）：67.

③ 比例再保险是指商业保险公司分出一定比例的保费给CCR，一旦发生巨灾并出现损失，CCR依据相应比例支付赔款。其目的是避免保险人逆选择的情况发生。目前，所有巨灾保险业务一律以50%的比例承保再保险。止损再保险，即非比例再保险，主要针对发生频率较高的损失，对商业保险公司的自留风险提供再保险。根据相关法规，CCR不再向业务量小的商业保险公司提供止损再保险，改为超额赔款再保险。参见：梁昊然. 论我国巨灾保险制度的法律构建［D］. 长春：吉林大学，2013：91.

④ 李喜梅. 中国巨灾保险制度探讨［J］. 山东社会科学，2009（9）：72.

⑤ 除了巨灾保险体系，挪威还设有自然灾害救助国家基金，依《自然灾害损失法案》于1961年6月成立，由政府融资。

（2）政府角色。政府参与程度较低，主要负责对自然灾害基金进行一些必要性管理。

（3）承保范围。其巨灾保险的承保风险包含山体滑坡、洪水、暴风雨、地震和火山爆发等五种自然风险。[1] 承保对象主要针对家庭财产，包括个人住宅、家庭财产。商业产业部分则由保险公司自行承担。

（4）投保模式。半强制投保，即强制自动附加模式。上述五类自然风险作为财产保险的扩展责任，附加于所有售出的火险保单之中。保险公司负有提供巨灾保险的法定义务，投保人是否购买巨灾保险则是自愿的，但是，只要投保火险，则必须购买巨灾保险。

（5）赔偿限额与免赔额。挪威巨灾保险赔偿金额设置有限制，目前为实际损失的85%，每位被保险人每次事故所获赔偿最高不超过40.5万克朗。[2] 且设置有免赔额，每位被保险人每次事故0.8万克朗。单次灾害赔偿总额也设置有上限，目前为125亿克朗。

（6）费率厘定。全国执行统一的费率标准，目前为0.1%。

（7）风险转移。主要是通过再保险机制转移部分风险。"NNPP为每次巨灾风险购买了约为8.75亿欧元的再保险"。[3]

（8）责任分担。巨灾保险的保费统一缴纳给NNPP。巨灾发生后，NNPP将制定统一的理赔方案，分由各商业保险公司根据自己所售保单进行理赔，NNPP根据该公司所占市场份额，提供相应份额的巨灾保险赔偿。

七、西班牙

1990年，西班牙第21号法案确立了西班牙现行的以西班牙保险赔偿联合会（CCS）为核心的巨灾保险制度。[4] 1995年，西班牙第30号法案对之进一步完善。

（1）组织机构。西班牙保险赔偿联合会（Consorcio de Compensacion de Se-

---

① 许均. 我国巨灾保险法律制度研究［D］. 上海：华东政法大学，2008：19.

② 为各种财产赔偿之总和。根据保险标的不同，赔偿限额也有所区别：建筑物以20万克朗为限；清理承保标的损后碎物费用以30万克朗为限；搬移或暂时储存承保对象之费用，以2万克朗为限；等等。详见：梁昊然. 论我国巨灾保险制度的法律构建［D］. 长春：吉林大学，2013：80.

③ 许均. 我国巨灾保险法律制度研究［D］. 上海：华东政法大学，2008：19.

④ 西班牙的巨灾保障体系始于1940年。在1990年前由政府部门负责管理。西班牙保险赔偿联合会，有的论述也称为安全补偿联盟。

guros，简称 CCS），① 成立于 1990 年，专门负责巨灾保险相关业务。CCS 设有董事会，总公司位于马德里，下设 18 个分支机构。商业保险公司代为销售巨灾保险，抽取 5% 的手续费；或根据被保险人请求，代为支付赔偿。

（2）政府角色。政府主导。CCS 是隶属于西班牙经济部的独立法人；② 政府在必要时划拨资金，对 CCS 的赔偿提供无限额担保；保险监管机关、国家审计机关对其业务进行审计。③

（3）承保范围。其巨灾保险的承保风险包含地震、洪水、台风等自然灾害以及社会政治风险，主要为直接损失。④

（4）投保模式。半强制投保，即强制自动附加模式。西班牙巨灾保险附于普通保单。投保人是否购买巨灾保险则是自愿的，投保人只要购买普通保险就必须购买巨灾保险。⑤

（5）产品形式。"强制附加于财产险、车险（不含责任险）保单和个人意外伤害险保单"。⑥

（6）免赔额。西班牙巨灾保险设置有免赔额，一般为 10%；为维持偿付能力，在遭遇特大灾害时，可以将免赔率提高到 15%。

（7）费率厘定。全国执行统一的费率标准，但具体费率因保险标的而有所差异。如个人危险的费率为保险金额上限的 0.000 96%，⑦ 住宅风险的费率为 0.009%，办公地的费率为 0.014%，商业风险的费率为 0.018%，工业风险的费率为 0.025%，公共设施风险的费率为 0.034%。

（8）风险转移。主要是从收取的保费中提存各项准备金，建立了庞大的危险准备金。另购买有少量再保险。

（9）责任分担。各商业保险公司收取的巨灾保险保费统一缴纳给 CCS。巨灾发生后，由 CCS 负责查勘理赔。被保险人可以选择索赔途径，既可直接向 CCS 索赔，也可以向当时购买保险的保险公司索赔，经由保险公司将索赔要求

① 许均. 我国巨灾保险法律制度研究［D］. 上海：华东政法大学，2008：19.
② 当从事保险业务时，CCS 与民营保险公司的地位相同。详见：梁昊然. 论我国巨灾保险制度的法律构建［D］. 长春：吉林大学，2013：84.
③ 主要对巨灾保险理赔进行审计。
④ 只负责赔偿直接的物质损失，非物质损失和间接的物质损失将不负责赔偿。以清理费、施救费为例，其赔偿限额仅为 4%。许均. 我国巨灾保险法律制度研究［D］. 上海：华东政法大学，2008：21.
⑤ 主要是财产险、车险（不含责任险）保单和个人意外伤害险。即使基本保单包括了巨灾风险责任，投保人也要强制附加巨灾保险。
⑥ 许均. 我国巨灾保险法律制度研究［D］. 上海：华东政法大学，2008：21.
⑦ 梁昊然. 论我国巨灾保险制度的法律构建［D］. 长春：吉林大学，2013：90.

转给 CCS。也就是说，所有风险由 CCS 独立承担。但当赔偿超过 CCS 现有资产，CCS 已经无法支付时，将由政府予以担保。

八、土耳其

土耳其是唯一一个建有巨灾保险制度的发展中国家。1998 年 6 月 27 日，土耳其阿达纳发生 6.2 级地震，土耳其政府开始将巨灾保险体系纳入议事日程。1999 年 8 月 17 日，土耳其发生马尔马拉 7.4 级大地震；同年 11 月 12 日，又发生了都兹 7.2 级大地震。这两次地震共造成 1.8 万人死亡、200 亿美元的经济损失，也直接催生了该国巨灾保险制度。

2000 年，土耳其政府出台了《强制地震保险法令》，以此为法律基础，在世界银行的援助下，土耳其巨灾保险共同体——巨灾保险基金（TCIP）得以建立。

（1）组织机构。土耳其巨灾保险基金（TCIP），成立于 2000 年，专门负责巨灾保险相关业务。TCIP 是土耳其地震保险的专营机构。管理委员会是 TCIP 的直接管理机构，其成员来自政府机构、保险公司和学术领域。商业保险公司仅仅只是中介机构，通过代售巨灾保险保单获得佣金，并将保单、保费移交 TCIP。

（2）政府角色。在 TCIP 的运营过程中，政府处于核心地位，财政部负责 TCIP 的领导及监管。为保证基金使用的行之有效，财政部每年都需对 TCIP 的账户、交易等进行审计，同时对 TCIP 日常运营中相关费率的确定、外包公司的选择等重大管理事项也有批准决定权。政府不需要提供补贴，但要为地震保险提供担保。[①]

（3）资金来源。TCIP 的资金来源于保费收入、基金投资所得以及世界银行的资助，[②] 并无政府补贴或拨款。

（4）承保范围。土耳其巨灾保险的承保风险为单风险，即地震风险。承保对象为位于城市拥有个人独立产权的建筑物，[③] 强制保险范围仅限于建筑物本身的结构损失，而室内财物和其他可移动财产可通过自愿入保，即通过商业保险予以满足。承保范围包括地震、地震所引发的火灾、爆炸以及滑坡等。并以建筑物的重置成本作为地震基本保险的保险金额。

---

① 蔡梦阳. 农业巨灾风险基金法律制度构建研究 [D]. 北京：中央民族大学，2012：11.
② 世界银行在 TCIP 建立初期为其提供 5 年的正常运转所需资金及技术帮助，并通过应急贷款渠道提供 1 亿美元的启动资金。
③ 用于工商业的建筑及农村民居则实施自愿投保。

（5）投保模式——强制投保。投保人投保与保险人承保巨灾保险都是强制性的，负有法定义务。国内所有的商业保险公司必须提供地震保险；所有城市居民的住宅必须投保地震保险，该保险单是"房屋所有者在进行房地产产权登记、交易以及开通水和天然气等公共服务时必须提供的法定文件"。①

（6）产品形式——独立保单。地震保险条款全国统一，非附加形式，独立于火灾保险。

（7）保险限额。TCIP 地震保险最高限额为 14 万土耳其新里拉。② 超出部分可由房主自行投保商业保险。③

（8）费率厘定——差别费率。土耳其地震保险实行差别费率，基础费率据各地"地震区域、土地和建筑物结构的风险类别"厘定。④

（9）经营模式——业务外包。土耳其政府将 TCIP 的大部分业务通过外包形式承包给商业保险公司负责。在日常运营管理方面，根据土耳其强制保险法令（2000 年 9 月 27 日颁布），"TCIP 刚刚建立的前 5 年，由土耳其最大的保险公司 Mille Re 负责日常管理，此后每 5 年进行一次招投标，以更加公正效率的方式确定外包公司。在保单销售方面，TCIP 也采取了外包形式。TCIP 将商业保险公司定位为国家巨灾保险体系与普通投保人之间的中介机构，允许保险公司根据所销售的保单抽取佣金"。⑤ 目前，共有 28 个商业保险公司承担了 TCIP 地震保险保单销售代理的职责。

（10）风险转移。⑥ 土耳其建立了国家巨灾准备金，尽量降低政府的财务风险。同时，"为了防范因本土地震灾害可能导致的资产贬值，TCIP 资产的至少 50% 被要求在土耳其以外范围进行投资"。⑦

（11）责任分担。TCIP 涵盖国内所有的商业保险公司，当灾害发生后，这些商业保险公司按照其市场份额各自承担相应风险；由政府为地震保险提供最终担保。

九、我国台湾地区

我国台湾也是地震高发地区。一直以来，台湾地区对地震保险关注不够，

---

① 蔡梦阳. 农业巨灾风险基金法律制度构建研究［D］. 北京：中央民族大学，2012：11.
② 土耳其现使用的是新里拉，1 里拉折合人民币约 5.9 元，旧里拉 100 万兑换 1 新里拉。
③ 穆琳. 构建与完善我国巨灾风险分散机制研究［D］. 天津：天津财经大学，2009：29.
④ 许均. 我国巨灾保险法律制度研究［D］. 上海：华东政法大学，2008：22.
⑤ 蔡梦阳. 农业巨灾风险基金法律制度构建研究［D］. 北京：中央民族大学，2012：12.
⑥ 蔡梦阳. 农业巨灾风险基金法律制度构建研究［D］. 北京：中央民族大学，2012：12.
⑦ 蔡梦阳. 农业巨灾风险基金法律制度构建研究［D］. 北京：中央民族大学，2012：12.

地震险也多以附加承保的方式附加于火险等保单。1999 年 9 月 21 日台湾南投发生 7.6 级大地震，造成 2 329 人死亡，8 722 余人受伤，财产损失高达 92 亿美元。受此惨重损失之刺激，我国台湾地区于 2001 年 7 月 9 日修订所谓"保险法"，"增加了台湾地区住宅地震保险的相关规定"，① 并于当年年底陆续公布《财团法人住宅地震保险基金捐助章程》《财团法人住宅地震保险基金管理办法》和《住宅地震保险共保及危险承担机制实施办法》等行政法令，② 成立了"台湾住宅地震保险共同体"（简称"地震保险共同体"）。③ 2002 年，台湾地区"财团法人住宅地震保险基金"（以下简称"地震保险基金"）得以创立，当地住宅地震保险制度正式启动。

（1）组织机构。核心组织——"地震保险基金"（TREIP），成立于 2002 年，由有关机构捐助 2 000 万新台币建立，④ 主管机关为行政院金融监督管理委员会。⑤ TREIP 最初交由"中央"再保险公司管理，2006 年开始独立运作。⑥ TREIP 依法管理地震风险相关事宜。⑦ 另有"地震保险共同体"与"产业公会"予以辅助。⑧

（2）政府角色。对 TREIP 的账户、交易等进行审计，承担部分赔付责任，为地震保险提供担保。

（3）资金来源。TREIP 的资金来源于先期捐助经费、住宅地震保险保险费、资金运营收益、贷款、⑨ 其他收入。

（4）承保范围。台湾地区地震保险一般特指地震基本保险，另各保险公

① 由开展住宅火险业务的各商业保险公司与台湾地区"中央"再保险公司组成共保体，"中央"再保险公司进行经营管理。宁晨. 构建我国巨灾保险法律制度研究 [D]. 武汉：华中师范大学，2009：10.

② 隋祎宁. 日本地震保险法律制度研究 [D]. 长春：吉林大学，2010：58.

③ 由开展住宅火险业务的各商业保险公司与台湾地区中央再保险公司组成共保体，中央再保险公司进行经营管理。

④ 即台湾地区"保险业务发展基金管理委员会"。

⑤ 宁晨. 构建我国巨灾保险法律制度研究 [D]. 武汉：华中师范大学，2009：10.

⑥ 刘春华. 巨灾保险制度国际比较及对我国的启示 [D]. 厦门：厦门大学，2009：27.

⑦ 我国台湾地区相关法明文规定，地震保险基金为该地区住宅地震保险制度的中枢组织，负责管理危险分散机制，并负责住宅地震保险承保、理赔制度的建立与改善、共保业务的处理、再保险安排、业务倡导及地震保险基金的管理等事项。引自：梁昊然. 论我国巨灾保险制度的法律构建 [D]. 长春：吉林大学，2013：98.

⑧ 台湾地区保险商业同业公会（简称"产业公会"）也是我国台湾地区地震保险制度中的重要成员，由台湾地区各商业财产保险公司组成的民间组织，代表其成员与官方会商、参与规则的制定，维护业界利益。

⑨ 该基金积累金额不足以支付应赔款时，由 TREIP 拟订财务筹措计划向台湾内外贷款。宁晨. 构建我国巨灾保险法律制度研究 [D]. 武汉：华中师范大学，2009：10.

司开办有纯商业性保险业务。地震基本保险为政府所支持，只保障住宅建筑物因地震及地震次生灾害所导致的直接损失，[①] 将住宅内的家庭财产、企业建筑、公共建筑排除在外。[②] 以全损为责任范围。[③] 与土耳其地震保险一样，我国台湾地区也将建筑物的重置成本设定为地震基本保险的保险金额，以帮助被保险人尽快重建家园。

（5）投保模式——强制自动附加（半强制投保）。地震基本险附加于住宅火险。台湾地区所谓"保险法"规定，所有的产险公司必须承保住宅保险业务，也就是说必须要提供地震基本保险。法律虽未规定地震保险为强制保险，但是，如要申请银行贷款，则必须要购买住宅火灾险；另外，购买住宅火险必须附加地震基本险。需要特别说明的是，强制附加的是地震基本险，其目的是给民众提供最基本的保障。如有更高的地震或其他巨灾保险需求，则需要投保人通过购买地震扩大险等纯商业保险来满足。

（6）产品形式——附加险。住宅火险和地震险放在同一个保单中，地震险为附加险。值得注意的是，一部分商业保险公司的住宅综合险中包含地震、台风、洪水险，另外的商业公司除了将地震基本保险强制附加于火灾险外，其他的巨灾如飓风、洪水、山体滑坡等风险则为任意附加险，属于纯商业性保险，由投保人自主选择，但仍需附加于住宅火险。

（7）保险限额与自负额。台湾地区地震保险赔偿限额为150万新台币，另当建筑物全损时最高支付临时住宿费20万新台币。[④] 单次地震最高赔偿总额限额为700亿台币。无自负额要求。

（8）费率厘定——单一费率。台湾地震保险实行单一费率。[⑤] 以家庭为单

[①] 具体范围包括住宅"由于地震震动或地震所引起的火灾、爆炸、山崩、地层下陷、滑动、开裂、决口，或者地震引起的海啸、海潮高涨、洪水等事故所导致的实际全损或推定全损"。张磊磊. 汶川地震与个人住房按揭贷款相关法律问题研究 [D]. 上海：复旦大学，2010：21.

[②] 商业性地震保险保障范围较宽，除住宅外，还包括住宅附属设施、住宅内家庭财产等。潘玲. 我国住宅地震保险经营模式研究 [D]. 成都：西南财经大学，2009：25.

[③] 对于住宅全损的认定标准为：一是经政府机关通知拆除、命令拆除或给予拆除的；二是经合格评估人员评定或经建筑师公会或结构、土木、大地等技师公会鉴定为不能居住必须拆除重建，或者非经修复不适居住且修复费用为危险发生时重置成本50%以上的。符合其中之一条则可认定为全损。董刚. 我国台湾地区住宅地震保险制度研究 [J]. 兰州学刊，2013（6）：156.

[④] 2012年前，地震保险金额为120万新台币，临时住宿费18万新台币；2012年1月1日起，在保费不变的情况下，保险金额上调至150万新台币，临时住宿费调整为20万新台币。以上数据来源于：董刚. 我国台湾地区住宅地震保险制度研究 [J]. 兰州学刊，2013（6）：156.

[⑤] 原因有三：一是台湾地区地方小；二是由于数据的缺乏，制定差别费率较为困难；三是方便操作，可以简化手续，提高投保率。吴惠灵. 我国巨灾保险体系构建研究 [D]. 重庆：西南政法大学，2010：32.

位，投保额均不超过 150 万新台币。为提高投保率，台湾地区地震基本险的保费较低。①

（9）经营模式——经营模式。台湾地区的地震保险由商业保险公司进行销售，保费全数交给地震保险基金，由保险基金进行统筹安排。保险公司根据所售保单获得手续费。②

（10）风险转移。台湾地区地震保险风险分散由地震保险基金统筹完成，其途径主要包括：风险共保、向岛内外购买再保险、通过资本市场发行巨灾债券转移等。③

（11）责任分担。台湾地区地震保险参考了美国、日本、新西兰等国地震保险制度，巨灾损失由多方力量共同承担，也采用多层级式责任分担模式，最高赔偿总额限额为 700 亿台币。④

第一层：30 亿元新台币内——"地震保险共同体"自行承担。⑤ 根据共保合约，参与该组织的各会员公司依其认受成分，⑥ 承担赔偿责任。

第二层：200 亿元新台币内——住宅地震保险基金最高承担 170 亿元新台币。住宅地震保险基金依法自行承担最高 170 亿元新台币的损失赔付，在必要时，该基金可以获得当地财政部门的资金保证。⑦

第三层：400 亿元新台币内——由地震保险基金通过再保险及资本市场进行分散，最高承担 200 亿元新台币。

第四层：560 亿元新台币内——仍由地震保险基金独立承担，最高承担 160 亿元新台币。

第五层：700 亿元新台币内——政府最高承担 140 亿元新台币。

---

① 2009 年 4 月 1 日前保费为 1 459 元新台币（约合 300 元人民币），之后为 1 350 元新台币（约合 280 元人民币）。

② 吴惠灵. 我国巨灾保险体系构建研究 [D]. 重庆：西南政法大学，2010：33.

③ 目前再保险比例为：岛内再保险占 20%，岛外再保险占 80%。也有专家建议避免过度依赖国外再保险，以节约成本，增加保费的积累。吴惠灵. 我国巨灾保险体系构建研究 [D]. 重庆：西南政法大学，2010：33.

④ 最初为 500 亿新台币，2007 年 1 月 1 日增加到 600 亿新台币，2009 年 1 月 1 日再次增加到 700 亿新台币。

⑤ 参照总额调整。最初为 20 亿新台币，2007 年增加到 24 亿新台币，2009 年增加到 28 亿新台币，2012 年 1 月 1 日增加到目前的 30 亿新台币。以下各层级都经过了几次调整，本书不再一一列举。

⑥ 包括基本成分和分配成分。基本成分由中再公司会商"产险公会"确定；分配成分则以各会员过去 3 年平均住宅火险保费收入占有率进行计算。

⑦ 地震保险基金不足以支付时，地区政府可以提供担保，由地震保险基金向台湾地区内外贷款。

当单次地震灾害赔付总额超过 700 亿新台币时，按比例削减给付，实行比例赔付。[①]

（12）运行效果。十多年来，我国台湾地区地震保险取得了极为明显的成效。地震基本保险投保率由 2002 年的 6% 逐年上升到 2012 年底的 30.11%，246 万户参保，累积责任限额超过 40 367 亿新台币；年保费收入 2012 年达到 32.03 亿新台币；2011 年年底，地震保险基金各项准备金累积达 137.28 亿新台币。

第二节　其他国家和地区巨灾保险立法之比较

一、其他国家和地区巨灾保险立法之共性

通过对其他国家和地区现有巨灾保险立法的分析，我们不难发现其中存在的一些共性。本书主要从巨灾事件背景、法律制度、保险公司参与、政府大力支持、给付限额五个方面予以解读。[②]

（一）巨灾事件催生

巨灾保险由巨灾风险及损失催生。其他国家和地区现有巨灾保险立法的国家和地区，无不是巨灾频繁之地，而且其巨灾保险立法多以某次巨型自然灾害发生为契机。不仅如此，巨灾保险法律制度的改革、完善亦与其在历次灾后救济中暴露出的问题息息相关。

日本。频发的巨灾促进了日本巨灾保险立法的飞跃发展。以 1964 年 6 月 16 日的新潟 7.5 级地震为契机，日本加紧开展地震保险的可操作性研究及立法工作，于 1966 年制定《地震保险法》，[③] 完成了地震保险基本立法。宫城地震、阪神地震则引发了日本地震保险法律制度的两次大变革。

美国。美国洪灾、旱灾、风灾、地震、火山、雪灾、冰雹等自然灾害十分频繁。在此背景下，美国巨灾保险立法也较为发达。

美国洪水保险。在 1955 年两次飓风造成巨大损失的刺激和推动下，美国

---

① 削减比例由地震保险基金报相关主管机关核定后向社会公告。董刚. 我国台湾地区住宅地震保险制度研究 [J]. 兰州学刊，2013（6）：158.

② 也有学者认为，在设立专营机构、风险转移机制、防灾减灾措施等方面存在共性。本书认为这些方面虽存在共性，但差别更大，更能体现各国、地区巨灾保险法律制度的差异性和特色，基于侧重点的考虑，放在之后的"其他国家和地区巨灾保险立法之差异"中予以论述。

③ 何霖. 日本巨灾保险之进程与启示 [J]. 灾害学，2013（2）：188.

国会于 1956 年通过了《联邦洪水保险法》。1965 年，飓风"Betsy"造成约 24 亿美元的经济损失，国家洪水保险计划再次提上议事日程。最终美国国会于 1968 年通过了《全国洪水保险法》，1969 年通过了《国家洪水保险计划》（NFIP）。2007 年，针对卡特里娜飓风所带来的系列影响，兼之费率厘定的相关因素，联邦政府开启了新一轮的洪水保险计划改革。

加州地震保险。加利福尼亚是世界上地震最为频繁且损失惨重的地区之一。为应付 1994 年北岭地震给加州保险市场带来的巨大危机，加州成立了由州营运的地震保险公司——加州地震保险局，并于 1996 年 6 月同时通过 3 个有关加州地震保险局的《地震保险法修正案》。由此，加州地震保险计划基本成型。

佛罗里达飓风巨灾基金。佛罗里达是美国最易遭受飓风袭击且损失最严重的州。1992 年安德鲁飓风使当地保险业遭受重创。针对该州财产保险市场面临的严重危机，佛州政府于 1992 年 12 月、1993 年 11 月先后立法成立了佛罗里达住宅财产和意外联合承保协会（JUA）、佛罗里达飓风巨灾基金（FHCF）。

新西兰。新西兰也是一个地震多发国家。出于对 1942 年怀拉拉帕（Wairarapa）地震灾后重建的反思，新西兰于 1944 年制定了《地震和战争损害法案》，迅速完成了巨灾保险立法。

法国。1981 年的洪水灾害，直接催生了法国巨灾保险制度。

土耳其。1998 年 6 月 27 日，土耳其阿达纳发生 6.2 级地震，土耳其政府开始将巨灾保险体系纳入议事日程。1999 年 8 月 17 日，土耳其发生马尔马拉 7.4 级大地震；同年 11 月 12 日，又发生了都兹 7.2 级大地震。这两次地震共造成 1.8 万人死亡，经济损失 200 亿美元，加速了该国巨灾保险立法的进程。

我国台湾地区。我国宝岛台湾属地震高发地区。1999 年 9 月 21 日台湾南投 7.6 级大地震，造成 2 329 人死亡，8 722 余人受伤，财产损失高达 92 亿美元。受此刺激，我国台湾地区于 2001 年修订"保险法"，次年启动地震保险。

由此可见，在各个国家、地区的巨灾保险立法过程中，某一次或者几次巨灾的发生起到了极其重要的推动作用。惨重的损失，使民众的巨灾风险意识得到提高，对巨灾保险的需求上升，催生了巨灾保险市场；灾后救济、重建的沉重财政压力，迫使政府加快立法进程，推动巨灾保险的建立；巨灾保险法律制度在经受历次巨灾"大考"的过程中，不断暴露出问题和短板，也通过不断改革而加以完善。

（二）法律制度健全

各国、地区的巨灾保险体系，均以较完善的法律法规为基础和保障。巨灾保险制度往往是通过立法逐步建立并完善。"这些国家和地区将巨灾保险的基本框架、运作模式、保障范围、风险控制等以法律的形式加以明确，从而为巨灾保险的实施奠定了坚实的基础"。① 同时，国家强制力为巨灾保险的顺利推行提供了有力的保障。

日本。地震保险：1934 年《地震保险制度纲要》、1944 年《战时特殊损害保险法》、1948 年《地震保险法纲要案》、1953 年《地震保险实施纲要》为地震保险立法尝试。1966 年，先后制定了《地震保险法》《地震再保险特别会计法》《地震保险法律实施令》《关于〈地震保险法律实施令〉部分修改的政令》《地震保险法律实施规则》等法规。② 其后，数经修改，不断完善。

农业巨灾保险：1923 年制定有《小作保险法》，1929 年、1938 年分别制定《家畜保险法》《农业保险法》。"1947 年，日本将《家畜保险法》《农业保险法》合并，并于当年 12 月颁布《农业灾害补偿法》，1952 年制定《农业共济基金法》"。③ 到 2009 年，《农业灾害补偿法》已修订过 23 次。

新西兰。1944 年《地震与战争损害法案》、1993 年《地震保险委员会法案》、1998 年《地震保险委员会修正案》等法案。④

美国。尽管没有专门的《巨灾保险法》，但美国的巨灾保险立法较为发达。

洪水保险：主干法律为 1968 年《全国洪水保险法》、1969 年《国家洪水保险计划》、1973 年《洪水灾害防御法》，后有 1977 年《洪水保险计划修正案》、1994 年《国家洪水保险改革法》、2004 年《国家洪水保险改革法》、2007 年《洪水保险改革与现代化法案》等修正案；

农业巨灾保险：1938 年《联邦农作物保险法》，1994 年《联邦农作物保险改革法》等法令；

地震保险：《加州地震保险法》。

英国。英国大概是所有开办巨灾保险的国家和地区中最为特殊的一个，没有通过立法对巨灾保险制度予以确定和保障，但是，英国政府关于"加大防洪投入"的承诺一定程度上具有法律效力，这也是英国洪水保险计划得以实

① 何霖. 我国巨灾保险制度构建之方向——以新西兰、日本两国为参照［J］. 价值工程，2012（25）：289.

② 何霖. 我国巨灾保险制度构建之方向——以新西兰、日本两国为参照［J］. 价值工程，2012（25）：289.

③ 何霖. 日本巨灾保险之进程与启示［J］. 灾害学，2013（2）：189.

④ 何霖. 我国巨灾保险制度构建之方向——以新西兰、日本两国为参照［J］. 价值工程，2012（25）：289.

施的前提。1961 年"君子协定"及 2003 年、2008 年签订的《洪水保险供给准则》，都具有指导与规范的作用。英国也有相关立法计划，目前尚未完成。①

法国。1982 年《自然灾害保险补偿制度》为基础，1990 年"NO. 92-509 法案"、1992 年"NO. 92-665 法案"、2002 年"NO. 2002-276 法案"等为补充。

挪威。挪威巨灾保险制度以《挪威自然灾害共保规则》《自然灾害保险法》为核心。

西班牙。1990 年第 21 号法案为基础，1995 年第 30 号法案为补充。

土耳其。2000 年《强制地震保险法令》为基础。

我国台湾地区。2001 年修正所谓"保险法"，增加了地震保险的相关内容，并陆续公布《财团法人住宅地震保险基金捐助章程》《财团法人住宅地震保险基金管理办法》《住宅地震保险共保及危险承担机制实施办法》等行政法令。

（三）保险公司参与

巨灾保险离不开商业保险公司的参与。这是因为商业保险公司所开展的其他保险业务远远早于巨灾保险，拥有丰富的保险业务经验和成熟的销售、理赔网络，并且拥有大量的保险专业知识和专业技术人才，这些都是政府在短期内所难以拥有的。② 从现有的巨灾保险制度来看，不管政府所扮演的角色、风险分散与责任承担机制有何差异，都难以动摇以商业保险为主进行承保和赔付的经营模式。但在具体实践中，各国商业保险公司的参与程度又有所不同。

日本。日本地震保险中，财产保险公司负责承保地震保险，全额再保险到日本地震再保险公司"JER"，接受 JER 返回的保费，对初级巨灾损失予以赔付。

美国。美国洪水保险计划中，私营保险公司主要是负责代售洪水保险、代为处理灾后赔付并垫付赔偿资金等事务。加州地震保险中，170 余家商业保险公司加入到共保体，由商业保险公司经营地震保险，并参与共保，在必要时承担赔付责任。在佛州的保险公司必须承保飓风灾害风险，并出资参加飓风巨灾基金。

新西兰。保险公司主要负责强制地震保险保费的代收代缴，以及家财险中自愿保险的损失赔偿。

---

① 2008 年 5 月，英国政府宣布将制定《洪水及水资源法》；2013 年，有消息称，英国正在制定新洪水保险计划。但迄今为止，其《洪水及水资源法》和新的洪水保险计划均未面世。

② 梁昊然. 论我国巨灾保险制度的法律构建 [D]. 长春：吉林大学，2013：111.

英国。全市场化运作模式，商业保险公司主导，承担所有的风险。商业保险公司通过其分销网络完成洪水保险的销售和服务。

法国。商业保险公司负有提供巨灾保险的法定义务，按照政府确定的费率予以承保，之后自主选择是否向 CCR 分保。

挪威。所有承保火险业务的挪威保险企业都强制成为保险共同体 NNPP 的成员，负有提供巨灾保险和理赔的法定义务。

西班牙。各商业保险公司代售巨灾保险，收取的保费统一缴纳给 CCS。如果被保险人向保险公司索赔，保险公司须接受且将索赔要求转给 CCS。

土耳其。TCIP 涵盖国内所有的商业保险公司，TCIP 的大部分业务通过外包形式承包给商业保险公司负责。当灾害发生后，这些商业保险公司按照其市场份额各自承担相应风险。

我国台湾地区。所有的财产保险公司必须承保住宅保险业务，地震保险由财产保险公司进行销售。其中，地震基本保险的保费全数交给地震保险基金，财产保险公司根据所售保单获得手续费，在一定范围内承担共保责任；商业保险则由财产保险公司自行处理并承担全部责任。

（四）政府大力支持

巨灾保险主要由政府推动并大力支持，其目的多为保障灾民基本生活之需要，或是灾后重建之需要，故在一定意义上属政策性保险，很难离开政府的介入与支持。

日本。政府主要参与到再保险体系，分担一部分地震风险。

新西兰。政府居于主导地位，承担无限清偿责任。

美国。美国设立了联邦保险管理局，负责管理美国洪水保险计划（NFIP）。美国洪水保险计划中，政府承担了以下职责：一是直接保险人，承保洪水保险；二是管理者，联邦保险管理局专门负责该计划的管理和推进；三是推动者，通过各种方式，推广 NFIP。

加利福尼亚州政府、佛罗里达州政府对加州地震保险、佛州飓风巨灾基金的支持主要体现在：其一，通过法律手段强制推行飓风巨灾基金；其二，提供免税待遇；其三，简洁高效的管理机构降低了运行成本。

美国联邦政府对农业巨灾保险的支持主要体现在四个方面：一是不断制定和修改相关法律法规；二是通过一般保费补贴、巨灾超额赔款等方式对农业巨灾保险提供财政支持；三是通过联邦农作物保险公司向私营保险公司提供再保险支持；四是对农作物保险予以免税并鼓励提供专项补贴。

英国。尽管不参与管理，也不需要提供资金支持和税费减免，但在英国洪水保险计划中，政府与商业保险公司处于合作地位，需要承担加大防洪投入、提供相关公共服务等职责。同时，英国政府加大防洪投入是洪水保险计划能够延续的前提。

法国。政府主要担负管理职能，确定巨灾保险费率与免赔额，承担最终赔付责任。

西班牙。西班牙巨灾保险由政府主导。CCS 是隶属于西班牙经济部的独立法人；政府在必要时划拨资金，对 CCS 的赔偿提供无限额担保；保险监管机关、国家审计机关对其业务进行审计。

土耳其。在 TCIP 的运营过程中，土耳其政府处于核心地位。

我国台湾地区。在 TREIP 的运营过程中，政府负责 TREIP 的管理及监管。不需要提供补贴，要承担一部分赔付责任，也要为地震保险提供担保。

（五）设置给付限额

由于巨灾风险具有损失巨大及损失高度相关的特点，"某一次巨灾所造成的损失就很可能对一国的巨灾保险行业带来灾难性的打击，甚至威胁一国的经济发展全局，因此现有巨灾保险法律制度大多设置有赔偿限额及免赔额"。[1] 其中，英国巨灾保险由于完全市场化运作，未针对巨灾保险专门设置保险限额和免赔额；法国未设置赔偿上限，免赔额也很低。

日本地震保险：建筑物限额 5 000 万日元，家庭财产限额 1 000 万日元；单次地震支付的总赔偿额上限为 5.5 万亿日元；建筑物损失 3% 的免赔额，家财损失则为 10%。

美国洪水保险："居民住宅性房屋限额 25 万美元，室内财产限额 10 万美元；小型企业非住宅性房屋与室内财产各限额 50 万美元"；[2] 免赔额均为 500 美元。

加州地震保险：建筑物限额 20 万美元，15% 的免赔额；生活补助限额 2 万美元，无自负额要求；土地保额限额 1 万美元；单次地震赔款限额 105 亿美元。

新西兰地震保险：住宅限额 10 万新元；个人财产限额 2 万新元。免赔则为房屋损失 1%，财产损失 200 新元，土地损失 10%。单次地震无总额限额，政府承担无限兜底责任。

挪威巨灾保险：每位被保险人每次事故所获赔偿最高不超过 40.5 万克朗。

① 梁昊然. 论我国巨灾保险制度的法律构建 [D]. 长春：吉林大学，2013：112.
② 吴惠灵. 我国巨灾保险体系构建研究 [D]. 重庆：西南政法大学，2010：17.

每位被保险人每次事故免赔额为 0.8 万克朗。单次灾害赔偿总额上限为 125 亿克朗。

西班牙巨灾保险：免赔额一般为 10%；必要时可以提高到 15%。

土耳其地震保险：赔偿限额为 14 万土耳其新里拉。

我国台湾地区地震保险：赔偿限额为 150 万新台币，临时住宿费 20 万新台币；单次地震最高赔偿总额限额为 700 亿台币；无自负额要求。

二、其他国家和地区巨灾保险立法之差异

对于其他国家和地区现有巨灾保险法律所存在的差异性，不少学者进行了相关研究。隋祎宁在其博士论文《日本地震保险法律制度研究》中，把美国地震保险、新西兰地震保险、我国台湾地区地震保险分别与日本地震保险法律制度进行对比研究，并从保险方式、经营主体、承保范围三方面，对上述国家和地区的巨灾保险制度所存在的差异进行了简要分析；梁昊然在其博士论文《论我国巨灾保险制度的法律构建》中，从政府参与巨灾保险的模式、巨灾保险当事人之间权利义务分配以及风险转移机制三个方面对其他国家和地区巨灾保险法律制度所存在的差异进行了分析。刘春华在其硕士论文《巨灾保险制度国际比较及对我国的启示》从巨灾保险法制建设、巨灾保险模式类型、巨灾保险核心机构、巨灾保险实施方式、巨灾风险控制手段五个方面对各国（地区）巨灾保险制度进行了对比分析。[①] 其余研究大多与此相近。[②] 本书拟从核心机构、承保范围、承保对象、投保模式、资金来源、费率厘定、风险转移等七个方面予以对比分析。

（一）核心机构

本书讨论的核心机构，主要是指巨灾保险体系中的责任主体。从各国

[①] 详见：刘春华. 巨灾保险制度国际比较及对我国的启示 [D]. 厦门：厦门大学，2009：28-36.

[②] 如：杨芸认为，各国巨灾保险法律主要存在着巨灾保险模式、承保风险类型、保险实施方式、风险分散机制几个方面的不同，并就灾害背景、法制建设、制度模式、专营机构、承保风险类型、实施方式、风险分散机制七个分项列表对比说明。详见：杨芸. 中国巨灾保险制度构建的探析 [D]. 合肥：安徽大学，2010：28-30. 黄蓉蓉认为，美国、日本、新西兰、欧盟国家在实施巨灾保险制度时，在承保主体和承保范围、巨灾风险控制、制度保障三个方面存在着一定的共性和较大的差异。详见：黄蓉蓉. 中国巨灾保险体系探析 [D]. 上海：华东师范大学，2009 [D]. 上海：华东师范大学，2009：29-30.

（地区）巨灾保险体系来看，其核心组织不尽相同，各具特色。①

本书认为，以何种组织为核心，是由巨灾保险体系中政府参与程度所决定的。根据政府参与程度，我们将现有巨灾保险法律中的组织核心分为政府专营、政府参与、市场机构三大类。

1. 政府专营

政府主导巨灾保险，设立专门机构用于经营和管理，并承担出资义务与最后保险人。承保巨灾保险商业保险公司在巨灾保险体系中，仅仅只是以"中介"的身份，为投保人提供巨灾保险保单的销售及一些相关服务，以此获取手续费或佣金，并不承担巨灾风险。以美国洪水保险计划、新西兰地震保险、西班牙巨灾保险为代表。

美国洪水保险基金，② 统筹国家洪水保险计划，接受联邦政府的直接管理，现主要由"联邦保险管理局"（FIA）来管理。美国洪水保险基金负责积累和管理资金，支付洪灾赔付，享受免税待遇，并在必要时向国家财政部申请临时借款。

新西兰地震委员会（EQC）由政府全资持股，为新西兰地震保险的运营主体，负责各项重大自然灾害保险的总体运营计划，包括地震保险基金的运行、投资、再保险安排，负责灾后强制地震保险的损失赔偿；保险公司主要负责强制地震保险保费的代收代缴。政府承担最后赔偿责任。

西班牙保险赔偿联合会（CCS），成立于1990年，专门负责巨灾保险相关业务。政府在必要时划拨资金，对CCS的赔偿提供无限额担保。商业保险公司代为销售巨灾保险，抽取5%的手续费；或根据被保险人请求，代为支付赔偿，并不承担巨灾风险。

土耳其巨灾保险基金（TCIP），成立于2000年，专门负责巨灾保险相关业务，是土耳其地震保险的专营机构。商业保险公司仅仅只是中介机构，通过

---

① 梁昊然将之分为共保体、专营保险机构、专营再保险公司、商业保险公司分别主导的四类。认为，法国巨灾保险、日本地震保险、美国佛州飓风保险就是典型的将专营的再保险机构作为制度运行的核心，相应的巨灾再保险机构是组织承保巨灾风险并承担巨灾损失的核心主体；第二类是以专营机构为核心，以新西兰地震保险（新西兰地震保险委员会）、西班牙（西班牙保险赔偿联合会）巨灾保险为代表；第三类是以美国洪水保险、土耳其地震保险、加州地震保险、我国台湾地区为代表，将共保体作为组织核心；第四类是英国，采取市场化运作模式，以商业保险公司为组织核心。详见于梁昊然. 论我国巨灾保险制度的法律构建 [D]. 长春：吉林大学，2013：80-86.

② 笔者以为，美国洪水保险计划应归属于专营保险机构，而非再保险机构，原因在于保险公司并未承担任何巨灾风险，持有100%的再保险。保单由NFIP提供，只是经由保险公司承保、理赔，也就是说，其实质是由NFIP承担完全风险，因此，可以将NFIP认定为专营保险机构。

代售巨灾保险保单获得佣金，并将保单、保费移交 TCIP。

2. 政府参与

这类机构一般由政府、保险公司共同参与组成，共同承担巨灾风险。大多数国家在设计巨灾保险法律制度时都选择了此类方式，如美国加州地震保险、佛罗里达飓风保险、日本地震保险、法国巨灾保险、土耳其地震保险、挪威巨灾保险以及我国台湾地区地震保险等。

加州地震保险局，是加州地震保险的核心组织，由民营保险业者自愿加入、自愿出资组成，由加州政府营运、管理的风险共保体，为准公共机构。加州地震保险局向投保人提供地震保险，被视同为保险人。

佛罗里达飓风巨灾基金（FHCF），是政府设立的专营再保险机构，该基金由佛州管理委员会投资发起设立并监督、运作，要求在佛州的保险公司必须承保飓风灾害风险，并出资参加巨灾基金。FHCF 主要是向承保飓风灾害风险的财产保险公司提供价格低廉的超额再保险。

日本地震再保险公司（日本地震再保险株式会社，JER），由日本商业保险公司和政府共同成立，专门负责具体操作地震保险再保险业务。商业保险公司承保地震保险业务后，向 JER 购买再保险，JER 再与政府签订超额再保险合同，三方共同分担地震风险。

法国巨灾保险：政府和保险业共同经营。法国财政部负责统一管理商业保险公司、中央再保险公司的巨灾保险经营行为。由商业保险公司按照政府确定的费率予以承保，之后自主选择是否向法国中央再保险公司（CCR）分保。CCR 是法国巨灾再保险的主要经营者，基本垄断了巨灾再保险市场。

挪威自然灾害保险共保组织——挪威自然灾害基金（NNPP），成立于1980 年，所有承保火险业务的挪威保险企业都强制成为保险共同体的一部分。

我国台湾地区"地震保险基金"（TREIP），成立于 2002 年，负责管理地震风险相关事宜。

3. 市场机构

市场机构，即商业保险公司。政府不参与巨灾保险经营和管理，交由商业保险公司完全市场化运作，以英国洪水保险为代表。商业保险公司通过其分销网络完成洪水保险的销售和服务，承担所有的风险。

（二）承保风险

巨灾保险按照承保风险的数量可以分为两类：单一风险与多种风险；按照损失类型又可以分为直接损失与间接损失，又可以分为巨灾损失和巨灾次生灾害损失。目前，各国（地区）巨灾保险承保风险各有不同。

日本地震保险：主要对以地震、火山爆发、海啸为直接或间接原因的火灾、损坏、掩埋或冲毁引起的损失进行赔偿。也即是说，主要是对巨灾直接损失予以承保。

美国洪水保险：NFIP 主要针对洪水风险，具体包括由于江河泛滥、山洪暴发、潮水上涨及倾泻所引起的泡损、淹没、冲散、冲毁等造成的损失。① 其承保风险为单一风险——洪水风险。

加州地震保险：承保风险为地震风险，但不包括地震引发的火灾和海啸风险。

佛罗里达飓风保险：为巨灾风暴、雹灾等风险提供保障。

新西兰地震保险：并不仅仅限于地震，已经扩张到范围更大的自然灾害。目前承保地震、海啸、地层滑动、火山喷发及地热等风险。

英国洪水保险：承保风险广泛，即所有可能发生的巨灾风险，包括洪水、风暴等。

法国自然灾害保险：承保包括地震、洪水、火山爆发、海啸、地陷、山体滑坡、风暴等七类风险所造成的直接损失。

挪威自然灾害保险：承保风险包含山体滑坡、洪水、暴风雨、地震和火山爆发五种自然风险。

西班牙巨灾保险：包含地震、洪水、台风等自然灾害以及社会政治风险，主要为直接损失。

土耳其地震保险：单风险——地震风险。承保范围包括地震、地震所引发的火灾、爆炸以及滑坡等。

我国台湾地区地震保险：地震及地震次生灾害所导致的直接损失。

（三）承保对象

从现有立法来看，巨灾保险的承保对象主要分为三类：以土耳其、我国台湾地区为代表的住宅建筑为标的，以家庭住宅、家庭财产、中小企业基本财产为标的，以及以宽泛对象为标的。

1. 住宅建筑

土耳其：承保对象为位于城市拥有个人独立产权的建筑物，强制保险范围仅限于建筑物本身的结构损失。

我国台湾地区：地震基本保险只保障住宅建筑物，将住宅内的家庭财产、企业建筑、公共建筑排除在外。

---

① 李军. 论我国巨灾保险制度的建立与完善 [D]. 成都：西南财经大学，2006：18.

2. 家庭、中小企业财产

日本地震保险：可保标的限定为居民居住的建筑物、生活用家庭财产。其他的店铺、写字楼、工厂不能纳入地震保险的承保范围。

美国洪水保险：承保对象以家庭财产和小型企业财产为主，大型企业财产未纳入承保范围。

加州地震保险：以投保人最基本的住宅为承保对象，主要包括住宅、家庭财产。

佛罗里达飓风保险：承保对象较宽泛，但主要是住宅财产。

新西兰地震保险：个人财产，包括住宅和家庭财产。

英国洪水保险：承保对象为居民标准住宅、小型企业房屋财产。

挪威自然灾害保险：家庭财产，包括个人住宅、家庭财产。

3. 宽泛对象①

法国自然灾害保险：承保对象包括个人住宅、家庭财产，企业房屋及财产，以及农村财产，基本等同于现有财产险。

西班牙巨灾保险：更为宽泛，巨灾保险依附于普通保单，承保对象除普通财产外，还包括人身安全。

（四）投保模式

梁昊然依照国家强制力度与投保人自愿程度的不同，将巨灾保险投保模式分为自愿投保、半强制投保、强制投保三种。而半强制投保模式又根据强制程度不同，分为原则上自动附加、强制自动附加、先决条件模式三种。②

1. 自愿投保

是否投保巨灾保险由投保人自愿选择，对投保人无强制性要求。③ 目前采用这种模式的有英国洪水保险等。

2. 半强制投保

原则上自动附加。除去法定特例，巨灾保险自动附加于主保险保单。日本地震保险采取此种模式。当投保人购买主保险时，除三种法定情况，须强制性购买附加于主保险的巨灾保险。

---

① 有学者认为，之所以选择这种承保规则，是因为该巨灾保险市场发达或有相当坚实的资金保障支持。参见：梁昊然. 论我国巨灾保险制度的法律构建 [D]. 长春：吉林大学，2013：72.

② 梁昊然. 论我国巨灾保险制度的法律构建 [D]. 长春：吉林大学，2013：75.

③ 需要注意的是，这里的自愿性仅仅只针对投保人而言。在许多国家和地区，尤其是采用半强制投保和强制投保模式的巨灾保险法律制度中，一般都对保险人有强制性要求，即保险公司负有提供巨灾保险的义务，必须向投保人提供巨灾保险。英国较为特殊，商业保险公司也有选择是否经营巨灾保险的权利。

强制自动附加。巨灾保险强制附加于主保险上，无例外情形。目前，美国加州地震保险、新西兰地震保险、挪威自然灾害保险、法国自然灾害保险、我国台湾地区地震保险都采用了强制自动附加模式，且多附于住宅火灾保险。西班牙巨灾保险保单则附加于所有财产保单。

先决条件模式。将巨灾保险与某些条件相捆绑，以参加巨灾保险作为获得这些福利、救助或是贷款的先决条件。美国洪水保险计划就是采用这种方式，将政府的各项救助、财政支援、所得税减免、贷款等作为促使社区、个人参保的重要砝码，强制推行洪水保险。我国台湾地区也采取了一定的先决条件模式，如要申请银行贷款，则必须要购买住宅火灾险，即购买巨灾保险。

3. 强制投保

投保人的投保与保险人的承保无自由选择权，双方都是强制性的。目前土耳其地震保险采用强制保险模式。

（五）资金来源

根据核心组织的区别，以及政府支持力度差异，各国巨灾保险的赔付资金来源也有所不同。

日本地震保险。JER 的资金来源：保费收入、政府拨款。[1]

美国洪水保险。NFIP 的保费收入、投资收益、政府拨款、有息贷款等。

新西兰地震保险。EQC 的资金来源：保费收入和政府拨款，国外再保险赔付。

西班牙巨灾保险。CCS 的资金来源：保费收入、政府拨款并无限额担保。

法国自然灾害保险。CCR 的资金来源：保费收入、政府无限额担保。

加州地震保险。CEA 的资金主要来源于：地震保险费、成员公司投入的资本金、借款、再保险摊回及资金运用收益。[2] 州政府不提供资金。

佛州飓风保险。FHCF 的资金来源：原保险公司缴纳的再保险费，FHCF资金的投资收益，紧急情况下发行收入债券所募集的资金。州政府不投入资金。

土耳其地震保险。TCIP 的资金来源于保费收入、基金投资所得以及世界银行的资助，并无政府补贴或拨款。

英国洪水保险。各商业保险公司：保费收入、投资所得及再保险赔付。无政府资金支持。

---

[1] 各保险公司从自留保险费中提取地震保险风险准备金，委托 JER 管理。
[2] 冯文丽，王梅欣. 我国建立农业巨灾保险基金的对策 [J]. 河北金融，2011 (4)：7.

我国台湾地区。TREIP 的资金来源于：先期捐助经费，住宅地震保险保险费，资金运营收益，贷款，其他收入。政府不提供补贴，但要提供担保。

（六）费率标准

按照在全国（地区）范围内是否执行统一标准，可以将保险费率分为单一费率和差别费率两种。

1. 单一费率

单一费率即在全国（地区）范围内执行统一标准，并不考虑各区域、各保险标的的风险差异。目前，新西兰、法国、西班牙、① 挪威、我国台湾地区巨灾保险都采用了单一费率。

2. 差别费率

差别费率即根据各地风险高低的差异性，厘定并执行相应的不同费率标准。目前美国巨灾保险（包括洪水保险、加州地震保险、佛州飓风保险、农业巨灾保险）、日本地震保险、土耳其地震保险采用了差别费率。

英国洪水保险则没有固定的费率，由商业保险公司在实际风险水平上精算确定。

（七）风险转移

日本地震保险：主要使用再保险进行风险转移（独有的保险公司、再保险公司和政府共同分担责任的"二级再保险"巨灾风险分摊模式），并积极发挥资本市场作用。

美国洪水保险：主要通过洪水保险基金独立运行、临时性财政借款、巨灾风险证券化等手段进行风险转移。

加州地震保险：共保体、再保险与金融工具相结合。

美国农业巨灾保险：财政补贴、再保险、紧急贷款、农业巨灾风险证券化等。

新西兰地震保险：将政府行为与市场行为相结合，多渠道分散。

英国洪水保险：借助发达的再保险市场分散风险。

法国巨灾保险：主要通过中央再保险公司 CCR 进行再保险。

挪威巨灾保险：再保险。

西班牙巨灾保险：主要是从收取的保费中提存各项准备金，建立了庞大的危险准备金。另购买有少量再保险。

土耳其地震保险：土耳其建立了国家巨灾准备金；同时，要求 TCIP 资产

---

① 西班牙全国执行统一的费率标准，但具体费率因保险标的而有所差异。

至少 50% 在土耳其以外范围进行投资。

我国台湾地区：风险共保、向岛内外购买再保险、通过资本市场发行巨灾债券等。

第三节　其他国家和地区巨灾保险立法之启示

当前，我国正处于巨灾保险立法的前期准备阶段，但理论研究、立法基础都还很薄弱。在应对巨灾风险的紧迫要求下，对其他国家和地区成熟的巨灾保险立法予以分析、借鉴，建立起适合本国国情、具有中国特色的巨灾保险法律制度，就成为我国巨灾保险立法的必经之路。

一、理论研究是先导

一般而言，立法活动的理论研究都要先于实践。没有成熟的理论基础作为支撑，巨灾保险就很难具有可操作性，巨灾保险立法也就成了空中楼阁。以日本地震保险立法为例，德国人 Paul Mayet 在 1875 年提出火灾保险的构想，试图帮助日本在建立资本主义法律体系的过程中，确立保险法律制度，应对包括巨灾风险在内的可能发生的财产风险。但由于日本近代化进程刚刚开始，法律制度的移植尚未完成，日本上下对于保险法律制度和保险体系都还十分陌生。所以，Paul Mayet 于 1882 年提出的《房屋保险法案》最终遭到否决。尽管数年的努力归于失败，但他对日本地震保险法律制度的影响却是里程碑式的。他的努力，将完全陌生的巨灾保险理念带入了日本，具有重要的启蒙作用。此后，日本学者加强了相关资料的收集，开始对巨灾保险的合理性及可操作性进行了全方位的探讨，并于 1934 年开始了地震保险的立法尝试。1952 年，日本更是组建了暴风、水灾、地震保险特别委员会，专门进行对巨灾保险的相关研究。在此基础上，借着数次巨灾事件的契机，日本政府于 1966 年完成巨灾保险立法。

我国对巨灾保险的研究起步于 20 世纪 80 年代，[①] 前二十多年研究者少，研究范围较窄，相关成果也不多。对巨灾保险法的相关研究，最早见于李学勤《论我国巨灾保险法的构建》。而后，间有学者有所探讨。2008 年南方冰雪灾

---

① 1986 年蒋恂提出建立巨灾保险基金的设想，开我国巨灾保险研究之先河。见蒋恂. 云南省保险公司蒋恂同志在论文中提出建立巨灾保险基金的设想 [J]. 西南金融, 1986（增）: 53.

害及汶川 8.0 级地震后，政界、业界、社会各界在对巨灾损失的沉痛反思中，加大了对救灾措施尤其是其他国家和地区卓见成效的巨灾保险的关注力度，相关研究骤然加速，但主要集中于巨灾保险研究，部分涉及巨灾保险立法。总体上看，巨灾保险立法研究成果相对较少，目前中国知网上可查询到的有博士论文 2 篇，硕士论文 16 篇，文献总数 90 余篇。无论是对巨灾保险还是对巨灾保险立法的相关研究，从整体来看，"重复性研究较多，研究点散、乱，可操作性不强。对此，我们有必要对巨灾保险开展扎实的研究工作，加强与保险公司等实践部门的联系合作，把研究工作落实到灾害区划图、灾害数据收集分析、模型建构等细节上去"，① 对现有巨灾保险试点进行全方位分析评估，为巨灾保险立法奠定坚实的理论基础。

二、立法活动是基础

其他国家和地区现有巨灾保险制度，大多是通过立法予以确立并逐步完善。② 日本之《地震保险法》《地震再保险特别会计法》《农业灾害补偿法》《农业共济基金法》将其地震保险、农业巨灾保险以法律形式予以确定并推广；美国之《联邦洪水保险法》《洪水保险改革法》等法令保障了洪水保险的建立与实施，《联邦农作物保险改革法》等法令确立了农业巨灾保险制度，加州地震保险、佛州飓风保险等均是以法令形式予以明确并实施；"1944 年《地震与战争损害法案》、1993 年《地震保险委员会法案》、1998 年《地震保险委员会修正案》等法案将新西兰巨灾保险制度确立并不断优化"；③ 1982 年《自然灾害保险补偿制度》确立了法国巨灾保险制度；挪威巨灾保险制度以《挪威自然灾害共保规则》《自然灾害保险法》为核心；土耳其以 2000 年《强制地震保险法令》基础，建立起地震保险制度；我国台湾地区则以修改所谓"保险法"及颁布系列行政法令的方式，将地震保险制度予以确立。通过这些法律法规，各国（地区）"将巨灾保险的基本框架、运作模式、保障范围、风险控制等以法律的形式加以明确，从而为巨灾保险的顺利推行奠定了坚实的基础"。④

---

① 何霖. 日本巨灾保险之进程与启示 [J]. 灾害学，2013（2）：190.

② 唯一的例外就是英国。

③ 何霖. 我国巨灾保险制度构建之方向——以新西兰、日本两国为参照 [J]. 价值工程，2012（25）：289.

④ 何霖. 我国巨灾保险制度构建之方向——以新西兰、日本两国为参照 [J]. 价值工程，2012（25）：289.

"我国巨灾风险管理立法起步较晚，自 1998《防洪法》以来，至今已有 20 余部自然灾害风险管理相关的法律法规，但过于分散，难以形成合力，且忽视市场力量，对我国巨灾风险管理体系没有起到应有的规范、促进作用"。① 巨灾保险立法方面，由于我国一直采取政府财政拨款与民间捐助相结合的方式进行灾害救济，民间捐助毕竟有限，因而政府是救灾的中坚，财政支持是救灾资金的主要来源。受多方因素影响，通过市场手段分散巨灾风险，尤其是国外卓见成效的巨灾保险一直没有受到应有的重视，相关法律制度基本处于空白状态。我国 1995 年颁布的《保险法》、2007 年颁布的《突发事件应对法》，并未提及巨灾保险。现有法律法规中，就算有些法规对巨灾保险有所提及，但也是一笔带过，如"鼓励开展巨灾保险"等，根本不具有可操作性。2006 年，国务院下发《关于保险业改革发展的若干意见》，提出了"建立国家财政支持的巨灾风险保险体系"的目标。2008 年，受南方冰雪灾害与"5·12"汶川地震影响，社会各界对巨灾保险的热情迸发，纷纷对巨灾保险法的出台寄予厚望。2011 年，国务院办公厅印发的《国家综合防灾减灾规划（2011—2015 年）》提出，"十二五"期间，我国将"加强防灾减灾社会动员能力建设，完善防灾减灾社会动员机制，形成全社会积极参与的良好氛围"，② 拓宽灾害风险转移渠道，推动建立规范合理的灾害风险分担机制。保监会也将推进巨灾保险制度建设提上日程并多次强调。2013 年末，保监会批复云南、深圳地区开展地震保险试点工作，并积极推动《巨灾保险条例》的出台，巨灾保险立法初见曙光。

三、家庭财产是主体

从现有立法来看，其他国家和地区巨灾保险大多将家庭财产、中小企业财产与大型企业财产加以区别，其承保对象也各有不同。但值得注意的是，由于不少国家设立巨灾保险制度的目的是为"保障民众基本生活之需要"，加之企业财产赔付额度相对较大，往往各国（地区）都将住宅及家庭财产作为巨灾保险的保障重点，而超过这一范围的财产，如企业财产，则可以通过购买商业保险来转移风险。在日本，地震保险的可保标的限定为居民居住的建筑物、生活用家庭财产。其他的店铺、写字楼、工厂不能纳入地震保险的承保范围，如要购买巨灾保险，则是商业性保险，承保主体为商业保险公司，承担有限赔偿

---

① 何霖. 日本巨灾保险之进程与启示 [J]. 灾害学，2013 (2)：190.
② 卫敏丽. 我国将完善防灾减灾社会动员机制 倡导全社会参与 [EB/OL]. [2011-12-08]. 新华网，http://news.xinhuanet.com/society/2011-12/08/c_111228555.htm.

责任，政府仅仅只起监管作用。在美国，洪水保险计划承保对象以家庭财产和小型企业财产为主，将大型企业财产排除；加州地震保险、佛州飓风保险等，都是以住宅财产为承保对象。新西兰地震保险也主要覆盖个人财产，即住宅和家庭财产。英国洪水保险的承保对象为居民标准住宅、小型企业房屋财产。挪威巨灾保险以家庭财产为承保对象。土耳其、我国台湾地区地震保险的承保对象最为严格，土耳其只承保位于城市拥有个人独立产权的建筑物，超过此范围者可以购买商业保险；我国台湾地区地震基本保险只保障住宅建筑物，将住宅内的家庭财产、企业建筑、公共建筑排除在外。法国自然灾害保险、西班牙巨灾保险的承保对象则最为宽泛，法国自然灾害保险的承保对象基本等同于现有财产险；西班牙巨灾保险依附于普通保单，包括财产险和人身险。

在我国，住宅建筑和家庭财产是民众灾后生活的基本保障，也是受灾民众急需的生活资源。每次巨灾之后，国家都投入巨资，用于灾民住宅维修、重建的专项补贴。[①] 当前，"我国经济发展水平和财政收入水平还比较低，用于巨灾保险的财政支持毕竟有限，因此，有必要将这一部分资金集中使用到受灾民众最为急需的家庭财产损失的赔偿上"。[②] 也就是说，我国巨灾保险的承保对象，也应该限于家庭财产，尤其是居民住宅。对于民众更高的巨灾保险需求，以及企业财产巨灾保险，可以通过商业保险的方式，完全商业化运作。[③]

四、分散风险是核心

分散风险是各国巨灾保险制度的核心内容。从现有法律制度来看，大部分国家的巨灾保险制度设计中，将巨灾风险主要通过投保人、保险人、再保险人、政府、资本市场等途径予以分散。

首先是投保人承担一部分巨灾风险。在现有巨灾保险制度中，大都设置有免赔额和保险限额，[④] 且单次巨灾设有赔偿总额上限。也就是说，保险赔付需先扣除免赔部分，超过保险上限也由保险人自行承担，当单次灾害超过总额上

---

① 2008年汶川特大地震后，在一些重灾区，城市住宅由其他省市援建；农房重建则按受灾程度给予1~2万元人民币的补贴；部分地区的住宅享受了1000~5000元人民币的维修补贴。

② 何霖. 日本巨灾保险之进程与启示 [J]. 灾害学，2013 (2)：190.

③ 企业财产险中，可以通过附加险的模式涵盖巨灾风险。如2008年汶川地震后的保险赔付，拉法基瑞安水泥有限公司购买了财产一切险（扩展了地震责任）、机器损失险、利润损失险，最终获得7.2亿元人民币的赔付。详见：刘锋. 汶川地震保险赔付总额不到20亿 拉法基独得1/3 [N]. 成都商报，2009-08-24 (02).

④ 如前文所述，仅有的两个例外为：英国巨灾保险由于完全市场化运作，未设置保险限额和免赔额；法国未设置赔偿上限，免赔额也很低。

限时，一般依相应比例予以赔付。另外，保单持有人在特殊情况下也负有出资义务。如加州地震保险，为偿还公债或其他债务，加州地震保险局有权向保单持有人课征额外附加保险费；佛州巨灾保险，当 FHCF 赔偿过多使其入不敷出时，可通过向保单持有人进行紧急征费来弥补损失。

其次是承保人承担一部分风险。除去美国洪水保险计划、新西兰地震保险、西班牙巨灾保险、土耳其地震保险采取政府专营机构经营管理巨灾保险，承保的商业保险公司仅仅充当中介人，并不承担风险外，其他国家和地区的巨灾保险制度设计中，承保人都要承担一定的巨灾风险。英国洪水保险由于全市场化模式运作，由承保人承担全部风险，主要还是通过其发达的再保险市场将风险予以转移。美国加州地震保险、佛州飓风保险，日本、挪威、土耳其、我国台湾地区都采用了共保机制，尽管承保公司可以通过再保险转移风险，但由于相关体系中往往对再保险规定有比例，① 或是承保人有选择是否再保险的自由，② 往往导致承保人出于盈利的目的而自留部分风险。巨灾发生后，这些承保人需要承担一部分赔付责任。如加州保险赔付体系中，第二层级为业界赋课保费层级，当可营运资金降低到 3.5 亿美元以下，或是不足以赔付与继续经营时，加州地震保险局有权向参与保险人摊收所需理赔金；日本地震保险赔付中，承保的商业保险公司在第一、第二层级都需要承担一定的支付责任；我国台湾地区地震保险赔付体系中，第一层级就由共保组织予以承担，参与该组织的各会员公司（经营住宅火灾险的公司）依据共保合约认受成分，承担赔偿责任。

最后是再保险市场。其他国家和地区现有巨灾保险体系，其风险都通过再保险市场予以转移、消化。日本的 JER、法国的 CCR，是专门负责巨灾保险再保险业务的再保险公司，佛州 FHCF 向财产保险公司提供低廉的再保险，都是该国巨灾保险的核心机构；其他国家和地区也都将再保险作为风险转移的重要途径。因此，每当巨灾发生，国际再保险市场往往会承担该次损失的最大份额，甚至影响到再保险价格。③

---

① 佛州飓风保险，FHCF 允许商业保险公司在其提供的 45%、75%、90% 三种比例的保额水平中自由选择。

② 法国巨灾保险方案中，承保人可以根据自身经营情况，将巨灾风险自留或是再保险给 CCR。目前 CCR 一般以 50% 的比例承保再保险，剩余 50% 由承保人自留。

③ 2005 年卡特里娜飓风的保险赔付高达 712 亿美元。2011 年新西兰地震保险损失超过 100 亿美元，其中再保险市场承担了相当大一部分，仅瑞士再保险公司理赔金额就有 8 亿美元。参见：陈绍国. 瑞士再保险初步估计新西兰地震理赔成本约为 8 亿美元 [EB/OL]. [2011-03-12]. 中国光大银行网站, http://www.cebbank.com/Info/57363446.

在我国，由于保险业发展时间较短，保险市场总体规模虽不断扩大，但风险分散途径严重缺乏，再保险市场极不成熟，与国外相比还存在着较大的差距。目前我国的巨灾风险管理主要是依靠以工程预防为主导的灾前管理和"政府财政救济为主、民间捐助为辅"的灾后救济模式，市场参与少，巨灾保险缺位，再保险制度更是少见。因此，在我国巨灾保险制度设计中，要"充分考量本国国情，最终建立一个政府、社会、资本市场共同参与的多元化的巨灾风险分散体系。要加紧发展、推广巨灾保险，重点发展再保险市场，积极利用国际再保险市场。同时，也要尝试建立巨灾风险基金，推行巨灾保险证券化，充分利用国内国际资本市场，在更大范围内分散巨灾风险"。[①]

五、政府支持是重点

巨灾保险制度离不开政府的支持。就算是完全商业化运作的英国洪水保险计划，其持续运营的前提也是政府加大防洪投入的保证。对于所有开展巨灾保险的国家和地区而言，其目的是为了减轻政府财政压力，通过保险手段分散巨灾风险，能够在灾后迅速保障灾民基本生活或是灾后重建之需要，故多由政府推动并大力支持，很难离开政府的介入与扶持。

政府的支持一般体现在立法支持、参与管理、参与再保险、财政补贴、承担部分赔偿责任或是担保责任、宣传引导等几个方面。

立法支持。巨灾保险立法必须通过国家立法机关制定或授权政府制定完成，由国家强制力保证实施。各个国家和地区大体相同，在此不再赘述。

参与管理。其他国家和地区的政府或是通过直接参与再保险体系、承担无限清偿责任的方式主导巨灾保险，或是成立专门机构（美国联邦保险管理局、加州地震保险局）对巨灾保险体系予以直接管理，又或由政府部门负责对巨灾保险经营进行监管、审计（西班牙经济部、土耳其财政部等）。

参与再保险。如日本政府为农业巨灾保险提供再保险支持，也参与到地震保险的再保险体系中，承担一部分地震风险；美国联邦政府通过联邦农作物保险公司向私营保险公司提供再保险支持。

财政补贴。日本政府主要通过保费补贴、费率补贴、保险经营业务费用补贴、再保险业务等方式对农业巨灾保险予以补贴，以减少农民、保险经营者的费用；美国政府主要通过税务免除、费率贴补、特别拨款、提供有息贷款等方

---

① 何霖. 我国巨灾保险制度构建之方向——以新西兰、日本两国为参照 [J]. 价值工程，2012（25）：289.

式推动洪水保险计划；加州地震保险各地区间保费有交叉补贴；佛州飓风巨灾基金享受联邦和佛州的所得税免税待遇；美国农业保险享受政府保费补贴、专项补贴及免税待遇。

赔付责任。日本地震保险中，政府承担 1 150 亿~55 000 亿日元损失中的相当比例；美国洪水保险计划中，政府是直接保险人，承担所有风险；美国农业巨灾保险中政府承担超额赔款；新西兰政府承担无限清偿的兜底责任；法国政府作为法国中央再保险公司的持股人和最后再保险人，承担最终赔付责任；我国台湾地区政府需要承担最高 700 亿损失中的 140 亿新台币。

担保责任。西班牙政府、土耳其政府、我国台湾地区政府都需在必要情况下为巨灾保险提供担保。

宣传引导。在通过立法手段确立巨灾保险制度、制定相关细则后，各国、地区政府通过各种手段加大巨灾保险宣传力度，推广巨灾保险，引导民众接受并积极参与巨灾保险，尽量扩大巨灾保险的覆盖面。

就我国而言，巨灾保险离不开政府的支持。这既是受我国保险市场发展程度限制，也是我国的灾情、民情所决定的。我国地域宽广，巨灾频发，如若建立起完全市场化的巨灾保险，单靠商业保险公司和欠发达的再保险市场，根本无力承担巨额赔偿责任。而且我国民众保险意识薄弱，收入水平不高，很难让他们投入不菲的资金购买商业巨灾保险。在此情况下，政府必要的财政支持（如建立巨灾保险基金、保费贴补）与宣传推动就显得极为重要。2006 年，我国在《关于保险业改革发展的若干意见》中明确提出要建立起国家财政支持的巨灾风险保险体系。"这也阐明了在我国巨灾保险制度构建过程中，政府财政支持的不可或缺性。除了需要政府对先期理论研究进行倡导和支持、以法律条文的形式规范确定巨灾保险制度及其运作、对巨灾保险的运行进行指导监管外，巨灾保险市场还需要政府的财政支持和对再保险市场的参与。毕竟，巨灾保险始终具有政策性和公益性，只有政府提供必要的财政支持，如限额提取巨灾保险基金，参与再保险，通过税收等手段刺激市场热情等，我国的巨灾保险才具有可操作性"。①

六、商业运作是方向

如前文所述，巨灾保险离不开商业保险公司的参与。从其他国家和地区现有的巨灾保险立法来看，不管政府所扮演的角色、风险分散与责任承担机制有

---

① 何霖. 日本巨灾保险之进程与启示 [J]. 灾害学，2013（2）：190.

何差异，都难以动摇通过商业保险公司进行承保与赔付的经营模式。同时，超出巨灾保险限额的保险需求，也可以通过购买商业保险予以满足。

在日本，地震保险始终离不开商业保险公司的参与，即由财产保险公司承保，并对初级巨灾损失予以赔付。日本地震保险的另外一个特点是保险方式经历了从初期的自愿附加即强制保险，到现行的原则附加即任意保险的变化，正逐步走向商业产品。[①]

在美国，洪水保险由 NFIP 统一提供，但通过商业保险公司的途径予以销售和赔付；加州地震保险计划中，商业保险公司经营地震保险，加入到共保体；佛州则要求所有的保险公司必须承保飓风风险，并出资参加飓风巨灾基金。

土耳其更为特殊。土耳其巨灾保险基金（TCIP）涵盖国内所有的 28 家商业保险公司，由这些商业保险公司代理销售 TCIP 的地震保险保单。同时，TCIP 的日常运营管理，也外包给商业保险公司。

总的说来，其他国家和地区现有巨灾保险制度中，商业保险公司都发挥了极其重要的作用。巨灾保险制度的创立，离不开商业保险公司积累的专业知识和专业技术人才；商业保险公司的销售、理赔网络与巨灾保险相结合，能够在最短时间内将巨灾保险业务全面铺开；巨灾风险的分散和转移，也需要商业保险公司的积极参与。

在我国，巨灾损失的多发性与财政力量的有限性，决定了我国巨灾保险不能走以往灾后救济由政府全盘负责的老路，必须寻求商业途径尤其是保险市场、再保险市场、资本市场的风险分散途径；而我国保险市场发展水平与保险经营水平离国际水平还有很大的差距，保险业抵御巨灾风险的能力还很薄弱，再保险市场也还处于初级阶段，巨灾风险完全交由市场，让商业保险公司自行承担，也极不现实；先前的一些实践，如地震保险、洪水保险试点的失败，也导致商业保险公司对巨灾保险完全商业化难以接受。在此情形下，我国只能选择政府主导与商业化运作相结合的巨灾保险运作模式。也就是说，政府通过适当保费贴补、提供财政支持和税收优惠等方式对巨灾保险给予全方位的支持，负责巨灾保险的管理和监督；商业保险公司负责巨灾保险的具体经营活动，销售巨灾保险并负责理赔，并承担巨灾基本保险之外的投保人的更多保险需求；当国内保险市场、再保险市场、资本市场发展到一定程度时，考虑将巨灾保险

---

① 何霖. 我国巨灾保险制度构建之方向——以新西兰、日本两国为参照 [J]. 价值工程，2012（25）：289.

逐渐商业化。

七、因地制宜是关键

从其他国家和地区现有巨灾保险立法来看，都与该国、该地区的政治、经济、社会、法制发展水平基本适应，这也是各国、各地区巨灾保险立法存在差异性的主要原因。对我国而言，我国巨灾保险立法应当具有本国特色，即在充分考量本国国情的基础上，遵循各国、各地区立法之共性，对其他国家和地区巨灾保险法律制度适当借鉴，因地制宜，有所取舍，而非盲从与照搬。

第一，准确把握我国巨灾风险的基本特点。

不同的国家和地区，所面临的巨灾风险种类有所不同，各类风险强度亦有不同，其在制度设计过程中，往往会选择适合本国国情的巨灾保险制度，以有效应对地域内的巨灾风险。从其他国家和地区巨灾保险发展历程来看，在巨灾保险立法之前，理论界及相关部门做了大量的工作，对巨灾风险的基本情况予以充分研究，在此基础上确定巨灾保险的承保风险、费率厘定等基本要素。日本、土耳其、我国台湾地区由于地处地震带，所面临的最大、最频繁的巨灾为地震，所以立法明确以单一的地震风险为巨灾保险承保风险。美国洪灾、旱灾、风灾、地震、火山、雪灾、冰雹等自然灾害十分频繁，但各地区巨灾风险种类和强度又有所不同，因此，在国家层面上，联邦政府推行适用范围较广的洪水保险计划和农业巨灾保险计划；加州由于地震频繁又损失惨重，故最终出台地震保险计划；佛罗里达、得克萨斯、密西西比、路易斯安那、夏威夷等州飓风灾害较为频繁，各州分别建有飓风保险制度，又因其巨灾种类之区别，承保不同风险。[1] 新西兰地震保险承保风险由初期的地震、战争逐渐变为范围更大的自然灾害。英国、法国、挪威、西班牙等国巨灾保险均采取多风险体系，涵盖多种自然灾害风险，西班牙巨灾保险甚至包含社会政治风险。

我国巨灾保险制度的建立，同样离不开对巨灾风险特点的充分了解和准确把握，这更多的需要保险学、灾害学等学科的发展与成熟。要加强对我国地域内所有巨灾风险的种类、分布、损失程度等的研究分析，建立起相关数据库，如自然灾害区划与风险区划、自然灾害强度、自然灾害评估数据库等。在此基础上，可以在各地区开展巨灾保险试点，探索和测试不同巨灾保险制度的实际功效，[2] 最终是在全国范围内建立统一的多风险体系的巨灾保险制度，还是分

---

[1]　佛罗里达州要求保险公司必须承保飓风灾害风险；得克萨斯州、密西西比州主要承保风暴和雹灾；路易斯安那主要承保飓风、雹灾；夏威夷飓风减灾基金只承保飓风损失。

[2]　目前深圳和云南的巨灾保险试点，其制度设计就大不相同。

地区建立不同的巨灾保险制度，笔者以为，还有待实践的验证。不过就本书看来，建立统一的多风险体系巨灾保险制度，在不同地区采取差别费率，或许是我国巨灾保险制度的最佳选择。

第二，充分考量我国保险市场发展水平。

现有巨灾保险立法的国家和地区中，保险市场的发展水平在一定程度上决定了商业保险公司承保巨灾风险的能力，进而影响到政府的参与力度和巨灾保险立法的具体设计。① 英国和土耳其就是两个典型的例子。英国是世界上保险市场、再保险市场最发达的国家之一，居欧洲之首、全球第三，仅次于美国、日本。2006 年，其保费占全球保费收入的 11%，保险密度和保险深度都很高，保险普及度广，保险业具有充分的能力应对巨灾风险。因此，英国的巨灾保险采取完全商业化运作模式，政府不参与监管。土耳其作为发展中国家，保险市场发展水平较低，2009 年保费占全球保费收入的 0.19%；保险深度排名世界第 76 位；保险密度排名世界第 67 位。这也使得土耳其保险业承保巨灾风险的能力较低，其地震保险是在世界银行的援助下建立起来的，且政府在其运营过程中居于核心地位。

我国保险业起步较晚，中间又有 20 多年的中断期，进入到 20 世纪 80 年代，我国商业保险才得以真正开始发展。1980 年、1982 年，我国先后恢复了财产保险与人身保险业务。以 1992 年首家外资保险公司在华成立为标志，我国保险市场进入快速发展阶段。20 多年来，尽管我国保险市场发展较快，保险密度和保险深度仍远低于世界平均水平，与发达国家差距明显，这也导致了我国保险市场的巨灾风险承保能力较为有限。②

保险市场发展水平不高，保险技术相对落后，专业人才相对匮乏，这严重

---

① 参见梁昊然. 论我国巨灾保险制度的法律构建 [D]. 长春：吉林大学，2013：118-119. 梁昊然认为："各国保险市场的发达程度及保险制度的运营特征决定了一国保险业的承保能力，从某种程度上甚至决定巨灾风险在该国的可保性程度，保险制度及保险市场的差异影响着一国巨灾保险制度中政府介入的程度、巨灾风险分散机制的选择以及巨灾保险合同的具体内容。"

② 左斐从行业自身、外部市场、公司个体三个方面透析了我国保险业承保能力的不足："从行业自身来看，我国保险业真正的发展只有近 30 年的时间，产险公司主体较少，而且绝大多数历史较短，尚处于成长期，实力相对不足；从外部市场，尤其是资本市场的发展来看，由于我国资本市场欠发达，长期不规范运作以及秉承谨慎监管的原则，大部分产险公司无法通过资本市场长期持续补充资本金和募集资金，改善承保能力。除了中国平安整体上市外，中国境内产险上市公司仅有中国人保和太平洋保险两家，大多数公司只能通过股东增资、引入外资等方式解决资本金不足的问题。同时，资本市场的欠成熟也使得产险公司无法借助保险联结证券等资本市场解决方案向资本市场转移风险，增强承保能力。最后，从公司个体来看，一些公司无视行业自律，采取过度激进的市场竞争策略，虽然短期内做大了规模，却导致自身承保能力和偿付能力严重下降"。详见：左斐. 中国财产保险业承保能力研究 [D]. 武汉：武汉大学，2009：46.

制约了我国保险业的巨灾风险承保能力；加之再保险市场发展滞后，资本市场欠发达，这些都决定了我国政府在巨灾保险体系中的深度参与和财政扶持具有必要性和必然性。

第三，充分考量我国经济发展水平。

国家经济实力能够决定巨灾保险体系中政府的财政支持力度。目前拥有巨灾保险制度的国家和地区中，除了土耳其是发展中国家，其他国家和地区经济发展水平都很高，属经济发达国家和地区。而土耳其地震保险最重要的助推力来自于世界银行的援助。

一般而言，国家经济实力偏弱，政府投入相对较少，民众收入水平低，保险购买力也偏弱；而国家经济发展水平高，强大的经济实力就能成为政府在巨灾保险中居于主导地位或提供财政支持的保障；国民收入水平提高，巨灾保险的有效需求和购买力也随之提升，这也在一定程度上推动了巨灾保险的发展。

改革开放以来，我国经济保持了长期的高速增长。[1] 到 2010 年，我国GDP 总量超越日本，成为全球第二大经济体，占全球经济比重超过 10%。国家经济实力的增强，使得国家能够把更多的资金投入到防灾工程、前期试点、立法研究等基础性工作上去，对巨灾保险的财政支持也有了强有力的保障。国民收入实现快速增长，民众风险意识和保险意识得到提高，巨灾保险购买能力也有所增强。但我们也应清醒地认识到，我国虽然已经跻身经济大国之列，但并非经济强国，还存在宏观调控能力有待提高、人均收入水平偏低、投资区域发展失衡、收入差距有所拉大、产业结构不合理等诸多问题。尤其是城乡收入差距、东部与中西部地区收入差距有所拉大。近年来的几次巨灾，汶川特大地震、玉树地震、芦山地震，都是发生在经济欠发达、民众收入水平不高的西部地区。对于绝大多数民众，尤其是中西部地区以及广大农村居民而言，保险仍然是奢侈品，即使有一定的购买欲望，也受限于自身经济实力。而完全商业化的、高费率的巨灾保险更是遥不可及，这也意味着我国巨灾保险必须充分考量民众的承受能力。

总的说来，随着经济社会的发展，国家对防灾救灾的投入力度不断加大，对巨灾保险的财政支持也就具有保障力；民众对保险的认识和接受度有所提高，国民收入不断增长，保险购买能力有所增强，在对巨灾保险有一定了解的基础上，我国民众尤其是曾经遭受过巨灾风险的民众对巨灾保险的认可度较

---

① 我国改革开放 30 年来，GDP 指数以年均 9% 以上的高速度增长，是世界上增长速度最快的经济实体。

高，有较强的购买欲望，在政府财政给予一定的保费补贴或费率差额补贴的情况下，巨灾保险具有相当可观的市场前景。

第四，充分考量我国法制发展水平。

一个国家的巨灾保险法律制度并非孤立的，而是处于巨灾风险管理法律体系之中，在国家风险管理法律体系中也占据有相当重要的地位。要完成巨灾保险立法，首先要在更高层面上充分考量国家法制建设状况与法制发展水平，就不能把目光单单放在巨灾保险这一块，而是要在整个风险管理法律体系中明确其位置，规定其原则，把握其方向，设计其制度。要让巨灾保险立法不脱离国家现有法律体系，不偏离现有法制发展水平。同时，以巨灾保险法律制度的建设，有力带动现有巨灾风险管理法律体系的建设和完善，以周边法律和配套法规促进巨灾保险的发展。

新中国成立六十多年来，我国法制建设基本完成，建立起中国特色社会主义法制体系，正由社会主义法制国家向社会主义法治国家迈进。在风险管理领域，我国也有相当数量的立法，如：《防震减灾法》《防洪法》《保险法》《气象法》《海洋环境保护法》《自然灾害救助条例》《核电厂核事故应急管理条例》《国家海上搜救应急预案》《森林防火条例》《国家突发环境事件应急预案》《突发事件应急预案管理办法》《抗旱条例》《地质灾害防治条例》《破坏性地震应急条例》《蓄滞洪区运用补偿暂行办法》《人工影响天气管理条例》等。但总体上看，我国巨灾风险管理体系还不够健全，对巨灾风险的管理和应对大多停留在工程预防上，其他措施诸如市场机制等还不明确，效果也不明显，相关立法还有待加强。只有当巨灾风险管理法律体系得以建立和完善，巨灾保险才可能达到预期效果。

第四章　我国巨灾保险立法之理念

　　充分考量本国国情，借鉴其他国家和地区巨灾保险立法之成功经验，通过立法，对巨灾保险法律制度予以构建及完善，是开展巨灾保险的基础和依据，也是巨灾保险制度真正发挥风险管理功效的必经之路。当下中国，在政府的重视、社会的呼吁、学界的探索、各地的实践之基础上，巨灾保险立法初见曙光。

　　立法活动须以一定理论为指导，并遵循一些基本理念，即立法之指导思想、价值目标、目的选择、基本原则等。这些基本理念相互依存，相辅相成，由此构成法律制度之理论基础。巨灾保险立法亦不例外，透析其基本理念，对于立法活动具有至关重要的基础性作用。本书从这几个方面对巨灾保险立法的基本理念予以阐述。

第一节　巨灾保险立法之指导思想

　　立法的指导思想，是指在立法活动中所要遵循的主导思想，[①] 是立法活动的理论基础与依据，决定着立法的性质和方向，由该时期国家的根本任务来确定。立法的指导思想又分为总的指导思想和具体立法指导思想两个层次。总的指导思想是指该时期内所有立法活动须遵循的指导思想；具体立法指导思想则是指具体立法活动中，根据该立法活动的特殊性，所应遵循的相关理论。具体立法指导思想须服从于总的指导思想，是总的指导思想的具体化。

　　"坚持正确的指导思想，是加强民主法制建设、做好立法工作的根本前提。"[②] 当代中国，立法须以中国特色社会主义理论体系为指导思想。也就是

---

①　陈忠海. 档案立法原则体系及其表述 [J]. 档案管理，2009（1）：6.
②　吴邦国. 坚持正确指导思想是民主建设根本前提 [EB/OL]. [2011-03-10]. 网易新闻，http：//news. 163. com/11/0310/10/6UPCDHNJ0001124J. html.

说，坚持"一个中心、两个基本点"的党在社会主义初级阶段的基本路线，尤其是包括邓小平理论、"三个代表"重要思想以及科学发展观在内的科学理论体系，是当代中国立法的总的指导思想。

具体到巨灾保险立法，其指导思想是：以中国特色社会主义理论体系为指导，充分体现党和政府巨灾风险管理的各项方针政策，通过立法建立健全巨灾保险法律制度，切实保护民众财产安全，有效维护社会经济和谐稳定；坚持从我国实际情况出发，科学设计巨灾保险产品与风险分散机制，促进保险市场健康发展，提高巨灾风险管理水平和应对能力，确保灾后赔付的及时、高效完成，保障民生。

第二节　巨灾保险立法之价值目标

卓泽渊教授认为，"法的价值目标所在，是对人需要的满足，这个目标指向自由、平等与公正。"法的价值，主要是指法自身固有的满足人们需要的属性，以及法所追求的价值目标。前者即法自身带有的形式价值，如法的权威性、普遍性、实用性、简练性、稳定性等；后者即法意欲实现的目标价值，如秩序、效率、正义、自由等。本章重点关注法的目标价值。通常，法的价值体现在立法草案、法律文件或是法律文化对立法目的的说明部分，构成法的正当性的前提。法的价值一般实质上内含于立法目的，形式上体现于法律的总则。

法的价值之研究意义，学界多有论述，本书不再赘述各家观点。概括地说，法的价值是法的合法性或正当性根据，给予法律的实施和实现以规定性。具体而言，它"是立法的先导，是法实施的需求，是防止法失效的屏障，是校正恶法的准则，也是法演进的动因"。[①]

巨灾保险立法的价值目标，是指巨灾保险法律制度在其发挥作用过程中所追求、保护、增进的价值。就我国巨灾保险法律制度而言，其价值目标主要包括正义价值、秩序价值、效率价值、安全价值、幸福价值。[②] 安全价值、幸福

---

① 周玉华，郭永长. 循环经济立法的价值追求 [J]. 中国环境法治，2006（1）：43.

② 因本书将巨灾保险界定为强制性保险，故巨灾保险法律主体（投保人、保险人、监管人）都负有相关义务，不具有任意选择性，法的自由价值已经被弱化和限制，在此不予以论述。另，梁昊然是目前可见的国内唯一对巨灾保险法律制度的价值予以充分论述的学者，本书参考了她的部分观点，在此表示感谢。参见：梁昊然. 论我国巨灾保险制度的法律构建 [D]. 长春：吉林大学，2013：40-56.

价值是近年来出现的新的法律价值，我们对之略作介绍。

安全价值本是经济学范畴，通常是指运用价值工程的理论和方法，对安全措施进行安全功能分析，实现必要的安全功能，从而提高安全价值的安全技术经济方法。安全价值进入法学领域，主要是指通过最优方案，保证人的安全与健康，避免财产的意外损失。巨灾保险立法就是通过安全功能分析，寻找出巨灾保险的最优方案，从而达到避免、减轻以及补偿财产意外损失的目的，充分体现了法之安全价值。

幸福是人类普遍追求的理想追求，在经济社会发展规划中，幸福已成为重要的衡量指标。西南政法大学付子堂先生主编的《法理学进阶（第三版）》一书对幸福的多向度、法学探讨幸福问题的必要性进行了深入分析，首次将幸福价值引入法的价值领域。该书将幸福与传统法律价值作了对比分析，认为"幸福作为法律价值兼具和睦、公正、宽容、人本的特色，能够在一定程度上弥补正义、人权等传统法律价值的不足。并且，全世界各个民族均可基于自己的国情与文化传统，为这种法律价值的阐释与应用做出自己的贡献，因此，幸福这个新兴法律价值不会轻易被某些强权国家或者利益集团所操纵利用，也不大可能出现话语霸权的现象"，[①] 可以制定出一套法学视野下的幸福标准，"作为制度比较与权利检测的工具，以评估社会上的大多数人是否幸福以及现行的权利、法律制度是否真正改善了人民群众的幸福"。[②] 本书认为，巨灾保险立法通过立法活动，确定巨灾保险活动规则，维护巨灾保险市场秩序，从而切实地保障民众的基本生存权利和财产安全，在遭遇巨灾带来的不幸后，通过保险赔付，弥补受灾民众的经济损失和心灵创伤，帮助他们重建家园，真正改善了人民群众的幸福。

本书对巨灾保险立法之正义、秩序、效率诸价值作重点探讨。

一、正义价值

正义，是法的根本追求。[③] 对其论述最早见于柏拉图，[④] 他在《理想国》

---

① 付子堂. 法理学进阶 [M]. 4 版. 北京：法律出版社，2013：117-120.

② 李蕾，占红沣. 幸福指数：评价权利与法律制度的新标准 [J]. 法学家，2009（3）：94.

③ 正义本属伦理道德范畴，但在许多情况下，人们往往将之视为法律的同义语，成为法律所应当始终奉行的一种价值观，是法的基本标准，是法律的精神和灵魂。详见：何霖. 试析公平责任之理论基础 [J]. 四川警察学院学报，2012（1）：23.

④ 柏拉图认为，"所谓正义，即于一切正当之人、事物与行为之间完全公平之谓"。但是，柏拉图的正义不等于公平，他甚至都不怎么提公平，他的正义是一种德性，是有智慧的人的行动，最终归于幸福和善。

中提出了个体正义与城邦正义的观点。① 亚里士多德从法与行为的关系去把握公正，将正义分为抽象正义（分为自然正义与传统正义）、② 具体正义（分为分配正义与矫正正义）。③ 罗尔斯等人将正义分为形式正义、④ 实质正义，⑤ 对亚里士多德的分配正义予以重新阐述，由此提出自由原则和差别原则，并在差别原则基础上提出了补偿原则。⑥ 诺其克认为，分配正义也包括矫正正义，如果分配出现不公就必须矫正。

---

① 也有学者认为，柏拉图的正义观中，"统治者、武士、平民三个阶级各安其位，为共同利益而努力就是社会正义；个体遵纪守法、服从管理就是个体正义。个体正义是为社会正义和国家利益服务的，完全可以归入社会正义，是可以相容的"。事实上，这种论述并不准确。柏拉图并不强调个体正义，他的个体正义也并不能融入到社会正义中。而且在他的语境里正义就是城邦正义，城邦正义并不等同社会正义。

② "抽象正义也被称为总体的正义、城邦的正义、政治的正义、社会的正义。作为正义的质料，抽象的正义主要是指守法。其直接目的在于防范违法，最终目标是塑造良好的城邦。与之相对应的则是具体正义，也叫特殊正义、部分正义，主要强调均等，是在因作不公正之事所得过多与因受不公正之待遇而所得过少之间求得均等，是为了解决不平等问题，最终达到塑造良好公民的目的"。详见：孙文恺. 亚里士多德正义分类的理论与现实基础 [J]. 河南师范大学学报：哲学社会科学版，2009（4）：95-97. 但需要特别注意的是，罗尔斯的正义观中正义的分类是落脚到正义的无知之幕问题。

③ 亚氏认为，分配正义是按照几何比例关系进行分配，强调各取所值；矫正正义是以算数比例原则进行分配，强调均等。二者分别来源于其所构建的理想的城邦政体，分配正义来源于寡头政体中的分配标准；矫正正义来源于平民政体的分配标准；共和政体作为寡头政体与平民政体的混合，亦对不同财产采取不同分配标准，即公共物品须体现分配正义，私人物品须体现矫正正义。罗尔斯将分配正义予以发扬，他认为所有的社会基本善"自由和机会、收入和财富以及自尊的各种基础等"都应该被平等地加以分配，除非对其中一些或所有这些基本善的不平等分配，会有利于最少受惠者。徐爱国先生认为，分配正义因为是基于不平等上的正义，所以适用于犯罪和刑罚，适用于侵权与赔偿，而矫正正义因为是基于平等的正义，所以适用于当事人地位的平等，适用于违约与赔偿。详见：孙文恺. 亚里士多德正义分类的理论与现实基础 [J]. 河南师范大学学报：哲学社会科学版，2009（4）：98；徐爱国. 分配正义与矫正正义 [N]. 法制日报，2007-12-09（14）.

④ 约翰·罗尔斯在其《正义论》中，从公平正义入手，全面系统而深刻地论证了自由与公平、个人与国家、机会与结果等广泛的社会问题，重塑了"公平正义"的道德基础，即"我的目标是要确立一种正义论，以作为一种可行的选择对象，来替换那些长期支配着我们的哲学传统的理论"。详见：高瑞鹏. 罗尔斯正义原则解读 [J]. 东岳论丛，2009（4）：139.

⑤ 形式正义又被称为程序正义、诉讼正义，主要是制度本身所具有的正义性。实质正义则指向制度的内容与目的的正义性。

⑥ 补偿原则是建立在差别原则基础上的。由于存在着差别，而要消除差别就应该给予处境不利者以补偿，从而达到公平的正义。罗尔斯认为，由于出身和天赋的不平等在伦理上属于不应得，所以，这些不平等就多少应给予某种补偿。靳媛. 分配正义的当代论域 [J]. 理论界，2007（8）：175. 补偿原则的基本内涵是，"为了平等地对待所有人，提供真正的同等的机会，社会必须更多地注意那些天赋较低和出生较不利的社会地位的人们。这个观念就是要按平等的方向补偿由偶然因素造成的倾斜"。孙春晨. 市场经济与分配正义 [J]. 学习与探索，2006（3）：23.

巨灾保险法律制度所追求的正义价值，是指巨灾保险法律制度对当事人的权利义务以及平等地位的确认和维护，以及对秩序的维护和恢复。①

（一）正义价值的现实化

梁昊然博士认为，巨灾保险法律制度中的正义价值，由自由与平等两方面内容共同构成。② 她所指称之自由价值，即法律主体权利义务之统一。主要包括投保人的自由权与保险人的自由权。③ 本书论述略有不同。

1. 保障当事人合法权利

权利是法律赋予当事人实现其利益的力量和自由。权利分为权能和利益，前者为实现之可能，后者为实现之结果。在我国巨灾保险法律关系中，各当事人的权利分别如下：

（1）投保人

一般而言，巨灾保险投保人享有财产安全权、知情权、受偿权等权利。

财产安全权本是指公民的财产不受侵犯的权利。引申到巨灾保险法律领域，财产安全权是指公民通过巨灾保险等风险分散渠道，使其财产免受巨灾风险威胁的权利。财产安全权与公民的参保义务相对应。

知情权，是指投保人享有获取相关信息的自由和权利。梁昊然博士认为，知情权主要包括与自身利益相关的风险信息、保险合同内容及真实含义两个方面。④ 投保人的知情权与保险人的告知义务相呼应。

受偿权，实际上包括在财产安全权之内，是指当灾害发生后，投保人基于保险合同，获得相应赔付的权利。

（2）保险人

在巨灾保险法律关系中，保险人享有知情权、收益权、经营保障权。⑤

---

① 梁昊然. 论我国巨灾保险制度的法律构建 [D]. 长春：吉林大学，2013：40.

② 其中，投保人的自由包括安全权、知情权、监督权、受偿权以及相应的义务；保险人的自由包括经营服务权、经营保障权、分担风险及补偿损失的义务以及接受监督的义务。平等方面，也包括资格平等、机会平等及待遇平等三个层次。并基于罗尔斯的自由权利优先、机会平等、合理差异原则，对巨灾保险法律制度正义价值框架下自由与平等的内在统一予以论述。详见：梁昊然. 论我国巨灾保险制度的法律构建 [D]. 长春：吉林大学，2013：40-47.

③ 梁昊然将之界定为公众的自由权和保险业者的自由权。其中，公众是指除保险业者和保险监督管理机关外，受到巨灾风险潜在威胁的个人及组织。并认为保险监管机关虽属巨灾保险法律关系主体，但因其自由体现为对公众和保险业者自由权的保护，所以不列入分析范围。本书从巨灾保险法律制度的定位出发，将巨灾保险法律关系主体仍然界定为：投保人、保险人及监管人。

④ 梁昊然. 论我国巨灾保险制度的法律构建 [D]. 长春：吉林大学，2013：41.

⑤ 梁昊然将之纳入经营服务权，认为经营权内在包含收益权。因本书将巨灾保险界定为强制保险，故认为保险人负有收益权和经营巨灾保险的义务。梁昊然. 论我国巨灾保险制度的法律构建 [D]. 长春：吉林大学，2013：42.

知情权是指保险人有知晓保险标的相关的灾害信息等资料的权利。

收益权是指保险人享有通过经营巨灾保险业务获取经济利益的权利。这里要根据保险公司的参与程度加以区分，如果只是代售巨灾保单、不承担风险，则保险公司主要是通过抽取佣金或是提取手续费的方式获利；如果保险公司参与巨灾保险的风险分散（如加入共保体），自留了部分风险，则其主要通过保费收入获利。

经营保障权，主要是针对承担一定巨灾风险的保险人而言，即当出现特定情况（如巨灾损失过大，赔付金额超过保险公司的赔付能力）时，保险公司可以获得政府或其他社会组织的援助，以保证其正常经营。

（3）监管人（政府）

监管人（政府）主要享有监督管理的权利，即行使管理、监督职能，为巨灾保险制度提供良好的环境，保障其健康运行。这既是权利，也是其义务。

2. 课以当事人法定义务

（1）投保人

巨灾保险投保人应尽到参保的义务、告知义务、止损义务等。

参保的义务。民众须支付保费，为特定风险区域内的特定财产（住宅、部分动产）投保巨灾保险，以消减巨灾风险可能带来的损失。

告知义务。投保人在投保时须如实告知保险标的的实际情况；在风险增加时，须及时通知保险人；灾害发生后，须及时通知保险人。

止损义务。投保人有义务防止损失扩大并减少损失。[①]

承担一定风险。巨灾保险设置有免赔额，即一定程度的损失由投保人自行承担，保险人在灾后赔付时先将免赔额减除。

（2）保险人

在巨灾保险法律关系中，保险人应尽到经营巨灾保险义务、赔付义务、告知义务、接受监管的义务。

经营义务。保险人作为经营主体，须向投保人提供巨灾保险保单，经营巨灾保险业务。

赔付义务。不管保险公司是参与巨灾风险分散还是仅仅作为"中介机构"，保险公司在巨灾发生后，须及时根据保单予以赔付。

告知义务。保险人须如实告诉投保人与其利益相关的风险信息、保险合同内容及真实含义。

---

① 梁昊然. 论我国巨灾保险制度的法律构建［D］. 长春：吉林大学，2013：41.

接受监管。保险人须接受政府及相关管理部门的监督管理，同时接受社会监督。

（3）监管人（政府）

政府负有政策支持、财政支持、监督管理、参与风险分散的义务。

政策支持。政府须为巨灾保险的运行提供良好的环境，并提供必要的政策支持，如税费减免、加大防灾工程投入等。

财政支持。在巨灾保险制度建立之初，政府有必要提供财政支持，如巨灾保险基金的投入、保费补贴等。

监督管理。作为政策性、公益性事业，政府有义务对巨灾保险的运行进行有效的监督管理，同时，根据实际情况进行宏观调控和政策导向。

参与风险分散。政府有义务参与巨灾风险分散，或是承担一定的赔付责任，或是为巨灾保险基金提供临时性拨款，或是参与再保险，或是提供担保，等等。

3. 确认当事人平等地位

（1）资格平等

投保人资格平等。不论社会地位高低、经济实力强弱、财产金额大小，在同等条件下，所有投保人享有同等的参保、受偿资格。

保险人资格平等。不论实力强弱，所有商业保险公司享有同等的经营、受助资格。

投保人、保险人、监管人资格平等。尽管利用的社会资源存在差距，但三者作为巨灾保险法律关系主体，具有平等的行使权利的资格。

（2）机会平等

机会平等源于罗尔斯的"机会公平的平等原则"，[①] 意指不管各法律主体在社会体系中的最初地位如何，占有社会资源多少，他们都有同等的机会，能够使用相同或相近的手段和资源去实现他们的权利。在巨灾保险法律制度领域，投保人、保险人、监管人其所占有的社会资源肯定有所差异，经济实力和地位也存在差别，但是，他们都拥有同等的机会去实现自己的权利和自由。投保人拥有适当的机会和条件去维护自己财产的安全；保险人有适当的机会和条件在经营过程中获取利益并规避风险；监管人有同等的机会和条件对巨灾保险

---

① "机会公平的平等原则"与下文的"合理差异原则"是罗尔斯第二正义原则的组成部分。前者：社会地位和经济利益的不平等必须依附于地位和职务向所有人开放的条件。后者：这些不平等要符合每一个人的利益，尤其要符合最少受惠者的最大利益，从而最大限度地实现福利平等。参见：何怀宏. 公平的正义——解读罗尔斯《正义论》[M]. 济南：山东人民出版社，2002：108.

制度予以监督、管理，保障投保人和保险人的权利，进而达到分散巨灾风险，化解经济、社会危机的目的。

（3）待遇平等

待遇平等源于罗尔斯的"合理差异原则"，即在承认因资源占有度差异而出现的利益差异的情形下，必须保证每一个人享受同等的待遇。在巨灾保险法律制度领域，投保人内部，因其投保物价值不等，最后的赔付金额自然不同，但须保证每一位投保人的赔付标准等一，尤其要保障投保人的最基本生活需求；在整个巨灾保险法律关系中，投保人居于最低的地位，是弱势群体，因此，巨灾保险法律制度必须保证整个制度设计向投保人倾斜，在不影响保险人的利益的情况下，尽量维护投保人的利益，保障其基本生存权，从而最大限度地实现社会正义。

（二）正义价值的特征

如上所述，基于不同的标准，正义可以分为个体正义与社会正义、形式正义与实质正义、分配正义与矫正正义。巨灾保险法律制度兼顾了正义价值的各个方面，对社会正义、实质正义、矫正正义予以显性肯定，而将个体正义、形式正义和分配正义予以隐性化。本书姑且以此内容对巨灾保险立法中正义价值的特征略作分析。

1. 社会正义的显性肯定

随着正义理论的演变，社会正义主要指向社会整体意义上的价值取向，如公共利益、社会福利；个体正义则指向满足个体的正义需求。法的正义价值也经历了一个逐渐演变的过程。① 在当代，法正力图在社会利益（或社会福利）与个人利益之间需求适当的平衡。巨灾保险法律制度充分考虑和保护了社会利益和个人利益，兼顾了个体正义和社会正义，但基于其社会保障职责，对社会正义予以显性肯定。

从立法目的来看，巨灾保险法律制度的建立是为了克服传统保险法的局限，更为有效地分散巨灾风险，保障民众的基本生活，维护社会经济秩序正常运转，促进保险业的健康发展。保障受灾民众的基本生活、促进保险业的健康发展，充分保障了巨灾保险法律关系中投保人与保险人的利益，体现了个体正义；分散巨灾风险、应对社会风险、维护社会稳定，则更多地凸显了社会利益，彰显了社会正义。也正因为如此，我们才认为巨灾保险具有一定的政策

---

① 原始法阶段：维护公平秩序或和平；严格法阶段：实现安全；衡平法、自然法阶段：伦理行为与道德规范相符；成熟阶段：机会平等与取得物的安全。参见罗斯科·庞德. 法理学 ［M］. 邓正来，译. 北京：中国政法大学出版社，2004：438.

性、社会性，巨灾保险法律则具备一定的社会法属性。在巨灾保险法律制度所维护的利益中，既要体现契约自由原则以保障保险契约双方当事人（投保人、保险人）的利益，又要充分考量巨灾保险的社会性以维护社会公共利益，而且为维护社会公共利益对巨灾保险合同予以相当程度的限制，也就是我们所说的强制性。

在我国，赋予巨灾保险一定的强制性是很有必要的。保险合同双方当事人对自身利益的追求，必然会影响到投保人对巨灾保险的获取可能。完全商业化的巨灾保险，往往会出现保险人为规避风险、追求利润，在高风险地区退出巨灾保险业务或是提高保费，仅在低风险地区开展巨灾保险业务；同样，投保人出于自身所处地区风险高低的考虑，有选择性地参与，最终导致高风险地区的巨灾保险需求大增，低风险地区需求很小。在这种情形下，高风险地区的巨灾保险需求大，但保险人所提供的服务极少；低风险地区巨灾保险业务多，但投保人的需求很小，如此一来巨灾保险难以有效开展，进而影响到社会经济秩序的稳定。为了防止巨灾保险保险人与投保人的逆选择，法律只能对双方的个体利益予以一定的限制，要求保险公司必须提供巨灾保险保单，而特定范围内的特定财产则必须购买巨灾保险，并以财政支持等方式来推动巨灾保险，从而更大程度地实现公共利益。

当然，个体正义与社会正义并非对立，实则相辅相成，不可分割。个体正义——投保人、保险人利益的实现，是实现社会正义——社会公共利益的途径和基础，社会正义是个体正义实现的保证。

2. 实质正义的显性肯定

随着时代的变迁，人们对正义的认识不断深化，正义的内涵不断演变、丰富。众多的法学家、哲学家、伦理家对正义进行了各个角度的诠释。形式正义与实质正义也由此而来。丹麦法学家、多元论法学创始人斯蒂格·乔根森，[①]

[①] 斯蒂格·乔根森认为，形式正义的核心是期望相同的案件将得到平等的对待，这是西方人千百年来形成的法文化的最重要的价值观念。而实质正义类似于亚里士多德的分配正义的观点，但比其含义又要丰富一些，它是指在一切法律事务和社会关系中，要贯彻和体现合理、合法和正当性的原则。详见：吕世伦. 西方法律思潮源流论 [M]. 北京：中国人民公安大学出版社，1993：326.

批判法学运动的重要代表昂格尔，[①] 当代哲学家约翰·罗尔斯，[②] 以及国内一些学者对形式正义与实质正义都有过经典论述。[③] 从法律规范上看，巨灾保险法律制度充分体现了程序上的正义；从规制内容上看，巨灾保险法律更大力度地彰显了实质正义。

从巨灾保险法律规制对象来看，巨灾保险法律关系的核心仍是保险合同。正是巨灾保险合同的存在，使得形式正义与实质正义在此出现一定冲突，最终融合。该法力求平等适用于一切法律主体，这种对当事人平等地位的追求，充分体现了形式正义强调法的普遍性的内涵。但是，巨灾保险合同并不同于一般的商业保险合同，巨灾保险的强制性决定了契约自由的原则在这无法充分体现，巨灾保险法律主体的地位并非平等。基于各方所占有的社会资源，往往投保人较之保险人处于强势地位，作为监管方、扶持人的政府或政府部门更是处于天然的强势地位。巨灾保险法律制度就是基于各方经济地位平等性的不足，对合同自由做出了必要的限制，通过法律规制，规范各方行为，尽量让三方当事人处于相对平等的地位，从而在兼顾政府、保险人利益的情况下，扶持弱贫，保障民生，维护受灾民众的基本生存权，进而实现整个社会的公平正义。这正是实质正义的体现。

从立法目的来看，巨灾保险法律制度更多倾向于实质正义。法律所赋予巨灾保险制度的强制性，既包括对保险人必须提供巨灾保险保单的强制义务（实际上保证了投保人的投保意愿得到满足，财产安全得到保障），又包括在特定区域内特定财产必须参保的强制义务（避免了逆选择，个人分担了部分风险，同时也保证了巨灾保险的投保率），还包括政府财政投入与监督管理的义务（让民众有能力购买急需的巨灾保险，让保险公司有能力承担巨灾风险）。各方的强制义务，对应着其他两方的相应权利。巨灾保险法律制度所保护的利益，既包括投保人层面——财产安全，受灾民众能及时获得赔付，得到

---

① 在昂格尔看来，形式正义要求普遍性规则的统一适用，实质正义调整分配性决定或交易的实际结果。即形式正义强调规则的统一适用，实质正义强调调整结果的内在公正。详见：昂格尔. 现代社会中的法律 [M]. 吴玉章，周汉华，译. 北京：中国政法大学出版社，1994：181.

② 罗尔斯认为，形式正义是一种手段，实质正义才是目的。形式正义是指对法律和制度的公正和一贯的执行，而不管它们的实质原则是什么，即要求在执行法律和制度时，应平等地适用于属于它们所规定的各种各样的人，这也就是法治。实质正义则是指制度本身的正义，它取决于社会基本结构所根据的原则。谭岳奇. 从形式正义到实质正义 [J]. 法制与社会发展，1999 (3)：81.

③ 梁慧星先生也指出，近代民法中的形式正义的理念，在20世纪后正逐渐过渡为现代民法中的实质正义的理念，这一转换表现在民法的价值取向的变更上，由对法的安定性的追求发展为对社会妥当性的追求。梁慧星. 从近代民法到现代民法 [J]. 中外法学，1997 (2).

物质、精神上的抚慰，也包括保险人层面——通过政府的财政支持与积极参与，拓宽风险分散、转移渠道，提高经营水平，壮大自身力量，更包括国家层面——充分发挥保险业的功能，减轻财政压力，化解经济、社会风险，保障社会经济正常运转，维护公共利益，同时也能够提高自身风险管理能力和水平。

在巨灾保险法律领域，形式正义与实质正义最终实现统一。形式正义是实质正义的基础和前提，法律本身的正义性是实现实质正义的途径与保障；实质正义是形式正义的目的与宗旨，形式正义的存在就是为了最终实现实质正义。

3. 矫正正义的显性肯定

再来看一下分配正义与矫正正义。

一般而言，分配正义主要作用于权利的配置，矫正正义更多作用于事后的补救。在亚里士多德的正义观中，分配正义是按照几何比例关系进行分配，强调各取所值；① 矫正正义是以算数比例原则进行分配，强调均等；② 分配正义与矫正正义分别适用于不同的财产分配。诺兹克认为，矫正正义既是分配正义的补充，又是分配正义的保障，只有在分配正义被违反时才发生作用。换句话说，矫正正义的目标就是为了实现分配正义。罗尔斯则提出通过对所有社会基本权利的平等分配来实现正义，也即我们常说的社会公平、社会权利公平。③但在经济领域，在社会条件无法平等的情况下，罗尔斯的社会正义则必须通过"机会的公平平等原则"与"合理差异原则"来加以弥补和实现。不管个体在社会体系中的最初地位如何，占有社会资源多少，他们都有同等的机会，能够使用相同或相近的手段和资源去实现他们的权利和自由；同时，这种社会地位与经济利益的不平等，必须以满足"最弱者"的最大受惠度为前提。在笔者看来，分配正义就是法律对法律主体权利的明确和保障；法律对主体义务的强制性要求，是为了保障其自身及其他主体的权利实现，正是矫正正义的体现。

在巨灾保险法律领域，不管贫富差距，不论社会地位高低，民众都有着同等的机会，能够通过购买巨灾保险去保障自己家庭财产的安全，尽管该财产的总额可能存在很大的差距，但即使是收入最低者，其家庭财产仍然得到了基本保障。这满足了"有标准、有程序"的要求，保证了这一程序达到了公平的

---

① 我国现有的分配制度也基本遵循了分配正义原则，基于旧的社会分工和劳动差别的存在，各方所占有的社会资源有所差距，所以最终实行"以按劳分配为主，多种分配方式并存的分配制度"，确立了"效率优先、兼顾公平"的分配原则。到十六届五中全会时，该原则演变为"更加注重社会公平"。

② 亚氏所构建的理想政体，平民公平地分配财产。

③ 也就是罗尔斯的第一正义原则，主要强调一种平等的自由，包括公民的政治、人身、言论等基本权利，不要求经济利益上的绝对平等。

结果，因此实现了社会正义。

巨灾保险法律制度的矫正正义价值主要是通过对各法律主体义务的规范来实现的，尤其是对政府财政支持的义务规范。现阶段，我国在社会资源的利用上还存在一些不平等、不公平现象，分配制度更是决定了利益分配上存在合理的差距。同时，工资总额占 GDP 比重一直偏低，财政收入反而占据了很大的比重。这种不平等，需要在由政府主持的再分配过程中予以矫正，巨灾保险也可以具有再分配的一些性质。政府通过财政拨款及保费补贴等方式，大力扶持巨灾保险市场，大量的财政资源"取之于民、用之于民"，用来保障民生，维护经济社会秩序。通过各种手段和方法，逐步建立权利公平、机会公平、规则公平的巨灾风险保障体系，解决好基本生活保障这个关系民众生存权的突出问题，不断维护和实现社会公平和正义。

二、秩序价值

秩序，是指自然界和人类社会发展、变化的规律性现象，是在自然进程中存在的某种程度的一致性、连续性和确定性。[①] 通常意义上的秩序，主要是指社会秩序，是人类社会通过规范手段自觉调节而使人际关系处于有序状态，主要表现为个人角色、地位的确定性，个人与个人、个人与社会、社会与社会之间相互关系的连续性、一致性和协调性。

秩序是法要维护的基本价值之一，[②] 是法律调整的出发点，是法所要实现的其他价值的基础，如果社会失序，正义、自由、效率等价值就无法实现。因此，对社会秩序的维护是法律调整的重要内容。对于法律秩序，凯尔森等人坚持"制度说"，认为法律秩序就是法律制度、法的体系；埃利希、韦伯、庞德等人则从法社会学提出"结果说"，认为法律秩序是法作用于社会所形成的一种社会结果。也有学者提出"社会状态说"，如我国学者周旺生教授就提出，法律秩序是由实体性的制度和观念化的意志合成的社会状态，是制度和结果的合一。[③]

---

① 周旺生. 论法律的秩序价值 [J]. 法学家，2003（5）：33-40；胡晓娅. 试析法治对构建和谐社会的基本价值 [J]. 重庆社会主义学院学报，2006（4）：60.

② 亚里士多德认为，法律就是某种秩序，普遍良好的秩序基于普遍遵守法律的习惯。见：亚里士多德. 政治学 [M]. 北京：商务印书馆，1983：353. 凯尔森则认为，"法是人的行为的一种秩序"。见：凯尔森. 法与国家的一般理论 [M]. 北京：中国大百科全书出版社，1996：3.

③ 周旺生. 论法律的秩序价值 [J]. 法学家，2003（5）：34. 周教授认为，法律秩序既是一种制度形态，也是一种结果形态，是制度和结果的合一。从不同的角度或语境，可以分别侧重强调制度或结果的某个侧面，但完整地诠释法律秩序则应当兼顾制度和结果两种现象。

在巨灾保险法律制度领域，秩序价值主要体现为法律对巨灾保险法律关系的确认、整合和保护，① 使之处于有序状态，并在失序时予以恢复。

（一）秩序价值的体现

1. 对巨灾保险法律关系的确认

秩序价值，首先体现在巨灾保险法律制度对巨灾保险法律关系的确认。法律制度通过对巨灾保险法律关系的直接调整，使巨灾保险合同具有法律的效力，受法律保护。

2. 对巨灾保险法律后果的维护

秩序价值的另一个体现，在于对巨灾保险法律后果的维护。主要包括积极的后果和消极的后果。

积极的后果（认可性后果），是指法律对其合法行为予以认可和保护。如：投保人财产安全得到保障，灾后获得赔付；保险人获得一定经济收益，营业安全得到保障；社会经济秩序得以维护和修复。

消极的结果（否定性后果），是指法律对其违法行为不予保护。如：投保人、保险人违反强制性义务时将失去相应的权利，甚至有可能受到法律的制裁。

3. 对巨灾保险市场秩序的规范

对巨灾保险内部法律关系的整合。巨灾保险内部法律关系也存在一些分歧，需要法律对之明确划分、确定。通过巨灾保险立法，用法律规范对影响巨灾保险存在和发展的内在关系予以整合，② 对于我国巨灾保险制度的构建，十分必要。

对巨灾保险法律主体权利义务的规范。法律秩序的基本内容是法律主体的权利和义务。巨灾保险法律制度通过对法律主体的权利、义务的配置和规范，反映了现实的利益需求，实现了公平正义。

通过对上述方面的规范，最终实现对巨灾保险市场的规范，从而建立起规范的巨灾保险秩序。

同时，对巨灾保险市场秩序的规范，也有助于再保险业的介入。之前，困

① 梁昊然认为，巨灾保险制度的秩序价值，是指巨灾保险制度对其保护对象安全性以及规制对象的可预见性的确认和保障，安全性和可预见性是秩序价值的核心内容。其中，安全性包括财产安全、社会经济安全；可预见性主要要考考承保过程的可预见性和巨灾保险法律行为结果的可预见性。详见：梁昊然. 论我国巨灾保险制度的法律构建 [D]. 长春：吉林大学，2013：41.
② 如巨灾保险的立法指导思想、基本原则、强制性与否、政府参与力度、立法模式等，都有待整合明确。

扰我国再保险市场和国际再保险业介入的因素一，就是我国保险市场的不规范性。如商业保险公司往往以保费折扣的方式来拉动业务增长，必然导致单个保单保费收入的减少，再保险的利润空间缩水，所以再保险业介入的顾虑很大。巨灾保险法律制度通过强制性手段，保证了投保率，要求保险公司必须购买相当比例的再保险，以财政补贴的方式保证了保费收入，这不仅提振了保险业的信心，也刺激了国内、国际再保险业的热情。

4. 对社会经济秩序的维护

法的秩序价值，最终体现为法律所追求的社会状态是否得到实现。就巨灾保险法律制度而言，其所追求的社会状态，就是通过该法对主体权利义务的界定、规制，合理配置巨灾风险管理资源，充分发挥巨灾保险的特有优势，将个人、保险市场、资本市场、国家以及其他的社会资源加以整合，最终达到消除巨灾的影响和冲击，维护、恢复正常的经济社会秩序的目的。

维护了经济秩序。巨灾相关度大，损失程度高，其造成的直接损失与间接损失很容易对当地甚至整个国家的经济秩序造成严重影响。巨灾保险制度有效分散了巨灾风险，将风险交予多方承担，缓解了巨灾损失的冲击力，使经济秩序能迅速返回正轨。

维护了社会秩序。大灾往往带来一定程度的社会混乱，受灾民众承受了巨大的经济、精神的双重损害和压力，也很容易诱发一些社会风险。巨灾保险法律制度能够在灾后保障民生、恢复重建的过程起到极为重要的作用，对于稳定民心、维护社会秩序有着突出的贡献。

(二) 秩序价值的特征

学界认为，秩序意味着社会关系的稳定性、结构的一致性、行为的规则性、进程的连续性、事件的可预测性以及人身财产的安全性。[①] 法律秩序也因此具有实在性、现实性、确定性、一致性、连续性、稳定性和普遍性的特征，正是因为这些特征的存在，使得法律秩序不同于其他社会秩序，较之其他社会秩序更为先进和富有效率。[②]

巨灾保险法律制度以相关法律规则、法律制度为纽带，以法定权利和义务为基本内容，以强制性保障实施，规范巨灾保险市场，建立和规范巨灾保险秩

---

① 周旺生. 论法律的秩序价值 [J]. 法学家，2003 (5)：38；胡晓娅. 试析法治对构建和谐社会的基本价值 [J]. 重庆社会主义学院学报，2006 (4)：60.

② 周旺生. 论法律的秩序价值 [J]. 法学家，2003 (5)：34-35.

序，有其自身特点，如相对性、有限性等。①

1. 相对性

巨灾保险制度对巨灾风险的分散，以及对相关秩序的维护都具有相对性，② 这是基于巨灾风险管理的相对性特点。因为在巨灾风险面前，没有绝对的安全性。巨灾风险管理只能是消减风险，而非消灭巨灾风险。因此，一旦巨灾发生，必然造成该区域内的财产损失以及经济社会秩序的受损（无人区排除，不在讨论范围，如海上、沙漠等无人类居住、活动，无民众财产存在），即使加以修复，终究改变不了受损的实质。

2. 有限性

有限性是指巨灾保险制度对相关秩序的维护是有限度的。巨灾保险制度并非万能，其作用也是有限的。其有限性主要体现在四个方面。

一是承保范围有限制。巨灾保险制度的承保风险有限度，主要针对巨型自然灾害风险而设置，一般性的风险则交由商业财产保险承保。

二是承保范围有限制。巨灾保险的承保范围限于家庭住宅及部分家庭财产。其他国家和地区的巨灾保险法律制度相关规定大多同于此。这是因为住宅是民众最重要的生活资源，是其生活的最基本保障。巨灾保险制度就是为了保障受灾民众的基本生活而设置，尤其是住宅建筑家庭财产的受偿权，保证受灾民众能尽快"重建家园、居有定所"。

三是损失赔付有限制。在巨灾损失面前，保险人的赔付能力毕竟有限，国家的财力也有限，再保险所发挥的作用并不是百分之百的，因此，基于正义原则，现有巨灾保险法律制度在充分保障投保人利益的前提下，大多对巨灾保险设置有免赔额、保险限额、单次巨灾赔付总额限额等限制，以保证能够有充足的赔付能力来应对巨灾风险。

四是发挥作用有限度。巨灾保险制度不是万能的，不能替代巨灾风险管理体系，不能独立应对巨灾风险。对巨灾保险市场秩序、社会经济秩序的稳定、维护和恢复，仍然需要其他法律制度、道德规范及社会准则的功效。

---

① 除了相对性、限度性，梁昊然还从巨灾风险的动态性、认知程度的动态性两方面论述了巨灾保险法律制度秩序价值的动态性。她认为，动态性与相对性紧密相关，相对性是巨灾保险法律制度秩序价值具有动态性特征的根本原因，动态性是相对性特征在时间维度上的具体体现。本书基本赞同其观点，故在此略过动态性，仅论及相对性与限度性。参见：梁昊然. 论我国巨灾保险制度的法律构建［D］. 长春：吉林大学，2013：51-53.

② 梁昊然. 论我国巨灾保险制度的法律构建［D］. 长春：吉林大学，2013：51. 她从安全性侧面、可预见性侧面两个方面对巨灾保险制度秩序价值的相对性予以阐述分析。

三、效率价值

效率本属经济学范畴，是指从一个给定的投入量中获取最大的产出，主要适用于资源配置、收入分配上。在我国，对大多数人而言，效率一词耳熟能详，"效率优先、兼顾公平"的分配原则深入人心。法经济学的诞生也是以效率被引入法学领域为重要标志。1973年，波斯纳在《法律的经济分析》中，首次将效率原则引入法律视域。随着相关理论的逐渐深入，效率价值已在法的价值体系中占据了重要地位。在法学领域，效率价值主要用于资源配置的规制方面，是对个体参与资源配置的权利与义务的界定。

在巨灾保险法律制度领域，效率价值是指通过巨灾保险法律制度对巨灾保险法律主体权利义务的规制，充分保证各方利益，形成有效的激励机制，并对各种无效率行为予以惩罚，高效地应对巨灾风险。

本书仍从效率价值的体现与特征来加以论述。①

（一）效率价值的体现

巨灾保险法律制度的效率价值主要体现在以下几个方面：

1. 合理配置权利义务

（1）充分保障主体权益。在我国巨灾保险法律制度设计中，投保人享有财产安全权、知情权、受偿权等权利，保险人享有知情权、收益权、经营保障权，监管人主要享有监督管理权。这些权利的设置，充分保障了巨灾保险法律主体的各自利益。

（2）严格主体义务。在我国巨灾保险法律制度设计中，投保人负有参保的义务、告知义务、止损义务等，保险人负有经营巨灾保险义务、赔付义务、告知义务、接受监管的义务，政府负有政策支持、财政支持、监督管理、参与风险分散的义务。主体权利的实现，需要义务的履行，义务是权利的前提，权利是义务的保证。

（3）鼓励主体积极参与。如前文所述，巨灾保险制度的实施，在于核心利益的驱动。政府、参保民众、保险业以及再保险业，都有着各自参与巨灾保险的核心利益。巨灾保险法律制度正是通过对各方主体权利义务的合理配置，充分保证各方利益，从而形成有效的激励机制，提高效率，促进巨灾保险的发展。

① 梁昊然还对效率价值的内在需求予以探讨。她认为，巨灾保险法律制度效率价值的内在需求包括经济补偿目的、重视条件约束、全面均衡发展三个方面。详见：梁昊然. 论我国巨灾保险制度的法律构建 [D]. 长春：吉林大学，2013：53-54.

2. 实现资源优化配置

资源优化配置，主要反映在提高财政资金、保险资金、民政救济资金与社会捐助资金的使用效率上。①

（1）提高财政资金的使用效率。一直以来，我国一直实行"以财政救助为主，保险、社会捐助为辅"的巨灾救济模式，灾前、灾中风险管理更是以政府投入为主。也就是说，整个巨灾风险管理过程基本上依靠财政资金投入。② 通过巨灾保险法律制度确立巨灾保险制度之后，政府财政资金将主要投向公共领域，如加强公共设施的防灾投入与灾后重建，达到"灾前充分投入、灾后合理支出"的效果，充分保证了财政资金的有效性，极大地提高了使用效率。

（2）提高保险资金的使用效率。我国保险市场发展水平较低，保险资金使用途径也很简单，银行存款、投资（债券、股票、基金，以债券为主）占了很大比重。以2013年计，该年我国保险行业利润总额为991.4亿元，营业利润率约为4.75%，投资收益率5.04%。巨灾保险法律制度通过制度设计，提高保险业巨灾风险抵御能力，而再保险等风险分散转移机制的引入，将进一步保证保险资金安全，尽可能提高资金使用效率。

（3）提高民政救济资金与社会捐助资金的使用效率。民政救济资金与社会捐助资金主要用于灾中救济与灾后救济、重建。但相较于巨灾损失而言，这类资金无疑是杯水车薪。在民众住宅、家庭财产交由巨灾保险机制予以赔付的情况下，可以将民政救济资金与社会捐助资金集中投放到特定领域（如用于灾中救济以尽量减少损失，或是遇难者亲属的精神抚慰），以提高资金的使用效率。

（4）提高巨灾保险的投保率。投保率的高低对于巨灾保险法律制度价值效率的实现至关重要。在这一环节，政府的作用比较关键，需要政府的大力支持，如针对巨灾基金的免税待遇、针对投保人的保费补贴、针对保险人的风险分散，都将在很大程度上提振投保人的信心。尤其是保费补贴，在当前我国民众收入水平还不是很高的情况下，能够直接影响到投保人的投保热情和实际购买力。同时，法律要求巨灾风险区内特定财产必须购买巨灾保险，这一强制性要求，保证了巨灾保险制度的覆盖面，提高了投保率，使其社会效率更容易实现。

---

① 资金使用效率是指资产使用的有效性和充分性，是评价资金使用效果的重要参数。
② 除了财政资金救济与社会捐助，其余的巨灾风险均由受灾人自行承担。

3. 提高巨灾风险管理效益

（1）实现经济补偿目标。巨灾发生后，巨灾保险机制迅速反应，积极开展理赔工作，对保险标的损失予以补偿。受灾民众通过支付保费，保证了住宅等财产的安全，即使受灾，也能获得相当大比例的赔付。[①] 巨灾保险法律制度通过对民众财产安全的保障，调动巨灾风险区域民众的生产积极性，进而促进生产力的发展。

（2）提高救灾效率。其一，将有限的救灾资金投放到最需要的地方，尽最大可能减少巨灾损失；其二，保险公司迅速介入，开展赔付工作，做到高效、及时；其三，在获得基本生活保障之后，受灾民众能够在政府的组织、帮助下，迅速开展自救活动，如重建家园、恢复生产等，这无疑也提高了救灾效率。

（3）创设高效的风险管理模式。目前，从境外国家、地区巨灾风险管理模式来看，巨灾保险无疑是较为成功的典范之一。在国家财力有限的情况下，巨灾保险能够尽可能地集合各方力量，共同抵御巨灾风险。当然，正如我们一直强调的，巨灾保险制度并不是万能的，也不是独行侠，它必须得到其他制度、规范的积极配合，甚至是约束；它需要充分考量本国国情，调动各方力量，才能充分发挥其功效，创设出高效的巨灾风险管理模式。

（二）效率价值的社会性特征

巨灾保险法律制度的效率价值具有社会性，即以提高社会效率为目标。社会效率也是社会利益的组成部分。巨灾保险法律制度以实现社会利益为最终目标。

对巨灾保险法律制度效率价值的构成部分进行考察，在巨灾保险法律制度领域，效率价值可以分为个体效率与社会效率，这与巨灾保险法律制度所涵盖的个体利益、社会利益，及其追求的个体正义、社会正义正好对应。同时，效率价值又可以分为经济效率与社会效率。

1. 侧重于社会效率

巨灾保险法律制度有两个最为重要的目标，分别是保障民众的基本生活与维护社会经济秩序。前者充分保障了投保人的利益，体现了个体正义，因此在法律制定、运行过程中必然要追求投保人的投入与收益比，尽量提高效率，这

---

① 从其他国家和地区的巨灾保险制度来看，以家庭住宅为例，多以重建费用作为保险标准，赔付比例也很高。重建费用当时去除土地费用后的建筑成本及适当利润。以2003年四川省新农村建设的民居建筑成本为例，创除土地成本（主要通过土地置换去除土地成本），农民需要支付的最终费用为每平方米500元人民币左右。（据四川省宣汉县、达川区数据，其他地方大致相近）

就是个体效率，涉及个体尤其是投保人的保费投入与收益。后者主要是通过无数个个体利益的实现，最终实现社会利益，体现社会正义，在此过程中，巨灾保险法律制度追求的就是社会效率，即提高防灾、救灾效率，建立并维持巨灾风险管理制度的高效运转，这之中财政资金的使用效率也很重要。

因此，在巨灾保险法律制度所追求的效率价值中，既要体现个体效率，又要充分考量巨灾保险的社会属性以实现社会效率，相关强制性规范成为必然且必须。

2. 侧重于经济效率

经济效率是指巨灾保险法律制度对生产力发展、对市场经济运行的影响；社会效率是指巨灾保险法律制度对社会秩序的维护及权力运作效率的影响。实际上，经济效率可分为个体经济效率与社会经济效率，这之中，巨灾保险法律制度侧重于社会经济效率，前文已有论及。

在经济效率与社会效率之中，巨灾保险法律制度选择了经济效率优先。这既是因为经济与社会本就密不可分，又是由巨灾保险法律制度所维护的经济秩序与社会秩序的特殊关系决定的。巨灾风险对经济秩序和社会秩序的冲击，以经济损失当先且必然，而社会秩序却不一定受损。正是因为个体经济受损，基本生存权受到威胁，才有可能诱发社会危机，影响社会秩序。所以巨灾保险法律制度选择了首先追求个体经济效率，充分保障民众的基本生活需求，保障其家庭住宅及财产的安全，当灾害发生后予以及时赔付，帮助民众解决经济、生活问题，稳定其情绪，从而将社会风险化解在萌芽状态。只有高效率地实现经济效率，社会效率才会得到充分保证。

四、三者关系

正义、秩序、效率、自由等价值相互依存，相互包容，构成一个有机整体——法的价值体系。在这个体系中，各个价值之间都有着内在关联，却又层次分明。巨灾保险法律制度的价值体系中正义、秩序、效率价值的关系亦是如此。本书略作介绍。

正义与效率。正义价值作为最高层次的价值，是追求效率价值的前提，对效率价值的追求必须满足正义的要求，而效率价值能够更好地实现正义价值，有助于正义价值的充分体现。在巨灾保险法律制度领域，对效率价值的追求，都是为了更好地实现正义价值，即如何高效地、充分地保障法律主体的权益，维护经济社会秩序。

正义与秩序。与效率价值一样，正义价值是实现巨灾保险法律制度秩序价值的前提和基础，而秩序价值则通过对巨灾保险法律关系的确认、整合和保护，使之处于有序状态，是巨灾保险法律制度正义价值的实现途径。

秩序与效率。良好的巨灾保险市场秩序、经济秩序、社会秩序是提高巨灾保险经济、社会效率的保障，而对效率价值的追求也有利于巨灾保险法律制度秩序价值的实现。

总之，正义价值是秩序价值、效率价值的前提和基础，也是其最终目的；秩序与效率是实现正义的途径与保障，三者相辅相成，共同构成巨灾保险法律制度的价值体系。

第三节　巨灾保险立法之目的选择

巨灾保险制度的实施，在于核心利益的驱动。对于国家而言，分散巨灾风险，保障民众基本生活，维护社会经济秩序就是其推行巨灾保险的核心利益，也是其最终目的；对于参保民众而言，通过参保，灾后获得相当数额的赔付，能够支付家园重建的大部分费用，如此才具有购买欲望；对于保险业而言，通过巨灾保险法律制度的规范和保障，参与巨灾保险，享受政府支持，增强自身实力，并通过再保险业的发展以及与国际市场的接轨，提高风险抵御能力，是其参与巨灾保险的核心利益。克服传统保险法的局限，充分发挥保险业的作用，分散巨灾风险，保障民众基本生活，维护社会经济秩序，促进保险业的健康发展，正是我国巨灾保险立法之目的所在。

一、保障民众基本权利

在普遍的人类权利中，生命权、自由权、财产权、尊严权、获助权、公正权等基本权利已为人类社会公认且普遍遵循。作为具有一定社会保障职责的法律制度，巨灾保险法须以保障民众基本权利为终极目标，尤以对民众生命权、财产权、获助权、公正权之保护为重。

对民众而言，巨灾风险主要体现为个人生命安全与家庭财产损失。巨灾保险的保险标的是以家庭住宅为主的家庭基本财产，也正是民众最基本的生活需求。对家庭基本财产的保护，彰显了巨灾保险法律制度的正义价值，体现了法律对受灾民众财产安全的保护，以及对这一弱势群体的生命权、财产权的保障。① 巨灾保险的优势在于，通过对巨灾保险的参与，提高民众应对巨灾风险的能力；在灾害发生后，保险公司能够以最快速度，根据保险合同，给予被保险人一定的经济补偿，减轻受灾民众的经济负担和心理压力，帮助他们进行灾后家园重建，恢复生产生活，充分体现了对获助权的保障。

在我国，住宅建筑和家庭财产是民众灾后生产生活的基本保障，也是受灾民众急需的生活资源。每次巨灾之后，国家都投入大量财政资金，用于灾民住宅维修、重建的专项补贴。当前，"我国经济发展水平和财政收入水平还比较低，用于巨灾保险的财政支持毕竟有限，因此，有必要将这一部分资金集中使用到受灾民众最为急需的家庭财产损失的赔偿上"。② 我国大部分人寿保险将地震等巨灾风险列入承保范围，而财产保险则恰恰相反，基本上在主险责任中将巨灾风险排除在外。加之我国民众保险意识淡薄，保险普及率较低，保险业在巨灾救济中所发挥的作用十分有限。一方面，出于公共利益的需要，政府往往将大部分财政资金投向灾后基础设施等领域的重建，对灾害损失的补偿维持在一个较低的水平；另一方面，民间捐助毕竟有限，加之相关制度缺乏，其所能发挥的经济功能也十分有限。③ 也就是说，灾害损失的绝大部分仍须由受灾民众自己承担。尤其是住房重建、生产恢复，不少受灾民众因灾致贫，承担了极大的经济压力和精神压力。④ 在亲人离世、财产化为乌有的沉重打击下，一些受灾人精神崩溃、绝望，甚至有人选择轻生，基本生存权利受到了严重威胁。

"在灾害频发的情况下，国家通过立法程序，以法律条文的形式规范巨灾保险制度并保障其运作，发挥政府和保险业合力用于灾后重建，已成为大势所趋"。⑤ 充分发挥巨灾保险的赔偿功能，保障民众的基本生活，尽量减轻灾害对民众生活的影响程度，也在一定程度上减少民众对政府财政和社会援助的依

---

① 梁昊然博士认为，"保护公众财产安全是巨灾保险制度正义价值的本质要求。财产安全是公众安全权的最重要内容之一，是巨灾保险制度安全权的核心内容"。本书并不反对这一观点，但认为巨灾保险在保障民众基本生活这一点上更多地体现了对生存权利的保障。

② 何霖. 日本巨灾保险之进程与启示 [J]. 灾害学，2013（2）：189.

③ 民间捐助更多的是发挥精神鼓励和心理抚慰功效。

④ 有报道称，"重大灾难引起一系列心理反应如果过于强烈或持续存在，就可能导致精神疾患。有研究表明，重大灾害后精神障碍的发生率为 10%~20%，一般性心理应激障碍更为普遍"。详见：马昌博. 众多记者无心理防护 在灾区精神崩溃无法报道 [J]. 南方周末，2008-05-18（02）.

⑤ 何霖，李红梅. 我国构建巨灾保险法律制度的必要性探讨 [J]. 四川文理学院学报，2009（6）：34.

赖心理，维护其尊严，这正是巨灾保险和巨灾保险法律制度的重要价值功能之一。

从其他国家和地区相关法律制度来看，大多数国家和地区设立巨灾保险制度的目的就是为保障民众基本生活之需要，保障人之生存权。日本《地震保险法》第一条明确规定，其目的是"保障地震等受灾地区居民的稳定生活"，也就是说，日本地震保险的主旨在于保障民众的生活安定。新西兰地震保险制度其宗旨是"帮助民众在灾后重建家园，尽快得以恢复"。美国洪水保险计划（NFIP）本身就是为保障受灾民众的基本生活需要而设立的财政补贴型保险项目。土耳其《强制地震灾害保险政府法令》第1条规定，该法令的目的是"确保其在地震中的房屋损失获得补偿"。与土耳其地震保险一样，我国台湾地区也将建筑物的重置成本设定为地震基本保险的保险金额，以帮助被保险人尽快重建家园。

二、加强巨灾风险管理

加强风险管理，充分保障民众的生命财产安全，是正义价值的重要体现，是巨灾保险法律制度的重要目的之一。巨灾保险制度也因此成为新时期我国政府更好地应对严重自然灾害、提高防灾救灾能力、提升风险管理水平的重要手段。

对于所有的国家和地区而言，巨灾风险管理都是个极大的挑战。一方面，巨灾风险波及范围大，造成损失严重，一旦发生，受灾民众基本难以承受；另一方面，基于巨灾的特征，人们只能在非常有限的程度上对巨灾风险加以管理，目标只能是损失最小化而非消除巨灾。我国是世界上自然灾害最为严重的国家之一，巨灾风险种类之多，强度之大，频次之高，损失之大，均列世界之前列。联合国有关统计资料显示，20世纪90年代以来，我国自然灾害造成的年均直接经济损失已经超过1 000亿元。① 近年来，随着气候变化，全球自然灾害呈上升趋势，我国更是巨灾频发，波及范围和经济损失呈不断扩大的趋势。2008年南方冰雪灾害、"5·12"四川汶川8.0级地震，2010年"4·14"青海玉树7.1级地震、"8·7"甘肃舟曲特大泥石流，2013年"4·20"四川芦山7.0级地震，损失尤为惨重，加强巨灾风险管理显得尤为迫切。

当前，依据快速增长的经济实力，我国已基本具备抗御一般性自然灾害的能力，但在巨灾风险面前仍显准备不足，巨灾风险管理水平不高。如本书第一

---

① 王和. 对建立我国巨灾保险制度的思考 [J]. 中国金融，2005（7）：67.

章第一节所介绍，巨灾风险的管理，包括风险控制、风险融资、风险降低三种方式。然而，一直以来，我国主要通过风险控制，即灾前工程防御方式应对巨灾风险，[①] 手段较为单一，防灾减灾效果并不明显；灾后救济主要依靠政府财政拨款，商业保险、社会捐助占有很小的比例；加之人们风险意识弱，灾害防御体系差，抵御灾害能力弱，巨灾风险往往带来大范围、大面积、大数额的损失，政府不得不投入巨额资金用于灾后民众基本生活保障与灾后重建。这既给政府增加了沉重的财政负担，又凸显出我国巨灾风险管理形势的严峻性。此种情形下，通过巨灾风险管理手段的组合使用，降低和最小化巨灾损失，有效抗御巨灾，成为今后我国防灾减灾工作的重点。

在巨灾风险管理体系中，巨灾保险作为风险损失融资中的重要机制，一直被认为是极为重要且行之有效的风险管理工具。巨灾保险能够充分调动社会各方面资源，有效协调政府与市场的功能，通过快速赔付以保障受灾民众基本生活，缓解政府财政压力和对社会经济秩序的冲击。相较于灾后社会捐助与财政救济，巨灾保险更具主动性和可持续性。

当前，我国应通过巨灾保险法律制度的建立和完善，保障和推动巨灾保险的运行，使之成为分散灾害风险、发挥减灾救灾功能、完善灾后救助体系的重要手段。巨灾保险法律制度也因其显著的制度优势，被誉为"减震器"。同时，可以通过巨灾保险相关配套制度建设，推动我国工程减灾等风险控制领域法律制度的完善。

三、维护社会经济秩序

维护社会经济秩序是巨灾保险法律制度的又一目的。其实现途径是通过保险业对受灾民众的财产赔付，帮助民众迅速摆脱巨灾损失的影响，恢复生产、重建家园；国家得以将有限的财力投放到灾区基础设施等民生工程的恢复重建，尽快恢复正常的生产生活秩序。值得一提的是，有了政府支持、多渠道分散风险机制的巨灾保险制度，保险业避免了单独承担巨灾风险而导致巨灾保险难以"存活"的尴尬局面，极大地提高了保险业应对巨灾风险的能力，使保

---

① 针对不少城市出现严重内涝灾害，2013 年修订、于 2014 年 2 月 10 日正式施行的《室外排水设计规范》（GB 50014-2006）（2013 年版）首次明确城镇内涝防治设计标准。关于内涝防治设计重现期，特大城市为 50 年到 100 年，大城市为 30 年到 50 年，中等城市和中小城市为 20 年到 30 年。这就意味着，特大城市内涝防治设施至少能应抵御 50 年到 100 年一遇的暴雨。根据标准，地面积水设计必须同时达到两项要求，一是居民住宅和工商业建筑物的底层不进水，二是道路中一条车道的积水深度不超过 15 厘米。

险业能够在巨灾发生后免受"灭顶之灾"。巨灾具有高度的不确定性，破坏力大，影响范围广，对于经济发展与社会稳定均有着负面影响。巨灾一旦发生，其影响已经远远超出个人和家庭的层面，往往会造成整个地区巨大的财产损失和人员伤亡，对当地的社会、经济、环境造成巨大破坏，甚至会诱发新的社会不稳定问题，对国民经济和社会秩序造成严重影响。

巨灾保险法律制度就是通过对巨灾保险法律关系的调节，集合多种力量，让个人、国家、保险业、社会各界共同参与，共同分担巨灾风险损失，一定程度上平复灾害损失，维护社会经济秩序的稳定，保障社会安全。巨灾保险法律制度更多地凸显了社会利益，彰显了社会正义。也正因为此，我们认为巨灾保险具有一定的政策性、社会保障性，巨灾保险法律具备一定的社会法属性。

保险作为风险管理中的风险融资手段，其根本功能在于分散风险、赔偿损失；① 通过风险分散和损失赔偿的实现，又在一定程度上维护了社会经济秩序，为社会安全保驾护航。对巨灾保险而言，对社会经济秩序的维护这一功能更为凸显。

"通过建立和完善巨灾保险法律制度，对巨灾保险制度加以确定和保障，分散巨灾风险，使民众在遭受巨灾损失后及时得到赔偿"，②基本生活得到保障，恢复生活信心，最大限度地保障社会经济秩序正常运转，这既是"重视和保障民生的本质要求"，③ 也体现了公平正义的价值理念，④ 是构建社会主义和谐社会的必然选择。

四、完善巨灾法律体系

巨灾保险法律制度是我国巨灾风险管理法律体系的重要组成部分。建立和完善巨灾保险法律制度，不仅仅能够克服传统保险法的局限，将巨灾风险纳入调整范围，充分发挥保险业在防灾救灾中的功效，还是完善我国巨灾风险管理

---

① 有学者认为，伴随着保险分配关系的发展，保险又派生出积蓄基金和监督危险的职能。同时，保险人利用差别费率制度来激励被保险人做好防灾防损工作，增强了风险主题的风险意识及社会财富的安全性。姚庆海. 巨灾风险损失补偿机制研究——兼论政府和市场在巨灾风险管理中的作用 [D]. 北京：中国人民银行金融研究所，2006：63；杨松俊. 中国寿险公司 X-效率实证研究 [D]. 长沙：湖南大学，2010：21.

② 何霖. 我国巨灾保险法律制度构建初探 [J]. 南方论刊，2010（12）：24.

③ 乌格. 建立巨灾保险制度极为重要 [J]. 中国减灾，2008（5）：7.

④ 梁昊然认为，经济秩序的稳定是社会公共利益的重要内容。维护社会经济秩序及公共利益是巨灾保险制度正义价值和秩序价值的应有之义；是巨灾保险制度效率价值的内在需求。本书赞同此观点。

法律体系的关键步骤。但就立法而言，建立巨灾保险法律制度的意义并不局限于其自身的作用的发挥，更重要的是通过巨灾保险法律制度，带动、推动其他风险管理相关法律制度的建设，最终实现我国巨灾风险管理法律体系的完善。

1995 年，我国颁布的《保险法》主要对商业保险行为予以规范，其中并未涉及巨灾保险内容，其后的几次修订也没有添加巨灾保险。① 巨灾保险一直处于无法可依的状态，相关工作自然进展不大，保险业在巨灾风险管理中的作用也就极为有限。其后的一些法律法规中，也有提及巨灾保险，② 但模糊不清，不具有可操作性，也就很难发挥指导、规范作用。巨灾保险法律制度的建立，将明确巨灾保险在我国风险管理体系中的应有地位，使得巨灾保险真正有法可依、有法必依，走上了法治之路。

当前，我国巨灾风险管理领域的法律法规主要有：《防震减灾法》《防洪法》《保险法》《气象法》《海洋环境保护法》等法律，《地质灾害防治条例》《森林防火条例》《破坏性地震应急条例》《蓄滞洪区运用补偿暂行办法》《自然灾害救助条例》《突发事件应急预案管理办法》《中华人民共和国防汛条例》《草原防火条例》《军队参加抢险救灾条例》等行政法规，《山东省地震应急避难场所管理办法》《山东省气象灾害评估管理办法》《湖北省突发事件应对办法》《湖北省抗旱条例》《黑龙江省气象灾害防御条例》《黑龙江省防震减灾条例》《安徽省气象灾害防御条例》等地方性法规，国家及各省市防灾减灾规划，③《受灾人员冬春生活救助工作规程》《救灾捐赠管理办法》《气象灾害预警信号发布与传播办法》《防雷减灾管理办法》《市政公用设施抗灾设防管理规定》等部门规章，《新疆维吾尔自治区级救灾物资储备管理暂行办法》《内蒙古自治区自然灾害生活救助资金管理暂行办法》《河北省印发气象防灾减灾绩效管理工作方案的通知》等地方政府规章。从法律、行政法规、部门规章，到地方性法规、地方政府规章，我国巨灾风险管理法律体系已初步建立，但还不是很完善。巨灾保险法律制度正是我国巨灾风险管理法律体系中最重要的组成部分之一。巨灾保险法律制度的建设，将带动周边法律和配套法规的建设，以促进巨灾保险的发展，也将有力推动现有巨灾风险管理法律体系的建设和

---

① 2008 年巨灾之后，尽管学界、社会各界对在《保险法》中增加巨灾保险内容的呼声很高，但由于巨灾保险不符合传统保险法的承保要件，最终修订案中没有出现巨灾保险。

② 2008 年 12 月修订通过、于 2009 年 5 月 1 日正式实施的《防震减灾法》采纳了四川省高院的立法建议，增加了巨灾保险内容。新《防震减灾法》第四十五条规定，国家发展有财政支持的地震灾害保险事业，鼓励单位和个人参加地震灾害保险。

③ 如《国家综合防灾减灾十二五规划》《四川省"十二五"防灾减灾规划》《青海省防灾减灾规划》等。

完善。

五、促进保险行业发展

由于巨灾的强大破坏力与高度相关性，商业保险的运作机制无法有效应对巨灾风险，商业保险市场也很难承担巨灾风险的赔付。从国外巨灾保险实践来看，大多数完全商业化模式运作的巨灾保险最终失败，如美国早期的洪水保险、地震保险、飓风保险，由于保险公司对巨灾风险的评估不足，应对巨灾风险的准备不充分，抗风险能力缺失，最终在遭遇巨灾时损失惨重，保险业遭受重创，[1] 对巨灾保险的热情迅速降到冰点。就算是保险业、再保险市场高度发达的英国，其洪水保险虽采取完全商业化模式运作，也因损失较大，不得不与政府协商，以政府加大防洪投入为继续开展洪水保险业务的前提。

就我国而言，保险业发展时间较短，整体实力偏弱，经营水平不高，抗风险能力较差。克服传统保险法的局限，充分发挥保险业在防灾救灾中的作用，促进保险业的健康发展，正是巨灾保险法律制度的立法目的之一。

（1）承保能力层面。由于保险业发展时间较短，保险市场总体规模不断扩大，但风险分散途径严重缺乏，承保巨灾风险的能力极为有限。巨灾保险法律制度通过相关规范，加大政府财政扶持力度，确保巨灾保险的覆盖面，做大巨灾保险市场，继而推动整个保险市场的发展，提高保险业的承保能力。

（2）赔付能力层面。据保监会网站数据，2013 年，我国产险公司原保险保费收入 6 481.16 亿元，产险业务赔款 3 439.14 亿元，产险公司总资产 10 941.45 亿元，整个保险业净资产仅有 8 474.65 亿元，而 2008 年汶川地震的直接经济损失就有 8 452 亿元人民币。加之再保险市场实力不足，风险分散途径匮乏，我国保险业赔付能力整体偏弱。对此，应通过制定巨灾保险法律制度，进而鼓励和支持保险业、再保险业的发展，扩大风险分散渠道，最终提高保险业的风险抵御能力和赔付能力。

（3）作用发挥层面。由于地震等巨灾风险[2]在我国大多数产险险种中属于

---

① 1927 年密西西比河大洪水导致不少公司破产，1992 年美国"安德鲁"飓风也有 15 家产险公司破产。1994 年北岭地震美国保险业承担了 125 亿美元的损失，致使大部分保险公司停止了地震保险承保业务。

② 主要是地震及地震次生灾害被排除，暴风、暴雨、台风、洪水、雷击、泥石流、雪灾、雹灾、冰凌、龙卷风、岩崩、突发性滑坡、地面突然塌陷被列入赔付范围。

免除责任，① 财产保险，尤其是家庭财产保险一般将巨灾风险予以排除，即使在保险赔付中运用通融赔付原则，② 由于受灾地区投保率较低，赔偿金额仍然有限。③ 随着国民收入的增长，以及近年来数次巨灾带来的惨痛教训，民众防范风险的意识有所增强，对保险产品的需求也有所增长。通过巨灾保险法律制度所提供的法律环境，明确巨灾保险的承保范围，向投保人提供价格合理的保单，并通过一定的强制手段，来保证巨灾保险的覆盖面与投保率，从而充分发挥保险业在巨灾保险体系中的作用，并通过其整体实力的提升、风险管理水平的提高，以及与国际市场的接轨，促进保险业的健康发展。

第四节　巨灾保险立法之基本原则

立法原则是"立法主体据以进行立法活动的理论根据与重要准绳，是立法指导思想在立法实践中的重要体现"。④ 它能够为立法活动指明方向，把握重点，是立法指导思想的规范化、具体化。与立法的指导思想相对应，立法原则也分为总体原则（总的基本原则）与基本原则（具体到各种法律的基本原则）。总体原则是指所有立法活动所必须遵循的基本原则，如《立法法》所确定的宪法原则、⑤ 法治原则、民主原则、科学原则；基本原则则是指具体到各

---

① 保监会将"地震或地震次生原因"规定在"责任免除"条款中，明确地震引起的家庭财产保险、工程险、农房险等保险事故作除外责任处理，即因地震造成的财产损失，保险公司将不予理赔。

② 汶川特大地震、芦山地震发生后，按照保监局的相关要求，不少保险公司在赔付中均采取了通融赔付原则。汶川特大地震发生后，四川保监局要求，对于责任明确的要快速理赔、应赔尽赔，对于责任免除的要研究通融赔付的统一口径特事特办，若对保险合同条款方面产生争议，应作出有利于被保险人和受益人的解释。尽管不少保险产品都设有地震免责条款，但针对灾情，很多保险公司特事特办，放宽了地震理赔标准，迅速启动快速理赔绿色通道。详见：周建瑜. 汶川地震理赔考量中国震灾保险制度 [J]. 中共四川省委党校学报，2009（4）：60.

③ 由于保险投保率低，即使采取了通融赔付原则，芦山地震的保险赔付金额也很低，总额不超过1.4亿元人民币。而汶川地震赔付金额也仅有16.6亿元。详见：潘玉蓉. 芦山地震保险预计赔付4000万~9000万元 [N]. 证券时报，2013-4-23（01）.

④ 周旺生. 论中国立法原则的法律化、制度化 [J]. 法学论坛，2003（3）：29.

⑤ 关于宪法原则，在我国立法法出台前，学界基本上认为法治、民主、科学原则就是立法的基本原则，因为法治原则就包括了合宪原则，所以没必要单列，这一思想在立法法草案中也予以体现。但立法法在正式出台时，在其总则中明确规定了四项立法的基本原则，宪法原则排在首位。至今，仍有学者将宪法原则作为法治原则的一个方面或具体原则予以阐述。本书考虑到宪法原则实际上还涵盖有对立法指导思想的再次明确，故将之单列介绍。

种立法，如各级别、各主体、各形式、各部门立法，① 均可以在坚持总体原则的前提下，设置并坚持其特有的基本原则，基本原则一般在法律的总则部分予以明确。

我国巨灾保险立法在坚持我国立法的总体原则的前提下，还须遵循一定的基本原则，如统一立法、分类指导相结合原则，政府扶持、商业运行相结合原则，填补损害、限额给付相结合原则，效率提高、风险控制相结合原则，保障民生、公共利益相结合原则等。这些基本原则既是指导巨灾保险立法的基本准则，又是指导巨灾保险司法的基本准则。在巨灾保险立法活动中，对巨灾保险法律制度的基本原则进行充分的研究，对巨灾保险立法及其实施均有着重要的现实意义。

一、总体原则

（一）宪法原则

我国《立法法》第三条规定："立法应当遵循宪法的基本原则，以经济建设为中心，坚持社会主义道路、坚持人民民主专政、坚持中国共产党的领导、坚持马克思列宁主义毛泽东思想邓小平理论，坚持改革开放。"② 该条既明确了我国立法活动的首要原则——宪法原则（又称合宪原则），又充分体现了我国立法的总的指导思想。③

宪法是国家的根本法和最高法，具有最高的法律效力。我国宪法第五条明确规定："一切法律、行政法规和地方性法规都不得同宪法相抵触。"④ 其后的第八十九条中，对行政法规的制定提出了明确要求。因此，其他所有立法活动都必须以宪法为根据，不得与宪法相抵触。

我国《宪法》的序言部分，对"一个中心、两个基本点"予以了明确，这既是我党在社会主义初级阶段的基本路线，也是我国立法活动的总的指导思

---

① 各级别立法，如中央立法、地方立法等；各主体立法，如议会立法、政府立法等；各形式立法，如法律、行政法规、地方性法规等；各部门法立法，如刑法、民法、行政法等。

② 中华人民共和国立法法，中华人民共和国国务院公报，2000-05-10；周旺生. 立法学[M]. 北京：法律出版社，2009：18.

③ 有学者认为，立法法所确立的宪法原则，不仅仅在于确立了宪法至高无上的效力，更重要的是，以政治原则的形式来确立这一原则，即党在社会主义初级阶段的基本路线。本书认为，宪法原则涵盖了党的基本路线，这既是扩大了宪法原则的内涵，又是对我国立法总的指导思想的再次明确。

④ 陆建长. 试论合宪性原则是我国立法体制的根本原则——对《立法法》第3至6条之思考[J]. 黑龙江省政法管理干部学院学报，2012（6）：5.

想。《立法法》的再次明确，既是强调我国现阶段的立法活动须为经济建设服务，不断完善社会主义市场经济法律体系，又是强调我国立法活动必须坚持正确的政治方向，根据改革开放所带来的变化不断调整、改进、完善社会主义法律体系。

在巨灾保险立法中，必须以宪法为根据，遵循宪法的基本原则，即人民主权原则、基本人权原则、权力制约原则和法治原则，不得与宪法相抵触。同时，要在中国特色社会主义理论体系的指导下，服务于经济建设的大局，要通过对人民群众财产安全的保护与保险市场的稳定，维护和恢复社会经济秩序，为中国特色社会主义市场经济建设提供保障。应该说，巨灾保险立法、充分体现了我国《宪法》"发展社会主义市场经济，发展社会主义民主，健全社会主义法制"这一指导思想。

（二）法治原则

现代社会追求法治化，力求建设法治国家。作为法治之前提与基础，法制的完备需要通过立法活动来完成。在立法过程中，也须立足于法治，遵循法治原则。所谓立法之法治原则，是指"一切立法权的存在和行使都应当有法的根据，立法活动的绝大多数环节都依法运行，社会组织或成员以立法主体的身份进行活动，其行为应当以法为规范，行使法定职权，履行法定职责"。① 也就是说，法治原则包含了立法权力法制化、立法程序法定化、立法内容合法化等几方面内容。

我国立法的法治原则可从《宪法》中得以观照，通过依法治国的方略得以体现。② 我国《立法法》第四条对法治原则进一步予以明确："立法应当依照法定权限和程序，从国家整体利益出发，维护社会主义法制的统一和尊严。"③ 值得注意的是，在《立法法》的表述中，我国法治原则增加了"社会主义法制统一"这一原则性内容。这既符合我国基本国情的要求，又体现了我国法治原则的特色。

立法权力法制化，是指立法主体须依法定权限，一切立法权的存在和行使

---

① 周旺生. 论中国立法原则的法律化、制度化 [J]. 法学论坛，2003（3）：30.
② 我国宪法第五条："中华人民共和国实行依法治国，建设社会主义法治国家。"这里明确提出了依法治国的方略，也是对我国立法活动法治原则的明确。
③ 中华人民共和国立法法，中华人民共和国国务院公报，2000-05-10。

都应有法律依据。① 即立法主体的设置、立法权限的划分与立法权的行使，都须有法律依据。立法程序法定化，是指立法活动的进行中，立法必须依照法定程序进行。② 立法内容合法化，就是指法律案的内容要符合上位法律的相关规定，立法内容中对法律关系的确认与维护、当事人权利义务、国家机关的权利与责任等事项的规定，都须依法之规定。一般而言，无论是立法权的合法性来源、立法的法定程序，还是对法内容的具体规制，都体现在由宪法及宪法性法律中的相关规定所构成的立法制度之中。这也是各个法治国家普遍遵循的立法原则。

再来看社会主义法制统一原则。"法制统一原则"为许多国家所共有，但因国情差异而多有差别。在我国，"从国家的整体利益出发，维护社会主义法制的统一和尊严"的这一法治原则，是由我国单一制的国家结构形式决定的，也是由我国的国家性质所决定的。

就巨灾保险立法而言，立法主体、立法权限须依据我国立法制度而确定；立法程序、立法内容须依据宪法、立法法之相关规定；要从国家的整体利益出发，充分考虑和维护人民群众的利益，保障民生；坚持法制统一原则，保持我国法律体系的和谐一致，不得与上位法、下位法、其他部门法相抵触或发生冲突，尤其是与我国巨灾风险管理法律体系中的其他法律法规，尽可能相互配合，共同抵御巨灾风险，提高我国巨灾风险管理水平。

（三）民主原则

所谓民主，是指人民当家做主。现代社会，立法活动中的民主一般通过间

---

① 我国宪法、立法法、民族区域自治法、地方各级人民代表大会以及地方各级人民政府组织法等法律法规确定了我国现阶段九大立法主体：全国人民代表大会及其常委会；国务院；国务院各部委局、直属机构；省、自治区、直辖市人大及其常委会；省、自治区、直辖市人民政府；较大的市人大及其常务委员会；较大的市人民政府；民族自治地方的人民代表大会；特别行政区的立法机构。不仅如此，不同立法主体立法行使的权限也由法律法规明确规定下来，各立法主体在自己的权限范围内行使职权，不得超越职权或怠于行使自己的职权。

② 《立法法》第二章第二节、第三节从法律案的提出、审议、修改、表决、公布四个环节，对全国人大、全国人大常委会的立法程序作出了严格规定，其后各章节分别对行政法规、地方性法规、自治条例和单行条例、规章的立法程序进行了规范。除此之外，国务院出台的《行政法规制定程序条例》《规章制定程序条例》等，对相关立法程序也作出了具体的规定，成为这些法律法规文件制定程序的依据和准则。

接民主（即选举权和罢免权）得以实现。① 随着法治社会与法治国家的建设，立法活动中的民主原则也具有了更为深刻的内涵。

"遵循民主原则，既是现代立法之普遍规律，又是我国国情的特殊要求"。② 我国是人民主权国家，立法既要反映人民意志，又必须保障人民的民主权利，让人民充分参与，对立法实行有效的监督和制约。我国《立法法》第五条规定："立法应当体现人民的意志，发扬社会主义民主，保障人民通过多种途径参与立法活动"，③ 由此明确了我国立法活动的民主原则。

坚持民主原则，就是要在立法主体、立法内容和立法程序上体现民主精神，运用民主方法，通过多种途径听取人民意见及建议，让人民直接参与到立法活动中来。立法主体民主化，立法权最终归属于人民，人民是立法的主人。立法内容民主化，立法内容须以维护人民群众利益为根本宗旨，充分确认和保障人民权利和自由，有效规制公权力。立法程序民主化，就是在立法过程中，通过立法座谈会、书面征求意见、调查研究、列席旁听、公民讨论、专家咨询论证、社会舆论讨论、立法听证会等方式，让人民直接参与到立法活动中来。

在巨灾保险立法活动中，也应充分体现民主原则。立法主体的民主化是毋庸置疑的；立法内容上，巨灾保险立法就是为了保护人民群众的财产安全，保障民众的基本生存权；在立法过程中，也应通过各种方式，充分调动民众的参与热情，听取他们的意见建议，让他们直接参与到立法活动中，并有效监督，以保证巨灾保险立法能充分保障人民群众的利益、代表最广大人民的根本利益。

（四）科学原则

我国《立法法》第六条规定了立法的科学原则："立法应当从实际出发，科学合理地规定公民、法人和其他组织的权利与义务、国家机关的权力与责任。"④ 坚持立法的科学原则，是提高立法质量，建设社会主义法治国家的必然要求。

立法的科学原则，就是要求"立法要尊重客观规律和实际情况，克服主

---

① "人民对于立法的作用，通常体现为选举权和罢免权。他们通过选出能够代表自己利益和意志的代表，来达到参与立法的目的。一旦代表不能忠实地履行自己的职责，有悖民意，在法定条件和程序下，人民就可以罢免他们"。参见：李林. 立法机关比较研究 [M]. 北京：人民日报出版社，1991：6；汪全胜. 试论公民直接参与立法的制度及其发展 [J]. 杭州商学院学报，2002（1）：7.

② 周旺生. 论中国立法原则的法律化、制度化 [J]. 法学论坛，2003（3）：31.

③ 中华人民共和国立法法，中华人民共和国国务院公报，2000-05-10。

④ 中华人民共和国立法法，中华人民共和国国务院公报，2000-05-10。

观任意性和盲目性"。① 科学原则主要体现在立法观科学化、立法体制科学化、立法程序科学化、立法技术科学化、立法内容科学化等方面。

巨灾保险立法活动中，须以科学性为指导，充分考量我国基本国情，在科学分析我国巨灾风险状况与风险应对能力、民众经济承受力、保险市场发展水平、国家经济实力、法制建设水平等因素的基础上，在条件成熟的情况下，制定高质量的法律法规。在立法技术上，要充分考虑我国不同地区风险状况的差异性，顾及全局与局部的关系（如是否实行差别费率等）；立法内容上，科学合理地配置资源，对投保人、保险人、监管人的权利、义务予以规范；同时，还要使巨灾保险立法具有一定前瞻性和灵活性，保证巨灾保险法律制度的可持续发展，使之能够随着市场经济的发展和巨灾风险的变化而与时俱进。

二、基本原则

巨灾保险法律制度的基本原则，是指体现巨灾保险法律制度根本价值与目标要求的法律原则，贯穿于全部巨灾保险法律规范，是整个巨灾保险法律活动的指导思想、出发点和必须遵循的根本准则，构成巨灾保险法律体系的脊梁，并对具体规范起到规制与补充作用。②

国内学者对我国巨灾保险立法的基本原则多有提及。从现有研究来看，隋祎宁对日本《地震保险法》出台依据进行了阐述——"国家承担超额损失再保险、限制保险金给付额、强制附加于火灾综合保险"，可看作日本地震保险立法之原则，并提出了"地震保险的法制化、政府作用主导化、经营机构专业化、损失分担多元化"的建议；③ 李军认为我国农业保险立法应体现"总体报偿原则、公共选择原则、国家扶持原则"，④ 许均加以引申，认为我国巨灾保险立法应借鉴保险法之诚实信用原则、保险业务专营原则及本国投保原则，并遵循政府扶持原则、总体补偿原则、公共选择原则及社会效益最大化原则；⑤ 有学者认为应当坚持"政府主导、全民参与、循序渐进的风险规划原则，防灾先导、救灾并重、防救结合的风险减损原则，按量分级、多方分保、

① 王琦. 地方立法民主化和科学化研究 [J]. 河南省政法管理干部学院学报，2008（5）：152.

② 此处借鉴了陈信勇教授对社会保险法基本原则概念的阐述。参见：陈信勇，陆跃. 社会保险法基本原则研究 [J]. 浙江工商大学学报，2006（5）：18.

③ 隋祎宁. 日本地震保险法律制度研究 [D]. 长春：吉林大学，2010：30-31，95-97.

④ 李军. 农业保险的性质、立法原则及发展思路 [J]. 中国农村经济，1996（1）：56.

⑤ 许均. 我国巨灾保险法律制度研究 [D]. 上海：华东政法大学，2008：36-37.

市场分散的风险分摊原则";① 冼青华提出了"政府扶持原则，总体补偿原则，公共选择原则，社会效益最大化原则";② 曾文革、张琳提出，在单项型巨灾保险立法模式之下，我国巨灾保险的立法工作应坚持"符合国情、循序渐进、逐步开展"的原则;③ 张琳在其硕士论文中认为，巨灾保险法的立法原则除借鉴保险法中相关原则外，还应着重体现"以人为本原则，政府主导原则，不亏损、非盈利、广覆盖原则";④ 宁晨对巨灾保险的监管提出了"法定、公开、公正、高效和审慎原则";⑤ 刘玉平认为我国地震保险法应遵循"国家探讨有效风险防范机制、保险公司发挥主体作用、社会支持与社会救助是重要环节、个体增强风险防范意识"等原则;⑥ 吴惠灵提出了"以灾前融资促进风险降低，政府引导、多方主体共同参与、充分发挥商业保险公司作用"的原则;⑦ 梁昊然认为，对巨灾保险法律制度的基本原则的确定,⑧ 需要从现实需要、理论基础、法律依据和选择标准四个方面加以衡量，提出了"风险预防、谨慎发展和全程管理"三原则。

通过对上述观点进行梳理，我们看到，我国学者对巨灾保险立法之基本原则的阐述尽管在表达上存在差别，但基本理念具有一致性。对此，本书提出了"五个结合"的基本原则。

（一）综合立法与分类指导相结合原则

1. 内涵

综合立法与分类指导相结合，是指巨灾保险立法过程中，由国家统一立法，对综合性巨灾保险予以规制；但在实施过程中，根据各地巨灾风险实际情况进行分类指导、规制的基本原则。此原则主要确定立法模式与法律效力。

综合立法是指国家通过涵盖多种巨灾风险的综合性巨灾保险立法，对巨灾

---

① 何霖. 我国构建巨灾保险法律制度的可行性分析 [J]. 四川文理学院学报, 2010（6）: 14.

② 冼青华. 论我国巨灾保险立法的历程、现状与改进 [J]. 法学重庆理工大学学报: 社会科学, 2010（24）: 73.

③ 曾文革, 张琳. 我国巨灾保险立法模式探讨 [J]. 西华大学学报: 哲学社会科学版, 2009（4）: 55.

④ 张琳. 我国巨灾保险立法研究 [D]. 重庆: 重庆大学, 2010: 21-22.

⑤ 宁晨. 构建我国巨灾保险法律制度研究 [D]. 武汉: 华中师范大学, 2009: 24.

⑥ 刘玉平. 关于构建我国地震保险法律制度的研究 [J]. 行政与法, 2011（10）: 86.

⑦ 吴惠灵. 我国巨灾保险体系构建研究 [D]. 重庆: 西南政法大学, 2010: 38.

⑧ 原文表述是"巨灾保险制度的基本理念"，本书以为，其研究对象实为巨灾保险法律制度的基本原则，特此说明。参见: 梁昊然. 论我国巨灾保险制度的法律构建 [D]. 长春: 吉林大学, 2013: 60-61.

保险制度予以规制。

分类指导是指基于各地区巨灾风险状况（风险种类、风险程度）存在的差异，巨灾保险法从总体上作原则性要求，允许各省、自治区、直辖市人民政府根据本地巨灾风险状况，确定适合本地区实际的巨灾保险经营模式，制定相关条例及实施细则，但须报国务院审批，接受指导、监管。

2. 理论基础

一直以来，巨灾保险立法模式都存在争论，单项立法、综合立法、补充立法的支持者都大有人在。在我国，巨灾保险立法坚持综合立法与分类指导相结合的原则，充分体现了巨灾保险法律制度的价值追求。

综合立法与分类指导相结合，体现了正义价值的要求。坚持综合立法，是形式正义的要求，使得立法程序、法律制度本身具有正义价值。坚持分类指导，充分体现了实质正义，是在坚持形式正义的基础上，结合各地具体情况，去实现实质正义，真正达到保障民生、维护公共利益的目标。

综合立法与分类指导相结合，体现了秩序价值的要求。通过综合立法，从国家层面对本国地域内的巨灾风险予以管理，对巨灾保险法律关系、当事人的权利义务地位等予以确认，从而实现对社会经济秩序的规范，是秩序价值的要求。同时，分类指导仍然坚持了立法的统一，避免了各地"各自为政"的乱象，也是对社会经济秩序、巨灾保险市场秩序的维护。

综合立法与分类指导相结合，体现了效率价值的要求。一方面，综合立法提高了立法效率。单项立法、补充立法都是很好的立法途径，但综合立法是巨灾保险立法的必然趋势与最终选择，因此，坚持综合立法，能够避免走一些弯路，提高立法效率。另一方面，分类指导提高了巨灾保险法的实施效率。我国各地风险状况存在较大差异性，巨灾保险法对之实施分类指导，各地可以在大的原则范畴内，探索确定适合本地区实际的巨灾保险经营模式，无疑极大地提高了巨灾保险的实施效率。

3. 现实条件

综合立法与分类指导相结合，是我国巨灾风险状况的客观要求。我国地域辽阔，巨灾频发，各地区的巨灾风险种类与风险程度都存在很大差别。在此情况下，如何在全国范围内建立起高效、完善的巨灾保险制度，有效调动各地区政府、保险公司、人民群众的参与积极性，成为我国巨灾保险能否达到预期目标的关键之所在。通过巨灾保险法的分类指导原则，允许各地根据其自身状况，在坚持巨灾保险法总体原则的前提下，探索、确定适合本地区实际的巨灾保险经营模式，最后报请中央人民政府批准后方可实施。

4. 法律依据

综合立法与分类指导相结合，是坚持社会主义法制统一原则的要求。在完善社会主义市场经济、深化经济体制改革的今天，通过综合立法，将多种巨灾风险涵盖在内，从而起到总体指导的作用，是现实国情的需要，也是社会主义法制统一原则的要求。

综合立法与分类指导相结合，是坚持科学性立法原则的体现。从现有巨灾保险法律制度来看，不少国家实行了综合立法，即其巨灾保险承保风险是多种类的，而非单类巨灾。新西兰地震保险最初以地震风险为承保对象，其后逐渐扩张到范围更大的自然灾害，如海啸、地层滑动、火山、地热等；英国巨灾保险虽以洪水保险为名，其承保风险却十分广泛，所有可能发生的巨灾风险都涵盖在内；法国自然灾害保险承保地震、洪水、火山、海啸、风暴等七类风险；挪威自然灾害保险承保山体滑坡、洪水、暴风雨、地震、火山等五种自然风险；西班牙巨灾保险承保地震、洪水、台风等自然灾害以及社会政治风险。美国的巨灾保险较为特殊，由于美国是联邦制国家，各州拥有较大的立法权，巨灾风险状况也有很大差异，所以除了联邦政府推行的全国范围内的洪水保险外，各州巨灾保险立法差别也比较大。可以说，各州各行其是。我国和美国的国情不同，我国是单一制国家，坚持社会主义法制统一原则是所有立法的必然要求。但与美国相类似的是，由于地域广阔，各地巨灾风险存在较大差异，因此，有必要在巨灾保险立法活动中，对这些可能造成巨灾损失、威胁社会经济发展的巨型自然灾害风险予以管理，综合性立法势在必行；但又要考虑到各地的风险差异，因此，予以分类指导十分必要，要真正体现巨灾保险立法的科学合理性。

（二）政府主导与商业运行相结合原则

1. 内涵

政府主导与商业运行相结合，是指在巨灾保险法律活动中，巨灾保险仍以商业保险为基础，交由商业保险公司途径进行销售与理赔，但政府应当对巨灾保险予以财政支持，并对其进行全面监督、管理和控制的基本准则。

此原则主要确定巨灾保险的运行模式。

政府主导，是指巨灾保险制度由政府主导建立健全，政府将巨灾保险是也纳入国民经济和社会发展规划，给予必要的经费支持，通过优惠政策支持巨灾保险事业，加强宣传、引导，保证巨灾保险的覆盖面，并参与再保险，对巨灾保险实施全面监督、管理和控制。

商业运行，是指商业保险公司负责巨灾保险的具体经营活动，销售巨灾保险并负责理赔，并承担巨灾基本保险之外的投保人的更多保险需求。

2. 理论基础

政府主导与商业运行相结合，体现了正义价值的要求。巨灾保险具有政策性、社会性，巨灾保险法在保护个体正义的同时，也追求社会公共利益，因此具有一定社会法属性。巨灾保险交由政府主导，政府负有出资、监督、管理的义务，能够有力保证巨灾保险法社会正义价值的实现。

政府主导与商业运行相结合，体现了秩序价值的要求。政府通过立法对法律主体权利义务予以规制，既规范了巨灾保险市场秩序，又通过强制性投保措施，保证了投保率，确保了整个巨灾保险制度的运行秩序，进而确保各种资源的有效整合，最终实现对经济社会秩序的维护。

政府主导与商业运行相结合，体现了效率价值的要求。在确保相对公平的前提下，由政府提供原则性指导，通过各种途径支持、参与巨灾保险，采取多种措施形成有效的激励机制，并对无效率行为予以惩处，从而高效地应对巨灾风险；巨灾保险选择商业运行的路径，充分利用商业保险公司现有的资源，在政府的强力推动下，实现了防灾救灾的高效目标。

3. 现实条件

选择政府主导与商业运作相结合的运行模式，既是我国巨灾现状与经济实力的衡量结果，也是我国保险市场发展现状的客观要求。巨灾损失的多发性与财政力量的有限性，决定了我国巨灾保险不能走以往政府全盘负责的老路；而我国保险市场发展水平与保险经营水平离国际水平还有很大的差距，保险业抵御巨灾风险的能力还很薄弱，再保险市场也还处于初级阶段，巨灾风险完全交由市场，让商业保险公司予以承担，也极不现实；商业保险公司拥有丰富的保险业务经验和成熟的销售、理赔网络，并且拥有大量的保险专业知识和专业技术人才，这些都是政府在短期内所难以拥有的。

因此，巨灾保险制度的创立，离不开政府的主导和支持，也离不开商业保险公司积累的保险经验、销售渠道网络，及其大量的专业知识和专业技术人才；商业保险公司的销售、理赔网络与政府力量相结合，能够在最短时间内将巨灾保险业务全面铺开；巨灾风险的分散和转移，也需要政府财力支持与商业保险公司的积极参与。

4. 法律依据

政府主导与商业运作相结合，源于立法的科学原则。在立法过程中，基于我国巨灾状况、经济实力与保险市场现状的综合衡量，选择政府主导与商业运作相结合的运行模式，并科学合理地规定投保人、保险人、政府的相关权利和义务，正是科学立法之体现。巨灾保险制度由政府主导，既是赋予政府监督、管理的权利，更多的是课以财政支持、监督管理、宣传引导等多方面的义务。只有充分利用政府与商业保险公司既有资源所形成的合力，才有可能在短期内建立起具有可行性的巨灾保险制度。

（三）损害填补与限额给付相结合原则

1. 内涵

损害填补与限额给付相结合，是指巨灾保险保险人应对投保人保险利益之损失予以补偿，但须设置限额与免赔额的准则。

此原则主要确定巨灾保险的给付标准。

2. 理论基础

损害填补与限额给付相结合，体现了正义价值的要求，借对形式正义的突破来实现实质正义的要求。损害填补是对公民财产安全权、受偿权的保护，限额给付则是对保险人经营保障权的维护，充分体现了个体正义；同时，损害填补是对保险人的规制，限额给付是对投保人的限制，通过对个体利益的限制，更大程度地实现了公共利益，体现了社会正义。

损害填补与限额给付相结合，体现了秩序价值的要求。损害填补，是通过巨灾保险法律制度对巨灾保险法律关系的调整，使得巨灾保险合同受到法律保护。在灾害发生后，保险人依据合同向被保险人支付保险金，实现了巨灾保险法律积极结果的维护——投保人财产安全得到保障，灾后获得赔付。同时，社会经济秩序得以维护和修复。限额给付更多的是对保险人营业安全和偿付能力的保障，是对巨灾保险市场秩序的稳定，也是损害得以填补的前提。二者的结合，实现了对社会经济秩序的维护。

损害填补，追求的就是效率价值，是为了提高救灾效率。同时，投保人给付保险费，灾后能迅速得到赔付，也是资金应用效率的体现。损害填补与限额给付相结合的赔付标准，更是体现了效率价值的要求。只有保证了保险人的赔付能力，才可能实现对被保险人损害的填补，整个市场运行、巨灾风险管理效率才可能真正得到提高。

3. 现实条件

损害填补是满足民众基本生活需要、保障民生的需要。巨灾保险的保险标的是以家庭住宅为主的家庭基本财产，也正是民众最基本的生活需求。灾害发生后，保险公司能够以最快速度，根据保险合同，给予被保险人一定的经济补偿，减轻受灾民众的经济负担和心理压力，帮助他们进行灾后家园重建，恢复生产生活。

由于巨灾风险具有损失巨大及损失高度相关的特点，某一次巨灾所造成的损失就很可能对一国的巨灾保险行业产生灾难性的打击，甚至威胁一国的经济发展全局，因此现有巨灾保险法律制度大多设置有赔偿限额及免赔额。同时，实行限额给付也是基于我国国家经济实力有限，保险业、再保险业抗风险能力不高的现实。我国经济实力还有限，保险市场发展水平不高，保险技术相对落后，专业人才相对匮乏，这严重制约了我国保险业的巨灾风险承保能力；加之再保险市场发展滞后，资本市场欠发达，这些都在一定程度上制约了巨灾保险的承保能力和风险抵御能力。因此，有必要借鉴其他国家和地区巨灾保险法律制度的相关设计，对巨灾保险实行限额给付，控制保险人经营风险，以保证巨灾保险制度能够有序、可持续地发挥防灾救灾功效。

4. 法律依据

损害填补体现了诚实信用原则，与限额给付相结合，更是立法之科学原则的体现。

从其他国家和地区相关法律制度来看，大多数国家和地区设立巨灾保险制度的初衷及最终目的就是保障民众基本生活之需要。同时，其他国家和地区现有巨灾保险法律制度大多设置有赔偿限额及免赔额。这也是为了保证保险业的偿付能力，更好地实现损害填补。

（四）效率提高与风险控制相结合原则

1. 内涵

效率提高与风险控制相结合，是指在巨灾保险立法与实施过程中，既必须坚持分散巨灾风险、提高减灾救灾效率的原则，又要从国家经济社会秩序出发，严格控制投保人、保险业、监管人的风险。

效率提高，主要是针对以往主要依靠政府财政救助模式的局限性而言的。主要依靠政府财力进行防灾、救灾，必然导致巨额的财政负担，且资金补偿效率低。

风险控制，主要是针对巨灾风险的特征、我国民众的风险意识淡薄而言。

2. 理论基础

效率提高与风险控制相结合，体现了正义价值的要求。提高防灾救灾效率、控制社会经济风险，充分体现了社会正义价值。对投保人、保险人风险的控制与管理，既是对其权益的保障，体现了个体正义，又是对其自由的限制，体现了巨灾保险法的社会正义和实质正义倾向。

效率提高与风险控制相结合，体现了秩序价值的要求。防灾救灾效率的提升，有利于社会经济秩序的维护和恢复；同时也需要规范的巨灾保险市场秩序提供保障。而风险控制是建立规范的巨灾保险秩序的必要条件和有效途径。也就是说，风险控制是提高效率的前提与基础，也是巨灾保险的可持续发展的基础之一。

效率提高与风险控制相结合，体现了效率价值的要求。效率提高，主要体现了效率价值。通过巨灾保险的介入，鼓励、督促住宅建筑防灾措施的强化，提高了防灾效率；巨灾保险将对民众基本生活需要的住宅财产安全最大程度的予以实现，在受灾后迅速理赔，提高了灾后救济效率；巨灾保险将一部分财政资金从灾后救济中解放出来，投放到灾中救助中去，有效提高了抗灾救灾效率，提高了财政资金的补偿效率。

3. 现实条件

从救灾模式来看，以往巨灾发生后，我国主要依靠政府财政支出的救助模式，存在极大的局限性。巨额的财政负担低效的资金补偿效率，一直为人们所诟病。因此，充分发挥巨灾保险的功能，提高防灾救灾效率十分必要。

从风险意识来看，我国民众、相关机构风险意识不强，这突出反映在我国保险的投保率、覆盖面上。这既受限于我国经济发展水平与人民群众收入水平，又与民众的风险管理意识淡薄有很大关系。开展巨灾保险，势必会出现道德风险与逆向选择。同时，如不对保险人的经营风险加以有效管理和控制，将导致巨灾保险制度难以为继，某一次巨灾损失就可能导致整个巨灾保险市场崩溃，这也将直接诱发经济社会危机。为此，有必要对巨灾保险法律活动予以规制，通过规范的市场操作，来实现救灾效率的提高，起到良好的引导作用，刺激民众的参与热情和积极性，从而形成良性循环，进一步提高效率。在此过程中，对投保人、保险人、监管人的风险控制都十分重要且必要。

4. 法律依据

法治原则的要求。巨灾保险法律制度的目标是充分发挥巨灾保险功效，提高防灾救灾效率，但其手段和过程，究其根本，则是风险控制，这一原则贯穿了巨灾保险的始终。坚持效率提高与风险控制原则，是遵循立法的法治原则的要求，充分体现了法治精神。

从其他国家和地区现有巨灾保险法律来看，各个国家和地区大都通过相关制度设计，充分体现了效率提高与风险控制原则，尤其是较为完善的风险控制原则，保证了救灾效率的提高。

（五）保障民生与公共利益相结合原则

1. 内涵

保障民生与公共利益相结合，是指巨灾保险法律活动既要保护巨灾保险活动投保人的合法权益，提高其巨灾风险抵御能力，灾后迅速启动赔付程序，保障民众基本生活需要；又要通过加强巨灾保险业的监督管理，维护社会经济秩序和社会公共利益，保证社会经济秩序在受到巨灾冲击后，尽快恢复正常。

2. 理论基础

巨灾保险法的保障民生与公共利益相结合原则，充分体现了巨灾保险立法的目的，是巨灾保险法价值目标之最终体现。

保障民生与公共利益相结合，体现了正义价值的要求。保障民生，是对个体正义的追求，实现公共利益，是社会正义的体现。保障民生是实现公共利益的前提和基础，公共利益的实现是民生保障的保证。

保障民生与公共利益相结合，体现了秩序价值的要求。保障民生，是对投保人权益的保障，也是对巨灾保险法律结果的维护。公共利益，则是对经济社会秩序的维护，两者都充分体现了巨灾保险法对秩序价值的追求。

保障民生与公共利益相结合，体现了效率价值的要求。巨灾保险法通过对当事人权利义务的合理配置，实现了社会资源的配置优化。保障民生，实质上实现了经济补偿目标，而社会公共利益——社会经济秩序的维护，体现了社会效率，提高了救灾效率，并创设出高效的风险管理模式。

3. 现实条件

巨灾对社会经济秩序的冲击。巨灾相关度大，损失程度大，其造成的直接损失与间接损失很容易对当地甚至整个国家的经济秩序造成严重影响。也正因为如此，大灾过后，往往会产生一定程度的社会混乱，受灾民众承受了巨大的经济、精神的双重损害和压力，也很容易诱发一些社会风险。巨灾保险制度有效分散了巨灾风险，将风险交予多方承担，缓解了巨灾损失的冲击力，使经济秩序能迅速返回正轨，对于稳定民心、维护社会秩序也有着显著的贡献。

4. 法律依据

保障民生与公共利益相结合，是立法之法治原则的要求，是从国家的整体利益出发，充分考虑和维护人民群众的利益，保障民生的客观要求。

第五章　我国巨灾保险立法之设计

第一节　立法体例

一、其他国家和地区法律制度之考察

（一）单项立法

所谓单项立法，是指针对境内最主要的巨灾风险单独立法。单项立法有两个要求，一是单独立法，二是承保对象为单一风险。目前实行单项立法的有日本地震保险、美国洪水保险、土耳其地震保险等。

日本所面临的巨灾风险主要是地震，造成损失最大的也是地震风险，所以日本巨灾保险立法只针对地震风险单独立法。从 1934 年《地震保险制度纲要》的探索，到 1966 年《地震保险法》对地震保险法律制度的确立，再到后来的历次修改，日本的系列巨灾保险法律一直沿着地震这个单一风险的主线单项立法，最终构成了较为完善的地震保险法律体系，为日本地震保险的创立、运行和完善奠定了坚实的基础。

美国洪水保险也是针对洪水灾害这一风险单独立法。主干法律为 1968 年《全国洪水保险法》、1969 年《国家洪水保险计划》、1973 年《洪水灾害防御法》，后有 1977 年《洪水保险计划修正案》、1994 年《国家洪水保险改革法》、2004 年《国家洪水保险改革法》、2007 年《洪水保险改革与现代化法案》等修正案。这一系列法令构成了美国洪水保险法律制度体系。另外，美国洪水保险计划也是美国唯一在全国范围内推行的巨灾保险法律制度。

土耳其地震保险以 2000 年《强制地震保险法令》为法律基础而建立。承保风险为单风险，即地震风险。承保范围包括地震、地震所引发的火灾、爆炸以及滑坡等。

（二）综合立法

所谓综合立法，是指以多种巨灾风险为承保对象的单独的巨灾保险立法。综合立法也需满足两个要求：一是以多风险为承保对象，基本涵盖境内所有的巨灾风险；二是单独立法。目前实行综合立法的有新西兰地震保险、法国巨灾保险、挪威巨灾保险、西班牙巨灾保险等。

新西兰是第一个对巨灾保险立法并真正实施的国家。从 1944 年《地震与战争损害法案》到 1993 年《地震保险委员会法案》，再到 1998 年《地震保险委员会修正案》，一系列法案对巨灾保险予以规范和完善。新西兰巨灾保险虽以地震保险为名，但其承保范围包括地震、海啸、地层滑动、火山喷发及地热等风险，实为综合立法。

法国巨灾保险为 1982 年《自然灾害保险补偿制度》所确立，其后，1990 年"NO. 90-509 法案"、1992 年"NO. 92-665 法案"、2002 年"NO. 2002-276 法案"等法令对之多次修订完善。其巨灾保险承保范围已经扩散为地震、洪水、火山爆发、海啸、地陷、山体滑坡、风暴等七类巨灾风险。

挪威巨灾保险制度以《挪威自然灾害共保规则》《自然灾害保险法》为核心，承保风险包含山体滑坡、洪水、暴风雨、地震和火山爆发等五种自然风险。

西班牙巨灾保险法律制度以 1990 年第 21 号法案为基础，1995 年第 30 号法案为补充。其承保风险亦为多风险，包含地震、洪水、台风等自然灾害以及社会政治风险。

（三）补充立法

所谓补充立法，[①] 是指通过对既有法律法规的修订，增加巨灾保险的相关内容。补充立法对承保风险没有特殊要求，但从现有法律制度来看，主要适用于单一风险。目前实行补充立法的有美国加州地震保险、我国台湾地区地震保险等。

美国加州地震保险为补充立法，其主要通过对《加州保险法》之补充、修订而完成。最早见于 1984 年《强制提供法案》，强制要求保险人向投保人提供住宅地震保险，其后经过数次补充，仅 1996 年，加州议会就通过了 3 个有关加州地震保险局的《地震保险法修正案》。目前《加州保险法》在第二编第 8.5 章对地震保险予以规定。

我国台湾地区在所谓"保险法"中增加了地震保险的相关内容，并于

---

① 梁昊然等学者将补充立法称为修订型立法模式。

2001 年底公布了《财团法人住宅地震保险基金捐助章程》《财团法人住宅地震保险基金管理办法》《住宅地震保险共保及危险承担机制实施办法》等法令。

二、我国巨灾保险立法体例之选择——综合立法

目前，国内大多数学者支持单项立法模式，梁昊然、杨芸、张琳等学者认为，单项立法的难度较小，可操作性强，与我国实际情况相符。也有学者认为制定巨灾保险基本法（综合性巨灾保险法）为当务之急。① 本书对三种立法体例作简单评价，并对我国巨灾保险综合立法之必要性、可行性作简要探讨，认为综合立法模式是当前我国巨灾保险立法的最佳选择。②

（一）综合立法之优势

1. 补充立法之利弊

补充立法的优势在于立法成本小，难度较低，便于修订。但补充立法也存在一些弊端。

从立法层次来看，补充立法是以修订案的方式，在既有法中增加巨灾保险内容，依附于既有法，而非单独立法，所以立法层次不高，很难形成巨灾保险立法的制度化、体系化。

从适用范围来看，补充立法更适用于较小地域空间内、风险单一的巨灾保险立法。美国加州地震保险、我国台湾地区地震保险都仅适用于该地区，承保风险为单一风险——地震，所以，仅用补充立法的方式就能满足巨灾保险对立法的要求。

对于地域广阔、风险种类较多的国家和地区而言，补充立法模式并非好的选择。所以我们首先将补充立法模式予以排除。

---

① 黄军辉认为，我国可以进行统一的原则性立法，制定巨型灾害保险方面的基本法律。参见：黄军辉. 巨型灾害保险法律制度的构建 [J]. 国家检察官学院学报，2007（3）：136. 刘春华等学者也持此种观点。参见：刘春华. 巨灾保险制度国际比较及对我国的启示 [D]. 厦门：厦门大学，2009：43.

② 对于巨灾保险立法模式，课题组成员之间也有过多种意见。覃远春博士认为，目前已有《保险法》，不适宜并列搞一个巨灾保险法（社会保险法与保险法当然可以并列，因为性质不一样），是不是在保险法之下将其修改为《巨灾保险条例》（因为虽然有强制性，但本质上有商业保险的因素，可以作为《保险法》的下位法，作为授权立法较妥），如果《保险法》不能涵盖的，可以修改《保险法》个别条文以涵盖，增加诸如"巨灾保险的具体规范，由 XXX 另行制定条例规定"的条文。从目前学界的研究动态与保监会的观点来看，作为授权立法，制定《巨灾保险条例》基本达成共识。但本书认为，综合性巨灾保险远比农业保险、农房保险复杂，操作难度更大，如果仅仅是行政立法或部门规章，很可能难以确保该法律制度的权威性，仍然有必要制定巨灾保险基本法——《巨灾保险法》，这是巨灾保险立法的方向，也是巨灾保险立法的必然结果。

2. 单项立法之利弊

单项立法模式下的巨灾保险制度，以单一巨灾风险为承保对象，目标明确，具有立法难度相对较小的优势，且能对各项制度较为清晰地表达，对巨灾保险法律活动能够很明确地予以规范，国外巨灾保险立法多有采用此模式者，故为学界所认可。

事实上，单项立法同样存在一些弊端，尤其是在我国这样地域广阔、灾情复杂的国家和地区，表现得更为明显。由于单项立法只针对某种巨灾风险而设置，其适用面较为狭窄，只有该风险存在的那些地区才可能推行该保险，否则对其他无风险地区民众显失公平。以地震为例，一般情况下，只有处于地震带附近，才可能有地震风险发生，如果相隔甚远，即使地震发生，影响也较小，对地震保险的需求也相对较少。如此，地震保险的投保群体就仅限于有可能造成严重损害的地区，适用空间较小，即使强制性要求民众投保，必然造成公共利益与个体正义的冲突，因此也不可能在全国范围内推行。台风风险同样如此，台风影响范围一般限于沿海地区，内陆省市少有波及，也就不可能在内陆地区推行台风保险。

本书认为，针对不同风险分别单项立法，的确解决了我国灾情复杂、各地巨灾存在差异的问题，但各类巨灾产品各行其是，是否都能有较高的投保率，有足够的偿付能力，从而达到预期效果？会不会对投保人经济承受能力和投保意愿造成不良影响？尤其是某些地区，本身就面临多种巨灾风险，地震、洪水、飓风等都有可能发生，如果都采取单项立法，针对各种单一风险推出各自的巨灾保险产品，投保人是否必须购买所有这些巨灾保险？这难免违背巨灾保险立法之科学原则，有损公平正义。此种情形下，只有采用综合立法模式，先行制定巨灾保险基本法，对各地、各种巨灾风险进行统筹安排、分类指导，方能解决这个难题。

3. 综合立法之优势

如学界所言，综合立法模式由于涉及多种巨灾风险，巨灾数据搜集难度大，立法技术要求高，因而难度相对较大，而且作为基本法，需要制定大量的配套法规作为支撑，因此，在短时期内很难形成法律体系，有效推行巨灾保险。

但是，综合性巨灾保险立法却具有补充立法、单项立法所没有的优势。先行制定巨灾保险基本法，对各地、各种巨灾风险进行统筹安排、分类指导，能够扩大巨灾保险保障范围，更大程度实现公共利益；大幅提高巨灾保险投保率，增强巨灾保险偿付能力；允许各地因地制宜，体现了立法之科学原则；较完美地实现了巨灾保险法律制度的正义、秩序、效率、安全、幸福等诸价值目标。这也是目前我国保监会选择首先制定综合性的《巨灾保险条例》之原因所在。①

（1）充分展现了巨灾保险立法之价值

坚持综合立法，是形式正义的要求，使得立法程序、法律制度本身具有正义价值。坚持分类指导，充分体现了实质正义，是在坚持形式正义的基础上，结合各地具体情况，去实现实质正义，真正达到保障民生、维护公共利益的目标。

坚持综合立法，能够更好地实现秩序价值。通过综合立法，从国家层面对本国地域内的巨灾风险予以管理，对巨灾保险法律关系、当事人的权利、义务、地位等予以确认，从而实现对社会经济秩序的规范，是秩序价值的要求。综合立法坚持了立法的统一，避免了各地"各自为政"的乱象，也是对社会经济秩序、巨灾保险市场秩序的维护。

坚持综合立法，扩大了巨灾保险保障范围，提高了巨灾保险投保率，实现了效率价值。通过制定巨灾保险基本法，对各地、各种巨灾风险进行统筹安排，在全国范围内建立起高效、完善的巨灾保险制度，有效调动各地区政府、保险公司、人民群众的参与积极性，提高巨灾保险投保率，从而实现了巨灾保险立法之效率价值。

坚持综合立法，将中华人民共和国境内所有受到巨灾风险威胁的家庭住宅列为巨灾保险的保险标的，充分保障全国所有身处巨灾风险区域的民众的财产安全和受偿权，使其"损有所偿"，实现了巨灾保险立法的安全价值和民众的幸福价值。

（2）严格遵循了巨灾保险立法之原则

综合立法，是指巨灾保险立法过程中，由国家统一立法，对综合性巨灾保险予以规制；但在实施过程中，根据各地巨灾风险实际情况进行分类指导、规制的基本原则，遵循了综合立法与分类指导相结合的原则。

通过综合立法，将多种巨灾风险涵盖在内，从而起到总体指导的作用，是现实国情的需要，也是社会主义法制统一原则的要求。

通过立法，对巨灾保险法律活动予以规范，充分保障参与人的权利，体现了巨灾保险立法之法治原则。

---

① 从新闻报道及保监会人士言论得知，保监会更倾向于综合性立法，制定《巨灾保险条例》作为我国巨灾保险之基本法规。详见：欧阳晓红. 保监会正积极推动巨灾保险条例出台 两地已试点 [J]. 经济观察报，2013-10-12（01）.

巨灾保险法的分类指导原则，允许各地根据其自身状况，在坚持巨灾保险法总体原则的前提下，探索、确定适合本地区实际的巨灾保险经营模式，报请国务院批准后实施。这充分考量了我国国情、灾情，体现了立法之科学原则。

（二）综合立法之可行

1. 立法技术的日趋成熟

党的十一届三中全会以来，我国法制建设进入快速发展时期，立法技术日趋成熟，中国特色社会主义法律体系已经形成。虽然尚无专门的巨灾保险法律法规，但相关法律法规中对巨灾保险也有所规定。尽管有难度，但目前的立法技术基本上能够满足巨灾保险综合立法之需要。

2. 国外经验的有益借鉴

从现有巨灾保险立法来看，不少国家实行了综合立法，巨灾保险承保风险是多种类的，而非单类巨灾。新西兰地震保险最初以地震风险为承保对象，其后逐渐扩张到范围更大的自然灾害，如海啸、地层滑动、火山、地热等；英国巨灾保险虽以洪水保险为名，其承保风险却十分广泛，所有可能发生的巨灾风险都涵盖在内；法国自然灾害保险承保地震、洪水、火山、海啸、风暴等七类风险；挪威自然灾害保险承保山体滑坡、洪水、暴风雨、地震、火山等五种自然风险；西班牙巨灾保险承保地震、洪水、台风等自然灾害以及社会政治风险。

3. 国情灾情的现实需求

我国是单一制国家，坚持社会主义法制统一原则是所有立法的必然要求。但由于地域广阔，各地巨灾风险存在较大差异，因此，有必要在巨灾保险立法活动中，对这些可能造成巨灾损失、威胁社会经济发展的巨型自然灾害风险予以统筹管理，综合性立法势在必行；但又要考虑到各地的风险差异，予以分类指导，从而真正体现巨灾保险立法的科学合理原则。

（三）综合立法之原则

1. 综合立法

国家建立财政支持的巨灾保险制度，制定中华人民共和国巨灾保险法，明确巨灾保险法之立法目的、适用范围、基本原则、基本内容、法律责任，尤其是明确巨灾保险的承保风险、保险标的及强制性，对投保、赔付、监管过程予以确定，对巨灾保险基金的建立、管理予以明确，以其他相关法律、行政法规、部门规章、地方法规为配套，从而建立起具有中国特色的巨灾保险法律体系。①

2. 分类指导

分类指导是指基于各地区巨灾风险状况（风险种类、风险程度）存在的差距，巨灾保险法从总体上作了原则性要求，允许各省、自治区、直辖市人民政府根据本地巨灾风险状况，确定适合本地区实际的巨灾保险经营模式，制定相关条例及实施细则，但须报国务院审批，接受指导、监管。

第二节　运作模式

我国巨灾保险立法应坚持政府主导与商业运行相结合的运作模式。在巨灾保险法律活动中，巨灾保险仍以商业保险为基本形式，交由商业保险公司途径进行销售与理赔，实质上由政府对巨灾保险予以财政支持，并对其进行全面监督、管理和控制，以保障其顺利实施。

巨灾保险制度离不开政府的支持。对于所有开展巨灾保险的国家和地区而言，其目的是为了减轻政府财政压力，通过保险手段分散巨灾风险，能够在灾后迅速保障灾民基本生活之需要，或是灾后重建之需要，故多由政府推动并大力支持，也很难离开政府的介入与扶持。

同样，巨灾保险离不开商业保险公司的参与。从其他国家和地区现有的巨灾保险法律制度来看，不管政府所扮演的角色、风险分散与责任承担机制有何差异，都难以动摇以商业保险公司为主体进行承保与赔付的经营模式。同时，超出巨灾保险限额的保险需求，也可以通过购买商业保险予以满足。

本节对其他国家和地区现有巨灾保险法律制度中巨灾保险的运作模式予以总结，尤其是对政府与保险公司分别发挥的作用进行分析，进而论证我国巨灾保险立法中坚持政府主导与商业运行相结合的运作模式的必要性和可行性。

一、其他国家和地区法律制度之考察

（一）政府的作用

在其他国家和地区现有巨灾保险制度中，政府的支持一般体现在立法支持、参与管理、参与再保险、财政补贴、承担部分赔偿责任或是担保责任、防灾投入等方面。前文已有介绍，此处不再赘述。

---

① 黄蓉蓉. 中国巨灾保险体系探析［D］. 上海：华东师范大学，2009：34.

从总体上看，在其他国家和地区巨灾保险法律制度中，各个国家和地区的政府都承担有一定责任，承担了法定义务。就算是完全商业化运作的英国洪水保险计划，政府也承担有加大防洪投入和提供公共服务的义务。

（二）保险公司的作用

从其他国家和地区现有的巨灾保险法律制度来看，不管政府所扮演的角色、风险分散与责任承担机制有何差异，都难以动摇以商业保险公司为主体进行承保与赔付的经营模式。同时，超出巨灾保险限额的保险需求，也可以通过购买商业保险予以满足。一般说来，商业保险公司通过代售、参与保险、完全市场化三种方式参与巨灾保险，并提供基本巨灾保险之外的其他巨灾保险业务。①

1. 代售巨灾保险

保险公司代为销售巨灾保险，保费悉数上交，抽取一定手续费或佣金，灾害发生后，代为理赔。保险公司不承担风险和赔付责任。采用该模式的有美国洪水保险、新西兰地震保险、西班牙巨灾保险、土耳其地震保险等。

美国洪水保险由 NFIP 统一提供，但通过商业保险公司的途径予以销售和赔付，保险公司获得佣金；新西兰商业保险公司主要负责地震保险保费的代收代缴，并不承担赔偿责任；西班牙商业保险公司代为销售巨灾保险，抽取 5%的手续费，或根据被保险人请求，代为支付赔偿；土耳其境内所有商业保险公司必须提供地震保险，但仅仅只是中介机构，通过代售巨灾保险保单获得佣金，并将保单、保费移交 TCIP。

2. 承担部分风险

商业保险公司通过参与共保组织，或是购买带有政策性的低价再保险等方式分散巨灾风险，参与巨灾保险，承担部分赔付责任。采用该模式的有日本地震保险、加州地震保险、法国巨灾保险、挪威自然灾害保险、我国台湾地区地震保险等。

日本地震保险始终离不开商业保险公司的参与，即由财产保险公司承保，并对初级巨灾损失予以赔付；加州地震保险计划中，商业保险公司经营地震保险，加入到共保体；佛州则要求所有的保险公司必须承保飓风风险，并出资参加飓风巨灾基金；法国商业保险公司依法定费率承保后，自主选择是否向 CCR分保，然后根据自留比例承担赔付责任；挪威境内所有经营火险业务的保险公

---

① 英国、法国、西班牙除外。英国巨灾保险完全商业化；法国、西班牙巨灾保险基本等同于产险。

司强制参加共保体，承担一定风险；我国台湾地区商业保险公司参与共保，所有的产险公司必须提供地震基本保险，保费全数交给地震保险基金，依其认受成分，承担赔偿责任。

3. 承担完全责任

目前英国巨灾保险完全市场化运作，由承保公司承担完全赔付责任，政府不负任何担保、赔付责任。

4. 其他

各国、地区商业保险公司在政策性巨灾保险之外，提供其他商业性巨灾保险，以满足民众需求。

土耳其商业保险公司还可以承包 TCIP 的日常运营管理业务。

总的说来，其他国家和地区现有巨灾保险制度中，商业保险公司都发挥了极其重要的作用。巨灾保险制度的创立，离不开商业保险公司积累的专业知识和专业技术人才；商业保险公司的销售、理赔网络与巨灾保险相结合，能够在最短时间内将巨灾保险业务全面铺开；巨灾风险的分散和转移，也需要商业保险公司的积极参与。

二、我国巨灾保险运行模式之选择——政府主导、商业运行

（一）政府主导、商业运行之必要

1. 政府主导之必要性

（1）综合性巨灾保险之需要

采用综合立法模式对巨灾保险立法，实施综合性巨灾保险，对政府的相关责任、义务提出了更高的要求。首先是配套法规、政策的制定。综合性巨灾保险涉及多风险、多领域、多部门，单靠证监会、国务院某部门很难完成相关法规、政策的制定，巨灾保险区划、保险费率、保费补贴标准等都需要保监会、财政、民政、住建、国土资源、农业、林业、地震局、气象局等有关部门、机构的密切配合，共同制定。其次是监督管理难度大。综合性巨灾保险的设计目标是覆盖全国，尽可能地把我国境内所有处于巨灾风险区内的居民住宅涵盖并予以保护，较之单项巨灾风险保险而言，地域更广，灾情更复杂，对巨灾保险的监督管理难度更大。仅仅依靠保监会单个机构的力量难免有些单薄。为此，需要从国家的层面出发，设置国家巨灾保险委员会，由国务院财政、民政、住建、农业、发展改革、税务等有关部门参与，保监会负责具体实施，对巨灾保险工作进行监督管理。最后就是综合性巨灾保险在实施过程中，由于各地灾情不一，在坚持综合立法的原则下，允许地方根据巨灾风险状况，可以确定适合

本地区实际的巨灾保险经营模式，制定相关条例及实施细则，报国务院审批后实施，这同样离不开政府的主导。

（2）强制性巨灾保险之需要

我国巨灾保险应当为强制性巨灾保险，其强制性的执行，需要政府的主导和支持。首先是投保人的强制性投保。按照巨灾保险法的要求，中华人民共和国境内所有处于巨灾风险区的居民住宅，应当投保强制性巨灾保险。而对投保人的强制性，需要民政部门、房屋登记部门、供电部门的配合。在我国巨灾保险法中，可以设置以下条款：

"居民住宅的所有人未按法律规定投保巨灾保险的，不得办理房屋登记手续，亦不得签订供电服务合同。

居民住宅的所有人未按法律规定投保巨灾保险期间发生地震等保险事故，保险人不承担赔偿责任，政府亦不对其房屋重建提供财政援助。"①

其次是保险人的强制承保义务。为了保证巨灾保险制度的实行，国家巨灾保险委员会有权要求境内财产保险公司从事巨灾保险业务。未经国家巨灾保险委员会批准，任何单位或者个人不得从事巨灾保险业务。同时，保险公司必须提供巨灾保险产品，投保人在投保时，被选择的保险公司不得拒绝或者拖延承保。在巨灾保险法中，同样设置有相关条款予以规范。

（3）政策性巨灾保险之需要

我国巨灾保险为政策性保险，因此，政府的主导十分重要且必要。我国地域宽广，巨灾频发，如若建立起完全市场化的巨灾保险，单靠商业保险公司和薄弱的再保险市场，根本无力承担巨额赔偿责任。而且，我国民众保险意识薄弱，收入并不高，很难让他们投入不菲的资金购买商业巨灾保险。在此情况下，政府必要的财政支持（如财政扶持、保费补贴、巨灾保险基金的初始资金与后续投入）就显得极为重要。2006 年，我国在《关于保险业改革发展的若干意见》中明确提出，要建立起国家财政支持的巨灾风险保险体系。这也阐明了在我国巨灾保险制度构建过程中，政府的主导不可或缺性。②

2. 政府主导与商业运行相结合之必要性

选择政府主导与商业运作相结合的运行模式，既是我国巨灾现状与经济实力的衡量结果，也是我国保险市场发展现状的客观要求。巨灾损失的多发性与财政力量的有限性，决定了我国巨灾保险不能走以往政府全盘负责的老路；而

---

① 此条款中供电合同内容的可行性还有待论证，作者另文论述。

② 何霖. 日本巨灾保险之进程与启示 [J]. 灾害学, 2013 (2)：188.

我国保险市场发展水平与保险经营水平离国际水平还有很大的差距，保险业抵御巨灾风险的能力还很薄弱，再保险市场也还处于初级阶段，巨灾风险完全交给市场，由商业保险公司予以承担，也极不现实；商业保险公司拥有丰富的保险业务经验和成熟的销售、理赔网络，并且拥有大量的保险专业知识和专业技术人才，这些都是政府在短期内所难以拥有的。

因此，巨灾保险制度的创立，离不开政府的主导和支持，也离不开商业保险公司积累的保险经验、销售渠道网络及其大量的专业知识和专业技术人才；商业保险公司的销售、理赔网络与政府力量相结合，能够在最短时间内将巨灾保险业务全面铺开；巨灾风险的分散和转移，也需要政府财力支持与商业保险公司的积极参与。

（二）政府主导、商业运行之可行

1. 国家经济实力的增强

改革开放以来，我国经济保持了长期的高速增长。到 2010 年，我国 GDP 总量为 397 983 亿元，超越日本成为全球第二大经济体，占全球经济比重超过 10%。2013 年，我国 GDP 已达 568 845 亿元。国家经济实力的增强，使得国家能够把更多的资金投入到防灾工程、前期试点、立法研究等基础性工作上去，对巨灾保险的财政支持也有了强有力的保障。国民收入实现快速增长，民众风险意识和保险意识得到提高，巨灾保险购买能力也有所提升。

2. 保险市场的快速发展

保险市场的发展水平在一定程度上决定了商业保险公司承保巨灾风险的能力，进而影响到政府的参与力度。20 世纪 90 年代以来，我国保险市场进入快速发展阶段。经过 20 多年的高速发展，我国保险市场实力大增。据保监会网站数据，2013 年，我国保险业实现原保险保费收入 1.72 万亿元，同比增长 11.2%；资金运用余额为 7.68 万亿元，较年初增长 12.15%；总资产 8.28 万亿元，较年初增长 12.7%；保险业利润总额为 991.4 亿元，营业利润率约为 4.75%，投资收益率 5.04%。此外，资产结构逐渐优化，抗风险能力得到有效提高；专业人才队伍建设取得一定成效，保险技术和经营能力快步提高。这为我国巨灾保险制度的推行奠定了一定的基础，使得巨灾保险商业运行具有可能性。

另外，尽管我国保险市场发展较快，保险密度和保险深度仍远低于世界平均水平，其巨灾风险承保能力较为有限。加之再保险市场发展滞后、资本市场欠发达，我国政府在巨灾保险体系中的深度参与和财政扶持具有必要性和必然性。

3. 其他国家和地区成功经验的启示

从其他国家和地区现有的巨灾保险法律制度来看，不管政府所扮演的角色、风险分散与责任承担机制有何差异，都难以动摇以商业保险公司为主进行承保与赔付的经营模式。同时，超出巨灾保险限额的保险需求，也可以通过购买商业保险予以满足。

（三）政府主导、商业运行之内容

1. 政府主导

（1）财政支持。国家支持发展多种形式的巨灾保险，健全政策性巨灾保险制度。县级以上人民政府将巨灾保险事业纳入国民经济和社会发展规划，给予必要的经费支持。居民投保的巨灾保险标的"属于财政给予保险费补贴范围的，由财政部门按照规定给予保险费补贴；鼓励地方人民政府采取由地方财政给予保险费补贴等措施，支持发展巨灾保险"。[①]

（2）组织实施。作为政策性保险，巨灾保险的实施离不开各级人民政府的组织。本书认为，应该由省级人民政府统一组织本行政区域内的巨灾保险具体规划与实施，建立健全推进巨灾保险发展的工作机制，市、县两级地方人民政府协调本地的巨灾保险工作。基层政府、群众性自治组织接受保险机构委托，协助办理巨灾保险业务。

（3）政策支持。国家通过优惠政策支持巨灾保险事业；国家支持保险机构建立适应巨灾保险业务发展需要的基层服务体系；国家鼓励金融机构对投保巨灾保险的居民加大信贷支持力度。

（4）配套建设。巨灾风险区划、风险评估、费率厘定、保费补贴等规则及实施需要政府的投入和推动。此外，还需要政府加大科技投入，提高我国主要的巨灾风险监控水平，加大防灾投入，提高建筑的抗风险能力，等等。[②]

（5）监督管理。加强中央人民政府的领导作用，强化巨灾风险管理功能，设置专门机构负责巨灾保险工作的监督管理。建议国务院成立国家巨灾保险委员会，对全国范围内巨灾保险业务、巨灾保险基金的运营实施管理监督。巨灾保险委员会由国务院保监会、财政、民政、住建、农业、国土资源、林业、地震局、气象局、发展改革、税务等有关部门人员组成，上述部门应当建立巨灾保险相关信息的共享机制，并按照各自的职责，负责巨灾保险推进、管理的相关工作。[③]

---

① 农业保险条例 [N]. 人民日报，2012-12-07（16）.
② 黄蓉蓉. 中国巨灾保险体系探析 [D]. 上海：华东师范大学，2009：34.
③ 农业保险条例 [N]. 人民日报，2012-12-07（16）.

国家巨灾保险委员会依法执行巨灾保险的总体运营计划，包括巨灾保险基金的运行、投资、再保险安排，负责灾后巨灾保险的损失赔偿。

（6）宣传引导。"国务院有关部门、机构和地方各级人民政府及其有关部门应当采取多种形式，加强对巨灾保险的宣传"，① 提高居民的保险意识，组织引导居民积极参加巨灾保险。

2. 商业运行

（1）我国巨灾保险应交由产险公司负责销售和理赔，充分运用产险公司较为成熟的经营技术、销售渠道网络与人才队伍，将巨灾保险尽快覆盖全国的巨灾风险区域。

（2）保险机构经营巨灾保险业务，应当符合一定条件，并经国务院保险监督管理机构依法批准。保险公司的巨灾保险业务，"应当与其他保险业务分开管理，单独立账、单独核算"，② 并应依照法律规定，将所有保费收入在扣除佣金后，全部缴纳给国家巨灾保险基金。

（3）除统一的政策性巨灾保险外，鼓励商业保险公司开发巨灾产品，如巨灾意外伤害保险、企业巨灾保险、家庭财产巨灾保险（政策性巨灾保险保额之外的），以满足民众对巨灾风险产品的不同需求。③

（4）理赔。巨灾保险基金承担巨灾保险赔付责任。巨灾发生后，先由保险公司代为处理灾后赔付业务。各商业保险公司根据自己所售保单进行理赔，在接到国家巨灾保险委员会、被保险人的通知后，应尽快组织查勘定损，主动办理理赔事宜。对不属于保险责任的，应当书面说明理由；对属于保险责任的，保险人应当在结果确认后，尽快与被保险人达成赔偿协议并支付保险金。

第三节　核心机构

一、核心机构的确定

（一）其他国家和地区法律制度之考察

如前文所述，根据政府参与程度的不同，其他国家和地区现有巨灾保险法律制度所确定的巨灾保险核心机构有政府专营、政府参与、市场机构三类；以

---

① 农业保险条例 [N]. 人民日报，2012-12-07（16）.
② 农业保险条例 [N]. 人民日报，2012-12-07（16）.
③ 黄蓉蓉. 中国巨灾保险体系探析 [D]. 上海：华东师范大学，2009：35.

机构性质论，有共保组织与非共保组织之分；以组织形式来看，可分为巨灾保险基金、再保险公司、专门机构、商业保险公司等。

1. 巨灾保险基金

美国洪水保险计划：美国洪水保险基金；

新西兰地震委员会：新西兰地震委员会及下设的地震保险基金；

佛罗里达飓风保险：佛罗里达飓风巨灾基金；

挪威自然灾害保险：挪威自然灾害基金；

土耳其巨灾保险：土耳其巨灾保险基金；

我国台湾地区地震保险：地震保险基金。

2. 再保险公司

日本地震保险：日本地震再保险公司（日本地震再保险株式会社）；

法国巨灾保险：法国中央再保险公司。

3. 专门机构

加州地震保险：加州地震保险局；

西班牙巨灾保险：西班牙保险赔偿联合会。

4. 商业保险公司

英国洪水保险：承保的商业保险公司。

（二）我国巨灾保险核心机构之选择——巨灾保险基金

任何制度的实施都需要核心管理机构的组织、管理，巨灾保险制度也不例外。在我国巨灾保险制度框架设计中，作为核心机构的国家巨灾保险基金居于中心地位，它由政府支持、管理；接受政府、社会监督；是巨灾保险的专营机构，负责提供巨灾保险，承担赔付责任；负责国内、国际市场的投资，以及向国内、国际再保险市场购买再保险，通过多种途径分散、转移风险，集合各方力量，提高抗风险能力，保证巨灾保险制度的正常运行和不断完善。

二、我国巨灾保险基金之设计

（一）巨灾保险基金之性质

1. 其他国家和地区法律制度之考察

从其他国家和地区巨灾保险基金的性质来看，无外乎共保机构、再保险机构、保险机构、风险分担机构四类。[①]

[①] 其实这种划分并不严谨，尤其是将风险分担机构单列，因为前面的共保机构、再保险机构都承担有风险分担职能。本书对巨灾保险基金的区分，只是基于其性质的侧重点，作粗略划分。

（1）共保机构

巨灾保险基金作为共保机构存在、运营，是各风险主体共同参与的风险共保体。此类有挪威自然灾害基金等。

挪威自然灾害基金（NNPP）成立于1980年，所有承保火险业务的挪威保险企业都强制成为保险共同体的一部分。有8位董事会人员，设有联络委员会、理赔委员会、审计委员会、再保险委员会、保费委员会等5个委员会，分别负责与国家自然灾害救助基金的联系、自然灾害理赔等工作。

（2）再保险机构

巨灾保险基金承担了再保险机构的功能，为直保公司提供再保险业务。此类有佛罗里达飓风巨灾基金等。

佛罗里达飓风巨灾基金（FHCF）由佛州管理委员会投资发起设立并监督、运作，要求在佛州的保险公司必须承保飓风灾害风险，并出资参加这一基金。

（3）保险机构

商业保险公司只负责代办巨灾保险业务，保单、保费都转交给巨灾保险基金，偿付责任由巨灾保险基金承担。此类有美国洪水保险基金、土耳其巨灾保险基金等。

美国政府建立了洪水保险基金，统筹国家洪水保险计划。NFIP 由全国洪水保险基金负责积累和管理资金。各社区申请参加该计划后，社区内民众可以购买参加"以你自己的名义"计划的保险公司所代售的洪水保险，保险公司将售出的保单和收取的保费全部交给洪水保险基金。洪水灾害赔付也由洪水保险基金支付。

土耳其巨灾保险基金（TCIP）成立于2000年，专门负责巨灾保险相关业务，是土耳其地震保险的专营机构。商业保险公司仅仅只是中介机构，通过代售巨灾保险保单获得佣金，并将保单、保费移交 TCIP。

（4）风险分担机构

此类巨灾保险基金并非保险、再保险机构，也不具有共保体性质，只是纯粹的巨灾风险分担体，在符合条件的情况下承担部分偿付责任，如新西兰自然灾害基金、我国台湾地区地震保险基金。

新西兰通过建立自然灾害基金，来保障保险金的支付能力。地震委员会将保费在扣除必要的费用后，成立自然灾害基金。该基金平日用于国内、国际市场的投资，以及向国内、国际再保险市场购买再保险。这里需要特别说明的是，新西兰地震保险运营主体是地震委员会，而非地震保险基金。

我国台湾地区地震保险基金（TREIP）成立于 2002 年，由台湾地区"保险业务发展基金管理委员会"捐助 2 000 万新台币建立。我国台湾地区地震保险有专门的共保体——"台湾住宅地震保险共同体"，承担 30 亿元新台币内即第一层的赔偿责任，超过这一数值的赔付由地震保险基金、台湾地区政府承担。

2. 我国巨灾保险基金的性质——专营保险机构

将我国巨灾保险基金界定为专营保险机构，符合我国国情，是我国财产保险市场发展水平的客观要求。

如前文所述，我国商业保险市场发展水平还不高，抗风险能力较低，偿付能力不强，在此情形下，让商业保险公司承担部分偿付责任，无论是让其参与共保，还是作为直保公司、由巨灾保险基金提供再保险，都有可能对其经营安全造成较为严重的影响，进而波及整个保险市场，影响国家经济社会秩序。

因此，为保障巨灾保险的偿付能力，提振投保人的投保信心，我们有必要在商业保险市场尚不发达的当下，由巨灾保险基金承担赔付责任，各商业保险公司只是代为经营巨灾保险业务，尔后将保单、保费转交给巨灾保险基金，由基金统一管理、开支。

我国巨灾保险法律法规应对巨灾保险基金的职责予以明确：提供巨灾保险，负责巨灾保险赔偿。接收直接保险公司转移来的巨灾保险保单，按照风险分散原则，在国内外再保险市场进行分保；通过保险风险证券化，实现巨灾风险向资本市场转移。如果保险赔付超过基金数额，政府将出资补充部分。①

（二）巨灾保险基金之来源

1. 其他国家和地区法律制度之考察

（1）巨灾保险基金

美国洪水保险基金：NFIP 的资金来源于保单收入、政府拨款、投资红利以及必要时期的临时性财政借贷。

佛罗里达飓风巨灾基金：该基金的资金主要来源是保险公司在留足自留额后向其支付的分保费、紧急征费、基金的投资收益等，在资金不足时经过批准还可以发债，特殊情况下还可以向保单持有人紧急征集 10%上限的资金。

新西兰地震保险基金：保险费扣除必要的费用。另外还有政府拨款、国外再保险赔付等。

挪威自然灾害基金：保费收入、投资收入等。

---

① 杨芸. 中国巨灾保险制度构建的探析 [D]. 合肥：安徽大学，2010：32-33.

土耳其巨灾保险基金：TCIP 的资金来源于保费收入、基金投资所得以及世界银行的资助，并无政府补贴或拨款。

我国台湾地区地震保险基金：TREIP 的资金来源于先期捐助经费、住宅地震保险保险费、资金运营收益、贷款、其他收入。政府不提供进行年度融资、补贴，但要提供担保。

（2）非基金组织

日本地震保险。JER 资金来源：保费收入、政府拨款。

西班牙巨灾保险。CCS 资金来源：保费收入、政府拨款并无限额担保。

法国自然灾害保险。CCR 资金来源：保费收入、政府无限额担保。

加州地震保险。CEA 资金主要来源：地震保险费、成员公司投入的资本金、借款、再保险摊回及资金运营收益。[①] 州政府不提供资金。

英国洪水保险。各商业保险公司：保费收入、投资所得及再保险赔付。无政府资金支持。

2. 我国巨灾保险基金之来源

我国巨灾保险基金的来源应当包括：

（1）国家财政划拨初始资金；

（2）各保险公司转交的巨灾保险的保费收入；

（3）各级人民政府提存的巨灾保险责任准备金；

（4）巨灾保险基金孳息；

（5）国家临时性财政拨款；

（6）社会捐助；

（7）其他资金。

（三）巨灾保险基金之运营

1. 其他国家和地区法律制度之考察

美国洪水保险基金：收取保费，支付赔款，进行投资，购买再保险，接收政府拨款，基金不足时向财政部临时借款并负责偿还本息，利用资本市场转移部分巨灾风险。享受免税待遇。

美国佛州飓风巨灾基金：向保险公司提供低价的再保险，不以赢利为目的，有免税资格，资金用于投资，紧急情况下发行收入债券，或向保单持有人进行紧急征费。

新西兰自然灾害基金：该基金平日用于国内、国际市场的投资，以及向国

---

① 冯文丽，王梅欣. 我国建立农业巨灾保险基金的对策［J］. 河北金融，2011（4）：7.

内、国际再保险市场购买再保险。灾后发生后，负责家财强制地震保险的损失赔偿。

挪威自然灾害基金：为每次巨灾风险购买了约为 8.75 亿欧元的再保险，负责与国家自然灾害救助基金的联系、自然灾害理赔等工作。

土耳其巨灾保险基金：接收商业保险公司移交的保单、保费，进行投资，基金的 50% 资产被要求在土耳其以外范围进行投资。大部分业务通过外包形式承包给商业保险公司负责。

我国台湾地区地震保险基金：最初交由"中央"再保险公司管理，2006年开始独立运作，依法管理地震风险相关事宜，向岛内外购买再保险、通过资本市场发行巨灾债券等，承担部分偿付责任。

2. 我国巨灾保险基金之运营

（1）巨灾保险基金应单独建账，独立核算，专款专用。

（2）巨灾保险基金为非营利机构，通过预算实现收支平衡。

（3）国家巨灾保险基金享受税收优惠。

（4）巨灾保险基金按照统筹层次设立预算。巨灾保险基金预算按照巨灾保险项目分别编制。巨灾保险基金预算、决算草案的编制、审核和批准，依照法律和国务院规定执行。

（5）巨灾保险基金应当购买一定比例的再保险。

（6）巨灾保险基金在保证安全的前提下，按照国务院规定投资运营实现保值增值。

（7）巨灾保险基金会应当定期向社会公布收入、支出、结余和收益情况。①

（四）巨灾保险基金之监管

1. 其他国家和地区法律制度之考察

美国洪水保险基金：由"联邦保险管理局"（FIA）和"减灾理事会"进行管理。

加州地震保险局：由加州地震局委员会监管。

佛罗里达飓风巨灾基金：由佛州管理委员会（SBA）管理。

挪威自然灾害基金：有 8 位董事会人员，设有 5 个委员会，负责具体工作。政府进行一些必要性管理。

---

① 本小节参考了社会保险法的相关规定。详见. 中华人民共和国社会保险法 [N]. 人民日报，2011-02-11（16）.

西班牙保险赔偿联合会：是隶属于西班牙经济部的独立法人，保险监管机关、国家审计机关对其业务进行审计。

土耳其巨灾保险基金：管理委员会是 TCIP 的直接管理机构。财政部负责 TCIP 的领导及监管。

我国台湾地区地震保险基金："行政院"金融监督管理委员会主管。

2. 我国巨灾保险基金之监管

（1）管理机构

本书认为，应加强中央人民政府的领导作用，强化巨灾风险管理功能，设置专门机构负责巨灾保险工作的监督管理。

监管机构：建议国务院下设巨灾保险委员会，对巨灾保险业务、巨灾保险基金的运营实施监督管理。巨灾保险委员会由保监会牵头，国务院财政、民政、住建、农业、国土资源、林业、地震局、气象局、发展改革、税务等有关部门人员组成。保监会、财政、民政、住建、农业、发展改革、税务等有关部门按照各自的职责，负责巨灾保险监督、管理的具体工作。

监督机构：国务院成立由保险机构代表、投保人代表以及专家学者等组成的巨灾保险监督委员会，对巨灾保险工作提出咨询意见和建议，实施社会监督。

（2）监管规则

巨灾保险监督委员会依法对巨灾保险基金的收支、管理、投资运营进行监督检查。

财政部门、审计机关按照各自职责，对巨灾保险基金的收支、管理和投资运营情况实施监督。

巨灾保险委员会应当定期向巨灾保险监督委员会汇报巨灾保险基金的收支、管理和投资运营情况。国务院可以责成国家审计署对巨灾保险基金的收支、管理和投资运营情况进行年度审计和专项审计。审计结果应当向社会公开。

巨灾保险监督委员会发现巨灾保险基金收支、管理和投资运营中存在问题的，有权提出改正建议；对国家巨灾保险委员会及其工作人员的违法行为，有权向有关部门提出依法处理建议。①

---

① 中华人民共和国社会保险法 ［J］. 山东人力资源和社会保障，2011（11）：3.

第四节　保险方式

一、其他国家和地区法律制度之考察

目前，其他国家和地区巨灾保险法律制度对保险方式的规制，可分为自愿、强制、半强制三类。其区别主要在于强制对象与险种设计的不同。

（一）自愿

所谓自愿巨灾保险，是指投保人是否投巨灾保险由投保人自愿选择，保险人是否提供巨灾保险也由保险人自由决定，对投保人、保险人均无强制性要求。此类巨灾保险适用于保险市场高度发达、资金雄厚，民众保险意识和保险参与程度高的国家和地区。目前，仅有英国洪水保险采取了完全自愿的保险方式，交予市场自行决定，投保人可以自主选择保险公司的相关产品，保险公司也是自愿经营相关业务。从险种上看，自愿巨灾保险的险种设计也很灵活，既可以是单独险种，也可以附加于其他产险保单。

（二）强制

所谓强制巨灾保险，又可称为法定巨灾保险，是指由国家法令明确实施，保险公司负有提供巨灾保险保单的法律义务，财产所有人负有投保巨灾保险的法律义务，保险人和投保人均无自由选择权。目前采用此类保险方式的是土耳其地震保险，其投保人投保与保险人承保巨灾保险都是强制性的，负有法定义务。从险种上看，强制巨灾保险的险种设计为单独险种。

（三）半强制

所谓半强制巨灾保险，是指政府将巨灾保险强制附加于主保险保单上，或是将参加巨灾保险作为获得政府福利、救助、贷款的先决条件，以达到提高巨灾保险投保率的目的。目前，各个国家和地区大多采用半强制巨灾保险模式。日本巨灾保险原则上自动附加于火灾保险；美国加州地震保险、新西兰地震保险、挪威自然灾害保险、法国自然灾害保险都采用了强制自动附加模式，附加于住宅火灾保险；西班牙巨灾保险保单强制附加于所有财产保单；我国台湾地区地震保险比较特殊，即是强制自动附加于住宅火灾保险，又采取了先决条件模式，将购买已附加巨灾保险的住宅火灾险作为申请银行贷款的先决条件。半强制巨灾保险一般是以附加险的形式出现，主要附加于财产保险保单。

二、我国巨灾保险保险方式之选择——强制巨灾保险

（一）强制巨灾保险之必要

强制巨灾保险的意义在于扩展巨灾保险的可保性，提高投保率，增强保险人赔付能力，并促使民众减少对政府救灾的依赖心理，由"等、靠、求"转向自我风险管理，最后从"被迫投保"演化为"自愿投保"。就我国巨灾保险现状及发展前景而言，强制保险不失为一剂良方。

1. 扩展可保性

在传统保险理论中，必须满足纯粹的、偶然的、损失重大、符合大数原则、具有可保利益等条件的风险，方为可保性风险。巨灾风险并不符合传统保险理论中的可保条件，至少是不完全符合传统可保性理论。一般而言，对巨灾风险可保性的扩展，主要通过优化风险组合方式、增强偿付能力与风险匹配性两方面来实现。梁昊然认为，所谓风险组合方式，包括分保、共保、时空、替代性风险转移等可保性扩展方式。

就巨灾保险而言，其时间可保性、地域可保性都可以通过强制保险方式使得巨灾风险符合大数法则而得以扩展，最终一定程度上满足传统保险理论对可保风险的要求。所谓时间可保性扩展，是指风险在不同时间区域的分散。就保险公司而言，其某一年度某项业务所造成的亏损，能够利用其他年份的业务利润或是通过续保来得以弥补。所谓地域可保性扩展，是指风险在不同地域之间的分散。由于不同地区面临的风险种类、风险程度各有不同，在同一时间内同时发生同样的保险事故的概率偏低，所以某一地区风险造成的保险损失能够通过其他地区保险业务来加以弥补。也就是说，时间可保性、地域可保性就是在时间跨度、多地域间上运用大数法则对风险可保性予以扩展。强制巨灾保险恰恰能够满足上述要求。通过在保险年限、保险区域上对投保人的限制，巨灾风险的时间可保性与地域可保性得到充分的扩展，从而使巨灾保险一定程度上符合大数原则的要求，具有一定的可保性。

另外，偿付能力也制约着巨灾风险的可保性。同时，巨灾风险具有高相关度、高损失性的特点，巨灾一旦发生，涉及面广，损失极为惨重，赔付金额巨大，传统商业保险机制无法分摊其损失，极有可能严重影响保险公司经营的稳定。正是基于此，许多保险公司出于自身经营风险与偿付能力的考虑，一般只承保基于大量非巨灾风险保单的纯粹风险。因此，巨灾保险的顺利施行和健康发展，也必须解决保险人的偿付能力问题。强制性投保使得相关区域内住宅财产必须参保，这充分保证了保险人的保险金收入，再加上科学合理的风险转移

机制，极大地提高了保险人的偿付能力。

2. 提高投保率

所谓逆向选择，是指由于双方信息不对称而诱发的契约当事人作出损人利己的选择。就保险市场而言，逆向选择也是比较常见的。通常保险人根据平均风险程度来确定保险保费，而投保人则较可能出于自身风险程度和利益考虑，往往风险程度高的投保人会选择投保，而在风险程度较低的情况下认为没有投保的必要性，从而导致投保率下滑，风险单位减少，使得整个保险市场的风险程度提高。在巨灾保险领域，巨灾风险的特殊性使得出现逆向选择的可能性更大，而且这种逆向选择的几率提高还不仅限于投保人，对保险人来说亦是一样。如果采取自愿保险方式，投保人往往对自有财产的巨灾风险程度（自己保费投入与受灾可能性）多加衡量，最终因为风险程度较高而参保，因风险程度较低觉得不合算而弃保，甚至会因为持续一段时间内未发生巨灾而拒绝续保，从而导致仅有高风险地区和高风险时间段才有较高的巨灾保险需求，这必然导致巨灾风险单位数量不足，巨灾保险市场的效率低下，严重影响巨灾风险的时间可保性与地域可保性，巨灾保险市场赔付能力萎缩，抗风险能力减弱，巨灾保险很难达到预期效果。

强制保险较为完美地解决了投保人逆向选择导致投保率不高的难题。只要处于巨灾风险区，不论其风险程度高低，均须强制性投保巨灾保险，这样充分保证了巨灾保险的投保率；同时，又考量了地区间风险程度差异，在费率上有所差别，对低风险区予以费用降低，适当照顾了投保者的情绪，提高了投保人防灾减损的主动积极性。

3. 扩大产品供给

我国保险市场发展水平不高，保险技术相对落后，巨灾保险若完全商业化、自愿化，将会出现产品供给不足的问题。一方面，巨灾风险的特点决定了巨灾保险对保险技术的高要求，这恰恰是我国商业保险公司的短板之一，必然影响保险公司提供相关产品的效率。另一方面，逆向选择并非投保人所独有，在特殊情况下，保险人基于自身利益考量，同样会作出逆向选择。我国商业保险公司往往基于自身风险的考虑，对巨灾保险业务兴趣不大。尤其是曾经开办有巨灾保险业务的保险公司，因巨灾损失过大给公司造成严重影响之后，[①] 更是让以营利为目的的商业保险公司对巨灾风险望而却步。就算是开设有巨灾保险业务，保险人对自身利益的追求，必然会影响到投保人对巨灾保险的获取可

---

① 如洪水保险的实践。

能。完全商业化的巨灾保险，往往会出现保险人为规避风险、追求利润，在高风险地区退出巨灾保险业务或是提高保费，仅在低风险地区开展巨灾保险业务。同样，投保人出于自身所处地区风险高低的考虑，有选择性地参与，最终导致高风险地区的巨灾保险需求大增，低风险地区需求很小。在这种情形下，高风险地区的巨灾保险需求大，但保险人所提供的服务极少；低风险地区巨灾保险业务多，但投保人的需求很小，如此一来巨灾保险难以有效开展，进而影响到社会经济秩序的稳定。为了防止巨灾保险保险人与投保人的逆选择，法律只能对双方的个体利益予以一定的限制，要求保险公司必须提供巨灾保险保单，而特定范围内的特定财产则必须购买巨灾保险，如此有效地改善了巨灾保险市场的供需状况，使得高风险地区和低风险地区的保险产品供给趋于合理，并以财政支持等方式来推动巨灾保险的健康发展，从而更大程度地实现公共利益。

4. 提高民众风险意识

我国传统的巨灾救济以政府救助和民间慈善捐赠为主，尽管数额不会太大，但这种救济是免费的、无偿的，不需要民众再支付对价，因此很容易造成民众对政府、民间慈善救济"等、靠、要"的依赖心理。这无疑降低了民众的风险意识，降低了其防灾防损的主动性和积极性。① 不少人认为，与其花钱买保险，不如灾后"等政府、靠政府、求政府"，这也给巨灾保险制度的推行造成了不利的影响。美国洪水保险在自愿投保阶段同样面临过这样的问题，其最终选择了以参加洪水保险计划作为获得政府援助和贷款的先决条件，来对居民参保予以强制。我国巨灾保险法律制度设计中，对投保方式的强制化是很十分必要的，也可以借鉴美国洪水保险计划的设计，将参加巨灾保险作为政府援助的前提，断绝某些民众对政府救助的依赖心理，提高其自我风险管理意识；再通过合理的制度设计与保费补贴，让巨灾保险保险费用为大多数民众能承受，最终促使民众由"被迫投保"向"自愿投保"转变。

5. 实现公共利益必然性

如前文所述，巨灾保险法律制度具有一定的社会法属性，它不仅仅通过对投保人、保险人权利的维护来实现个体正义，更是通过对个体正义的实现来彰显社会正义，凸显社会利益。也就是说，巨灾保险法律制度既要体现契约自由原则以保障巨灾保险契约双方的利益，又要充分维护社会公共利益。如果是完全的契约自由，基于巨灾风险的特点和人类的趋利心理，必然导致保险人不愿

---

① 梁昊然. 论我国巨灾保险制度的法律构建 [D]. 长春：吉林大学，2013：133.

意提供巨灾保险服务，或是通过在高风险区减少业务量、提高保费等手段间接抵制巨灾保险业务；而投保人也会因为自身所在地区巨灾风险较低而拒绝购买巨灾保险，从而导致巨灾保险的供给与需求都大幅度萎缩，投保率低，保费收入少，赔付能力和抗风险能力也很难提高，也就难以达到有效分散风险的目的。当巨灾来临时，未投保的民众财产受损却难以得到补偿，投保人与保险人的利益也因为抗风险能力偏低而受损，社会经济风险加剧，社会公共利益受到损害。只有对契约双方加以制约，通过法律规定，强制保险人为民众提供巨灾保险业务，以满足民众保障自身财产的需要；而受到巨灾威胁的住宅所有人则必须购买巨灾保险，以此提高巨灾保险投保率，增加保费收入，壮大巨灾保险市场，提高巨灾保险市场的赔付能力和抗风险能力，才能实现对个体正义与社会正义的共同追求。因此，要维护社会公共利益，必然对契约双方当事人的权利和自由有所限制，尤其是对契约自由予以一定的限制，也就是我们所说的强制性。

（二）强制巨灾保险之可行

1. 民众收入水平提高

巨灾保险的强制性是建立在投保者具有一定经济实力的基础之上的。如果保险费用超过了投保人的经济承受力，势必会引发反向效果，"良法"也变成了"恶法"。也就是说，巨灾保险能够顺利推行，最起码的条件是，民众买得起，有能力购买。改革开放以来，我国经济保持了长期的高速增长，国民收入有了很大的提高，保险购买能力有所增强。根据世界银行公布的数据，我国2011年人均GDP为5 444.8美元（世界排名第84位），人均GNI为4 940美元（世界排名第114位），已跨入中等偏上收入国家。① 尽管与发达国家之间仍存在较大差距，但不可否认的是，我国民众对巨灾保险的经济承受力已经有了很大的提高，如果加以政府补贴，强制巨灾保险的实施也就极具可行性。

2. 民众风险意识增强

2008年以来，我国遭受了数次巨灾袭击，造成了巨大的经济损失与惨重的人员伤亡。受多次巨灾的刺激，民众对巨灾风险的严重性有了更为清醒的认识，风险意识有所增强，对保险的认识和接受度也有所提高。尤其是在对巨灾保险有一定了解的基础上，曾经遭受过巨灾风险的民众对巨灾保险的认可度较高，有较强的购买欲望，这也在一定程度上为巨灾保险的强制实施增加了可

---

① 资料来源：世界银行数据库，http：//databank. worldbank. org/databank/download/CNIPC. pdf. 转引自：我国人均国民收入的变化及展望 [EB/OL]. [2014-04-24]. 全球政务网，http：// www. govinfo. so/news_ info. php？ id＝32166.

行性。

3. 政府给予财政支持

从其他国家和地区现有巨灾保险法律制度来看，各国、地区政府均不同程度地给予了财政支持：日本政府主要通过保费补贴、参与再保险、承担部分巨灾损失等方式对地震保险予以支持；美国政府作为直接保险人、管理者和推动者，通过承担保险赔付责任、税务免除、费率贴补、特别拨款、提供有息贷款等方式推动洪水保险计划；加州地震保险地区间保费有交叉补贴；佛州飓风巨灾基金等由州政府强制推行，且享受所得税免税待遇；新西兰政府通过财政拨款、承担无限清偿责任等对地震保险予以支持；法国政府作为最后的再保险人，为巨灾保险提供最终赔付保证；西班牙政府在必要时划拨资金，对 CCS 的赔偿提供无限额担保；土耳其与我国台湾地区政府要为地震保险提供担保；等等。

巨灾保险离不开政府的支持，这既是由我国保险市场发展程度决定的，也是由我国的灾情、民情所决定的。我国民众保险意识淡薄，收入水平不高，很难让他们投入不菲的资金购买商业巨灾保险。在此情况下，政府必要的财政支持（如保费补贴）与宣传推动就显得极为重要。巨灾保险始终具有政策性和公益性，只有政府提供必要的财政支持，如财政建立巨灾保险基金、限额提取巨灾保险保证金、参与再保险、通过税收手段刺激市场热情等，[①] 提高巨灾保险的赔付能力和抗风险能力，充分保障保险人的经营安全；同时，通过保费补贴、费率交叉补贴等方式帮助民众参与巨灾保险，提高投保率，我国的巨灾保险法律制度才具有可操作性，强制巨灾保险也才能够顺利推行。

4. 保险赔付激励作用

基于巨灾风险的偶发性，投保人往往对巨灾损失抱有侥幸心理，即使强制其投保，投保人对巨灾保险的功效仍有疑虑，积极性不高，甚至有所抵触。在此情形下，其他国家和地区巨灾保险的成功范例和本国巨灾保险的先期试点就显得极为重要。其他国家和地区巨灾保险制度大多具有一定强制性，其巨灾保险在巨灾救济中也发挥有重要的作用，这使得民众对巨灾保险以及巨灾保险的强制性有了一定程度的了解；而本国在条件较为成熟的地区搞巨灾保险试点，其意义不仅仅在于对巨灾保险制度及其运行的探索，还能够通过灾后赔偿，对其他地区民众予以激励作用，让投保人既能够清醒地认识到巨灾风险的危险程度，又能够实实在在地看到巨灾保险在风险应对中所能发挥的巨大作用，从而

---

① 何霖. 日本巨灾保险之进程与启示 [J]. 灾害学，2013 (2)：190.

真正接受巨灾保险，为强制性巨灾保险的实施减少阻力。

（三）强制巨灾保险之原则

强制巨灾保险法律制度设计中，必须坚持以下原则：①

1. 权利限制原则

巨灾保险法须对保险合同当事人相关权利予以限制。一是契约自由的限制。巨灾保险合同双方当事人的契约自由都受到法律限制，即投保人失去投保选择之自由，只要符合法定条件就必须投保；保险人失去承保自由，必须提供巨灾保险产品并承保。二是合同内容的限制。巨灾保险为独立险种，实行统一的保险单和保险条款。保险单由国家巨灾保险委员会监制，保险条款由国家巨灾保险委员会在充分听取省、自治区、直辖市人民政府保监、财政、民政、住建、农业部门和居民代表意见的基础上拟订，保险单和保险条款不得擅作修改。巨灾保险基础费率由国家巨灾保险委员会按照巨灾保险业务总体上不盈利不亏损的原则，依照巨灾风险区划图及建筑物构造类别、使用年限厘定。保险公司不得私自调整保险费率。巨灾保险的保险金额和保险上限由国家巨灾保险委员会会同相关部门、地方政府设计制定。三是合同解除权的制约。在巨灾保险合同有效期内，"合同当事人不得因保险标的的危险程度发生变化增加保险费或者解除巨灾保险合同。但是，投保人对重要事项未履行如实告知义务、保险标的灭失的除外。"②

2. 非盈利原则

强制巨灾保险因其公共利益性，故须坚持非盈利原则。就自愿巨灾保险而言，由于完全交由市场运行管理，自然要充分保证保险人的盈利可能，才会激发保险人的参与热情，否则保险人出于自身利益考虑，拒绝承保巨灾风险。而强制性巨灾保险恰恰相反，不管强制性是针对投保人与保险人中之一方或即双方，其目的都是为了保护民众之基本利益，实现社会利益。强制巨灾保险中的保险人可以有盈利（保险人也可以选择自留部分风险，如果一直到保险期满没有巨灾发生，自然成为保险人之盈利），但不能以营利为目的，否则就与强制巨灾保险对公共利益的价值追求相悖。同时，强制性地要求投保人购买巨灾保险，政府也不断加大防灾投入及财政扶持，最终却使保险人盈利，岂不是将

---

① 本小节内容参考并借鉴了梁昊然的相关论述。梁昊然称之为"我国强制巨灾保险的规则设计"，从依法对当事人保险合同权利加以限制、以"无亏无盈"或微利保本为原则、合同内容的设置以满足投保人基本需求为目标三方面加以论述。详见梁昊然. 论我国巨灾保险制度的法律构建［D］. 长春：吉林大学，2013：137-139.

② 此处参考了《农业保险条例》。

民众与国家之财富来满足保险人之逐利目的？这显然有失公平正义。也正因为如此，所有实行强制性巨灾保险制度的国家，无论是完全强制性还是半强制性，都会在费率厘定时坚持非盈利原则，从而降低保费，减轻投保人的经济负担，促进民众的参与积极性。

3. 基本保护原则

强制巨灾保险仅为可能受灾之民众提供最基本的保护，而非完全、充分之需求满足。这是因为巨灾保险追求个体正义，但更倾向于社会正义，更着力于社会利益的实现。这也符合分配正义的要求，即尽管投保人社会地位、经济地位不平等，但其通过巨灾保险获得补偿的权利与机会是平等的，而且这种社会地位与经济利益的不平等，必须以满足"最弱者"——我们可以认为是收入最低者——的最大受惠度。也就是说，在巨灾保险法律领域，不管贫富差距，不论社会地位高低，民众都有着同等的机会，能够通过购买巨灾保险去保障自己家庭财产的安全，尽管该财产的总额可能存在很大的差距，但即使是收入最低者，其家庭财产仍然得到了基本保障。对于经济状况较好、对保险有着更多更高需求的民众，其需求可以通过商业保险来实现。

（四）强制巨灾保险之内容

强制保险基于强制对象的差别，可以分为广义和狭义的强制保险。① 广义的强制保险包括所有对保险契约当事人一方或多方有强制性规定的保险，狭义的强制保险则为法定保险，对投保人、保险人都有强制性要求。从现有巨灾保险法律制度来看，目前仅有英国是非强制性巨灾保险，土耳其实施的是狭义强制保险制度，其他国家和地区都是广义上的强制保险。在我国巨灾保险法律制度设计中，基于我国灾情、国情，有必要采取狭义巨灾保险，即法定保险模式，除了对巨灾保险的投保人的投保义务、保险人的承保义务以法律的形式予以明确外，还有必要对巨灾保险的监管人——政府的出资、监管义务予以规制。

1. 投保人负有投保义务

强制性巨灾保险的重点在于对投保人投保法定义务的规定。即"我国境内所有处于巨灾风险区域内的居民住宅所有人，应当投保强制性巨灾保险"。目前国内一些学者对投保人界定为我国境内所有居民住宅所有人，将强制性巨

---

① 狭义的强制保险即法定保险，由国家颁布法令强制参加，投保人与保险人都无拒绝之权利；广义的强制保险还包括对投保人、保险人单方强制性要求的保险。徐卫东. 保险法论 [M]. 长春：吉林大学出版社，2000：42. 转引自：梁昊然. 论我国巨灾保险制度的法律构建 [D]. 长春：吉林大学，2013：135.

灾保险覆盖到全国范围。① 基于我国地域广阔，灾情复杂，本书将保险覆盖范围谨慎地界定在"巨灾风险区域内"。由于我国保险市场尚不发达，保险覆盖率较低，民众保险意识薄弱，保险尤其是财产保险投保率较低，对投保人的投保义务予以明确，对于提高巨灾保险的投保率，增强保险业的赔付能力，促进巨灾保险市场的健康发展，具有至关重要的意义。同时，如果出于最大范围内分散风险的目的，简单地要求全国范围内的居民住宅都要投保巨灾保险，未免有失公平正义，因此，有必要借鉴美国洪水保险计划相关制度设计，对全国巨灾风险地域分区分级，对一定风险级别的地区要求强制性投保，而一些风险极低，甚至无巨灾风险的地区，不作强制性要求。

2. 保险人负有承保义务

在我国巨灾保险立法内容中，应对保险人的承保义务予以规制，以保证巨灾保险产品的供给和商业保险市场的参与。即"为了保证巨灾保险制度的实行，国家巨灾保险委员会有权要求境内财产保险公司从事巨灾保险业务"。② 如果不对保险人的承保义务加以确定，而仅仅只是要求投保人必须投保，那势必会出现保险公司出于自身风险考虑而拒绝提供巨灾保险业务的可能，市场供需难以达到平衡，强制性保险也就难以施行。从其他国家和地区巨灾保险法律制度来看，除了完全市场化的英国，其他各国、地区均对保险人的承保义务予以规制，不管是土耳其的独立保单，还是日本、新西兰、法国、我国台湾地区的强制性附加保单，都对保险人作出了强制性要求。有的国家和地区还要求域内所有财产保险公司必须提供巨灾保险业务。③ 当然，对保险人的承保予以强制，当以巨灾风险转移机制的科学化和巨灾保险保费的合理化为前提，由国家巨灾保险基金承担所有风险，商业保险公司在自愿的情况下可以承担部分风险及其相应的赔付责任。否则，保险人会因承保风险过大而退出市场，或是投保人因保费过高拒绝投保，使得强制性巨灾保险"流于形式"。④

---

① 梁昊然对投保人的强制义务设计为："中华人民共和国境内所有城镇居民住宅所有人，应当投保地震强制保险。"本书观点有三处差别，一是将地域缩小至"我国境内所有巨灾风险区域内"，二是巨灾保险涵盖城镇居民住宅和农村居民住宅，三是将承保风险扩展为多种类的综合性巨灾风险。梁昊然. 论我国巨灾保险制度的法律构建 [D]. 长春：吉林大学，2013：206.

② 梁昊然. 论我国巨灾保险制度的法律构建 [D]. 长春：吉林大学，2013：207.

③ 如挪威要求国内所有的产险公司必须加入巨灾风险共保体，提供巨灾保险保单；土耳其则要求国内所有的商业保险公司必须提供地震保险。

④ 梁昊然认为对于保险人承保的强制须以合理的保费为基础，否则保险人虽然负有经营巨灾保险的义务，但过于昂贵的巨灾保费也会使这种法定承保义务流于形式。梁昊然. 论我国巨灾保险制度的法律构建 [D]. 长春：吉林大学，2013：136.

3. 政府负有出资、监管义务

强制性巨灾保险制度，除了对投保人、保险人施以强制义务外，还须对政府的相关义务予以明确。我国巨灾保险制度的建立和实施，离不开政府的大力支持。首先是财政资助，包括经费支持、保费补贴、巨灾保险基金的建立、巨灾保险责任准备金的提取、巨灾赔付责任的承担，财政支持巨灾风险分散机制的建立，等等。其次是监督管理，由国家巨灾保险委员会、国务院保险监督管理机构对巨灾保险业务实施全面监督管理，包括对保险金额的确定、费率的厘定，以维护巨灾保险市场秩序。再次是政策支持，国家通过各种优惠政策支持巨灾保险事业，通过各种配套政策保障巨灾保险的实施，前者如税收优惠、信贷支持，后者如"居民住宅的所有人未按法律规定投保巨灾保险的，不得办理房屋登记手续，亦不得签订供电服务合同"的政策规定。最后是宣传引导，国务院有关部门、机构和地方各级人民政府及其有关部门应当采取多种形式，加强对巨灾保险的宣传，提高居民的保险意识，组织引导居民积极参加巨灾保险。

4. 设置独立险种

我国巨灾保险须是独立险种。设置独立险种，以主险单独投保是强制保险的表现形式之一，这是因为强制保险具有保险契约双方的强制性，所以无法将该保险附加于其他险种保单。就巨灾保险而言，大多数半强制性模式，尤其是对保险人承保义务的强制化，多通过强制附加的方式实现，即只要保险人经营财产保险，或者是与巨灾保险有着同一标的的，如住宅火险，就必须提供火险的附加险——巨灾保险。而狭义的强制性巨灾保险如果附加于其他产险，就会因为主险的非强制性而对投保人失去强制意义，或是强制投保人购买主险，这显然有违强制巨灾保险之初衷。

从我国保险业发展情况来看，我国保险市场虽然发展较快，但还不发达，尤其是保险密度、保险深度离世界平均水平还有差距，较之保险发达国家更是差距很大。国民收入水平不高，风险意识不强，对保险的认识还存在一定误区，投保积极性不高，保险覆盖率较低。在这种情况下，强制巨灾保险只能以独立险种的形式出现，如果附加于其他产险，势必造成强制性巨灾保险变为半强制性巨灾保险，对投保人的强制性将无法实现。

第五节　承保范围

一、承保风险

（一）其他国家和地区法律制度之考察

如前所述，现有巨灾保险法律制度对承保风险的规定有单风险与多风险两类，分别构成单风险巨灾保险与综合性巨灾保险。

1. 单风险

美国洪水保险：NFIP 主要针对洪水风险。

加州地震保险：承保风险为地震风险，但不包括地震引发的火灾和海啸风险。

土耳其地震保险：单风险——地震风险。承保范围包括地震、地震所引发的火灾、爆炸以及滑坡等。

我国台湾地区地震保险：地震及地震次生灾害所导致的直接损失。

2. 多风险

日本地震保险：主要对以地震、火山爆发、海啸。

佛罗里达飓风保险：为巨灾风暴、雹灾等风险提供保障。

新西兰地震保险：承保因地震、海啸、地层滑动、火山喷发及地热等风险，其承保的危险并不仅仅限于地震，[①] 已经扩张到范围更大的自然灾害。

英国洪水保险：承保风险广泛，即所有可能发生的巨灾风险，包括洪水、风暴等。

法国自然灾害保险：地震、洪水等七类风险所造成的直接损失。

挪威自然灾害保险：山体滑坡、洪水、暴风雨等五种自然风险。

西班牙巨灾保险：包含地震、洪水、台风等自然灾害以及社会政治风险，主要为直接损失。

（二）我国巨灾保险承保风险之选择——多风险

我国巨灾保险承保多风险之必要性，前文已有论及，此处不再重复。我国发生频次最高、分布范围最广、损失最为严重的重大自然灾害，分别是地震、洪涝、台风及旱灾。由于旱灾对居民住宅影响不大，主要对农业生产造成损

---

① 何霖. 我国巨灾保险制度构建之方向——以新西兰、日本两国为参照 [J]. 价值工程，2012（25）：288.

害，可以列入农业巨灾保险范畴，因此，我国巨灾保险承保风险至少应包括地震、洪涝、台风三类。

1. 地震

我国是世界上地震最活跃的国家之一。地震带主要分布在西南、新疆、华北和台湾等地区，具有频率高、分布广、强度大、震源浅、地区差异明显等特征。地震除了造成巨大人员伤亡外，对居民住宅的损害也极为突出。历史上的多次大地震，造成的损失之大，当居各类巨灾之首位。仅新中国成立以来，就有 1950 年西藏察隅 8.5 级地震、1966 年河北邢台 7.2 级地震、1970 年云南通海 7.7 级地震、1976 年河北唐山 7.8 级地震、1996 年云南丽江 7.0 级地震、2008 年四川汶川 8.0 级地震、2013 年四川芦山 7.0 级地震等多次巨型灾害，给人民群众的生命财产带来了惨重损失，对国民经济造成了很大的影响。以芦山地震为例，据四川省民政厅网站消息，截至 4 月 22 日 19 时统计，倒塌房屋 2.4 万余户、7.24 万余间，严重损房 8.53 万余户、29.56 万余间，一般损房 26.4 万余户、117.33 万余间。①

2. 洪涝

受纬度、地形、海陆分布等条件影响，气候变化十分复杂，我国洪水灾害极为频繁。1998 年的大洪灾几乎席卷了大半个中国，共有 29 个省区遭受了不同程度的洪涝灾害，直接经济损失高达 1 666 亿元。洪涝灾害对农业生产影响较大，也会给居民住宅造成严重损害。据民政部最新数据，2014 年 5 月 19 日以来，江南、华南和西南地区东部出现强降雨过程，2.5 万间房屋倒塌，5.2 万间不同程度损坏。②

3. 台风

我国东部沿海地区靠近西太平洋和印度洋海洋风暴区，极易发生严重台风、暴雨和风暴潮。我国过境台风大多产生于西太平洋区域，在东南沿海登陆，主要影响华南、华东两大区域，少数登陆华北、东北地区。根据国家减灾委数据，2013 年，台风"尤特"造成广东地区 3 989 间房屋倒塌，广西地区倒塌农房 1 080 间，严重损坏 1 677 间；台风"菲特"造成浙江等地直接经济损失达 631.4 亿元；"海燕"造成东南地区 313.3 万人受灾，900 余间房屋倒塌，8 500 余间不同程度损坏。

---

① 2013 年芦山地震. 维基百科 [EB/OL]. [2014-03-12]. http：//zh. wikipedia. org/wiki/ 2013 年雅安地震.

② 近期南方强降水过程造成 9 省 37 人死亡 6 人失踪 [EB/OL]. [2014-05-26]. 人民网，http：//society. people. com. cn/n/2014/0526/c1008-25066377.html.

二、保险标的

（一）其他国家和地区法律制度之考察

目前，现有巨灾保险法律制度对巨灾保险标的的规定大致有住宅及部分家庭财产、家庭财产及中小企业财产、宽泛的财产对象几类。

1. 住宅

巨灾保险标的仅限于居民住宅。目前土耳其、我国台湾地区采用此规定。

土耳其：承保对象为位于城市拥有个人独立产权的建筑物，强制保险范围仅限于建筑物本身的结构损失。

我国台湾地区：地震基本保险只保障住宅建筑物，将住宅内的家庭财产、企业建筑、公共建筑排除在外。

2. 住宅及部分家庭财产

日本地震保险：可保标的限定为居民居住的建筑物、生活用家庭财产。其他的店铺、写字楼、工厂不能纳入地震保险的承保范围。

加州地震保险：以投保人最基本的住宅为承保对象，主要包括住宅、家庭财产以及生活补助款。

佛罗里达飓风保险：承保对象较宽泛，但主要是住宅财产。

新西兰地震保险：个人财产，包括住宅和家庭财产。

挪威自然灾害保险：家庭财产，包括个人住宅、家庭财产。

3. 家庭、中小企业财产

英国洪水保险：承保对象为居民标准住宅、小型企业房屋财产。

美国洪水保险：承保对象以家庭财产和小型企业财产为主，大型企业财产未纳入承保范围。

4. 宽泛对象

法国自然灾害保险：承保对象包括个人住宅、家庭财产，企业房屋及财产，以及农村财产，基本等同于现有财产险。

西班牙巨灾保险：更为宽泛，巨灾保险依附于普通保单，承保对象除普通产险外，还包括人身险。

从现有立法来看，其他国家和地区巨灾保险大多将家庭财产、中小企业财产与大型企业财产加以区别，其承保对象也各有不同。但由于这些国家和地区设立巨灾保险制度的目的是保障民众基本生活之需要，加之企业财产赔付额度相对较大，往往各国（地区）都将住宅及家庭财产作为巨灾保险的保障重点。

（二）我国巨灾保险保险标的之选择——住宅建筑

1. 必要性

地震、洪涝、台风等巨型自然灾害，除了造成巨大人员伤亡外，对住宅建筑也造成破坏性损失，让受灾人居无定处，直接影响到受灾民众的生产生活。"2013 年，各类自然灾害共造成全国 38 818.7 万人次受灾，1 851 人死亡，433 人失踪，1 215 万人次紧急转移安置；87.5 万间房屋倒塌，770.3 万间房屋不同程度损坏"。[①]

在我国，住宅建筑和家庭财产是民众灾后生活的基本保障，也是受灾民众急需的生活资源。每次巨灾之后，国家都投入巨资用于灾民住宅维修、重建专项补贴。为此，有必要将我国巨灾保险的承保对象限于家庭财产，尤其是居民住宅。对于民众更高的巨灾保险需求，以及企业财产巨灾保险，可以通过商业保险的方式，完全商业化运作。

2. 内容安排

中华人民共和国境内所有处于巨灾风险区的居民住宅，应当投保强制性巨灾保险。居民其他财产、企业财产可以投保商业保险。

本书所称住宅，包括中华人民共和国境内的所有城镇居民住宅和农村居民住宅，是指全部或部分用于居住的建筑物，包括门、锁。车库、仓库等附属建筑物除外。部分用于营业部分用于居住的建筑物，仅用于居住的部分作为巨灾保险的标的。

三、保险金额

保险金额，即保额。我国《保险法》明文规定："保险金额是指保险人承担赔偿或者给付保险金责任的最高限额。"[②] 事实上，保险金额也是投保人对保险标的的实际投保金额。保险金额以保险价值为计算依据，[③] 保险金额的确定则是保费的计算依据。

保险价值，即保险标的内在的价值，一般以出险时的重置价值、市场价值等为确定标准。

---

① 周亮. 民政部国家减灾办发布 2013 年全国自然灾害基本情况 2013 年我国自然灾害较上年明显偏重 [N]. 中国保险报，2014-01-09（01）.

② 穰文仲. 保险金给付的有关问题 [J]. 中国保险，2003（6）：49.

③ 何睿，孙宏涛. 超额保险的法律规制 [J]. 金陵科技学院学报：社会科学版，2006（2）：5.

（一）其他国家和地区法律制度之考察

1. 以重置成本为标准

美国加州地震保险、土耳其地震保险、我国台湾地区地震保险对建筑物以重置成本为保险金额的确定标准。①

2. 以时价为标准

日本地震保险、法国巨灾保险、美国巨灾保险均以出险时家庭财产的市场价格（现金价值）为标准。日本地震保险附加于住宅或家庭财产保险，其保额在主险保额 30% 范围内确定。

（二）我国财产保险合同保险金额之考察

目前，我国保险法对保险金额的确定无明文规定，仅要求保险合同中包含保险金额内容。从实践来看，我国家庭财产保险与企业财产（限于固定资产）保险合同中，对保险金额的确定有所不同。

1. 家庭财产保险

在家财保险中，多以房屋、室内附属设备、室内装潢的保险价值为出险时的重置价值，保险金额由被保险人根据购置价或市场价自行确定，也可由投保人参照保险价值自行确定。② 也就是说，家庭财产保险条款中，保险金额由投保人与保险人协商确定，其确定标准有三种：购置价、市场价、重置价。

2. 企业财产保险

目前，我国企业财产保险合同中，关于固定资产的保险金额确定方式有三种，一是账面原值，二是账面原值加成数，三是重置重建价值。③ 将账面原值加成数作为保险金额时，须由被保险人与保险公司商定同意。

---

① 我国台湾地区《住宅地震保险共保及危险承担机制实施办法》第 6 条："本保险之保险金额以房屋之重置成本为计算基础，每户最高以新台币一百二十万元为限。"姚庆海. 巨灾风险损失补偿机制研究——兼论政府和市场在巨灾风险管理中的作用 [D]. 北京：中国人民银行金融研究所，2006：65.

② 中国人民财产保险股份有限公司《财产综合险条款（2009 版）》："保险标的的保险价值可以为出险时的重置价值、出险时的账面余额、出险时的市场价值或其他价值，由投保人与保险人协商确定，并在本保险合同中载明"，"保险金额由投保人参照保险价值自行确定，并在保险合同中载明"。中国人寿财产保险股份有限公司《家庭财产保险条款》规定："房屋及室内附属设备、室内装潢的保险金额由被保险人根据购置价或市场价自行确定。房屋及室内附属设备、室内装潢的保险价值为出险时的重置价值。"中国平安《家庭财产保险条款》："本保险合同的保险金额由投保人在投保时与保险人协商确定，并在保险单中载明。"高博. 浅析存货增值税的保险 [J]. 中国保险，2011（5）：25.

③ 中国人民保险公司《企业财产保险条款》第九条规定："固定资产可以按照账面原值投保，也可以由被保险人与本公司协商按账面原值加成数投保，也可以按重置重建价值投保"，"固定资产保险价值按出险时的重置价值确定"。

（三）我国巨灾保险保险金额之标准——重置成本

巨灾保险具有特殊性，由于是政策性保险，保费较低且有财政贴补，如果以市场价格作为保险金额和保险价值的确定标准，未免有失社会公益性。尤其是房地产市场价格失真的当下，倘若以购置价格或是市场价格为标准，都不能由保险价值的确定来体现巨灾保险的政策性、赔偿有限性。

因此，我国内地巨灾保险保险价值、保险金额的确定，有必要借鉴我国台湾地区地震保险之规定，以建筑物重置成本为保险金额之确定标准。

第六节　费率标准

所谓费率，是指投保人所缴纳的保费与保险人承担的保险金额（赔偿金额）的比率，是保险人核定保费的标准。费率由基本费率、附加费率两部分组成。① 保险金额的确定与费率的厘定，是巨灾保险制度的基础性内容，也是巨灾保险法律制度的重要规范对象，本节对我国巨灾保险费率的厘定相关问题作简要探讨。

一、其他国家和地区法律制度之考察

目前，其他国家和地区现有巨灾保险制度所实行的费率厘定规则有单一费率和差别费率两种。

（一）单一费率

单一费率即在全国（地区）范围内执行统一费率标准，并不考虑各区域、各保险标的的风险差异。目前，新西兰、法国、挪威、西班牙、我国台湾地区巨灾保险都采用了单一费率。

新西兰巨灾保险实行单一费率，目前，强制地震保险费率为万分之五。

法国巨灾保险执行统一的费率标准，不考虑地区风险高低差异。目前费率为基础保费的 12%。

---

① 基础费率，又称纯费率、净费率，是保险费率的主要部分，根据损失概率而确定。按纯费率收取的保险费叫纯保费，用于保险事故发生后对被保险人进行赔偿和给付。附加费率是保险费率的次要部分，按照附加费率收取的保险费叫附加保费。它是以保险人的营业费用为基础计算的，用于保险人的业务费用支出、手续费支出以及提供部分保险利润等。详见：毛大春. 论保险条款费率管理制度的完善——从《反垄断法》的视角 [G]. 中国保险学会首届学术年会论文集，2009：76.

挪威自然灾害保险，全国执行统一的费率标准，目前为 0.1%。

西班牙巨灾保险，全国执行统一的费率标准，但具体费率因保险标的而有所差异。详见前文。

我国台湾地区地震保险实行单一费率，其原因是地方小、数据缺乏，实行单一费率能够简化手续、便于操作。

（二）差别费率

差别费率即根据各地风险高低的差异性，厘定并执行相应的不同的费率标准。目前美国巨灾保险（包括洪水保险、加州地震保险、佛州飓风保险、农业巨灾保险）、日本地震保险、土耳其地震保险采用了差别费率。

美国洪水保险计划的费率由联邦政府统一制定，其依据是政府制定的洪水保险费率图。根据投保财产的区别而分为精算充足费率、贴补费率两种。"前者适用于百年一遇洪水风险区以外的居民，及其建筑在费率图制定后按照风险程度建造或改建的建筑；后者主要适用于美国洪水保险费率图制作前建造的老建筑"，[1] 其保费补助并非来自财政补贴，而是由美国洪水保险基金资助。另外，也有采用单一费率规则的特例。对于极少数部分尚未绘制出洪水保险费率图的社区，则采取单一费率规则。

加州地震保险采取差别费率。其厘定主要考量离地震带的距离、土质、建筑物状况等因素。为尽量降低地域间逆选择，全州各地分别设置有 19 种费率标准，并通过地区间交叉补贴来降低高风险地区的保费。

佛州飓风保险采取差别费率。"费率高低一方面由佛罗里达飓风损失预测委员会所认可的飓风损失模型所预测的飓风风险高低决定，另一方面又取决于每一个保险人所承保的住宅财产的保险价值、地理位置、建筑物结构、免赔与共保比例数量等因素。"[2]

日本地震保险采用的是差别费率规则。其根据《财产保险费率厘定团体法》规定，由财产保险费率厘定机构在标准费率基础上，根据区域等级、建筑物类型等，将地震保险费率分为基本费率（纯保险费率）与附加保险费率两个部分。基本费率主要依据地区级别（分为一类、二类、三类、四类地区）和建筑物结构（木质结构、非木质结构）来加以区别厘定。厘定原则是"不赔不赚"。

土耳其地震保险实行差别费率，根据各地地震区域、土地和建筑物结构的

---

① 梁昊然. 论我国巨灾保险制度的法律构建 [D]. 长春：吉林大学，2013：87.

② 夏益国. 佛罗里达飓风巨灾基金的运营及启示 [G]. 金融危机：监管与发展——北大赛瑟（CCISSR）论坛文集，2009：335.

风险类别进行划分。

（三）市场化费率

英国洪水保险则没有标准的费率，由商业保险公司在实际风险水平上精算确定，主要考量地区风险状况与建筑物状况。

二、我国巨灾保险费率标准之选择——差别费率

我国巨灾保险应实行差别费率。即由政府从总体上衡量全国范围内主要巨灾风险的大小，依据各地区风险差别、建筑物结构、抗灾能力的差别，分区分级制定全国巨灾风险费率图，并根据保险标的的防灾减损措施给予一定的保费折扣和优惠。①

（一）费率厘定之原则

在厘定巨灾保险费率时，应坚持充分、非盈利、公平、合理、稳定灵活及防损原则。

1. 充分原则

所谓充分原则，是指巨灾保险人所收取的保费足以支付巨灾保险金的赔付及合理的营业费用。也就是说，要尽量保证保险人的偿付能力。营业费用既包括保险公司的业务支出，也包括巨灾保险基金的运营费用。

2. 非盈利原则

所谓非盈利原则，是指坚持巨灾保险业务总体上不盈利不亏损的原则。由于巨灾保险业务秉承不盈利原则，且享受免税待遇，所以巨灾保险保费中不涉及保险人的营业利润、税收费用部分。

3. 公平原则

所谓公平原则，包括两个方面：一是保险费用须与保险赔付相对称；二是保险费用须与标的物风险状况相对称。

4. 合理原则

所谓合理原则，是指保险费率的厘定应坚持科学合理原则，须充分考量各地风险差异和民众收入水平。

5. 简明原则

巨灾保险费率图表必须简单明了，投保人很容易了解并接受。

6. 可持续发展原则

一方面，巨灾保险费率应当在一定时期内保持稳定，以保证保险人的信誉

---

① 杨芸. 中国巨灾保险制度构建的探析 [D]. 合肥：安徽大学，2010：36.

度和市场的稳定性；另一方面，根据巨灾保险人的盈亏状况、巨灾风险的变化等因素，适当加以调整，保持一定的灵活性，促进巨灾保险制度的可持续发展。

7. 防损原则

防损原则是指费率的制定应有利于促进投保人防灾防损。居民住宅结构类型或社区布局符合防灾减灾标准的或投保住宅进行了抗灾加固的，保险费率应当有所降低。

（二）差别费率之必要

在我国，不同的地区所面临的巨灾风险种类有所不同，各类风险强度亦有不同。因此，在制度设计过程中，我们有必要在对我国境内巨灾风险特点充分把握的基础上，选择差别费率，以确保公平公正，有效应对地域内的巨灾风险。

1. 我国国情灾情的要求

巨灾保险实行差别费率，是我国国情、灾情的客观要求。

（1）风险概率不等

我国国土面积居世界第四，幅员辽阔，灾情复杂。我国又是世界上自然灾害最严重的国家之一，其种类之多，强度之大，频次之高，损失之大，均列世界之前列。然而，我国各省市自然灾害的发生频次以及造成的损失是不均衡的。据国家减灾网数据，2008 年 1 月至 2013 年 6 月初，我国共发生自然灾害6 943次。从灾害类型看，其中洪涝灾害 2 585 次（37.25%）、风雹1 551次（22.34%）、低温冷冻、雪灾 760 次（10.94%）、地震 644 次（9.28%）、旱灾625 次（9.00%）、山体滑坡 326 次（4.70%）、台风 265 次（3.82%）。从行政区域看，四川 536 次（7.72%）、云南 447 次（6.44%）、贵州 342 次（4.92%）、重庆 269 次（3.87%），云贵川渝四省市占据22.95%的较大比例。有的省市自然灾害发生频次较小，损失也不严重。如若在全国范围内，不论风险状况，统一执行单一费率，必然引发投保人的逆向选择，导致巨灾保险投保率（尤其是在低风险地区）难以达到预期水平；即使推行强制性巨灾保险，也会导致投保人的投保意愿受到影响，甚至激发社会矛盾。

（2）收入水平不等

经过几十年的发展，我国虽已跻身经济大国之列，但并非经济强国，在宏观调控能力有待提高、人均收入水平偏低、投资区域发展失衡、收入差距有所拉大、产业结构不合理等方面存在很多问题。尤其是城乡收入差距、东部与中西部地区收入差距有所拉大。此种情形下，对巨灾保险费率的厘定须得慎重且合理。从巨灾保险的购买力看，城市居民、经济发达地区居民购买力强，农村居民、经济欠发达地区居民购买力偏弱。如果采用单一费率，费率过高，很容易给农村居民、经济欠发达地区居民造成一些经济负担；费率过低，又会导致巨灾保险保费收入的不足，影响到巨灾保险的偿付能力。

因此，在讨论巨灾保险费率厘定原则时，我们有必要充分考量我国的国情、灾情，权衡各地区之间的巨灾风险状况、经济发展水平、居民收入水平等因素，充分调动民众的投保主动性与积极性。

2. 科学立法原则的要求

立法之科学原则，就是要求立法要尊重客观规律和实际情况，克服主观任意性和盲目性。实行差别费率，正是我国巨灾保险立法之科学原则的基本要求。

巨灾保险费率厘定，须以科学性为指导，充分考量我国基本国情，在科学分析我国、国家经济实力巨灾风险状况与风险应对能力、民众经济承受力、保险市场发展水平等因素的基础上，充分考虑我国不同地区风险状况、民众收入的差异性，顾及全局与局部的关系，根据全国巨灾风险区划图，制定出全国巨灾保险费率图，在不同地区执行不同的费率标准；同时，要保证巨灾保险具有一定的灵活性，促进巨灾保险制度的可持续发展，使之能够随着市场经济的发展和巨灾风险的变化而与时俱进。

3. 法律价值目标的要求

执行差别费率，是法律正义价值的要求。通过立法，将费率厘定规则予以明确，制定出我国巨灾保险费率标准——全国巨灾保险费率图，确保了程序、制度上的正义，实现了形式正义价值。依据各地区实际情况执行差别费率，充分体现了实质正义，是在坚持形式正义的基础上，结合各地具体情况，真正达到了对民众财产安全保护的平等、公正性。

执行差别费率，有利于扩大巨灾保险保障范围，提高巨灾保险投保率，实现效率价值。通过差别费率，对各地、各种巨灾风险进行统筹安排，在全国范围内建立起高效、完善的巨灾保险制度，有效调动人民群众的参与积极性，提高巨灾保险投保率，从而实现巨灾保险立法之效率价值。

执行差别费率，既充分保障所有巨灾风险区域内民众的财产安全和受偿权，使其"损有所偿"，又充分考量各地差异，照顾低风险、低收入地区民众的经济实力，实现了巨灾保险立法的安全价值和民众的幸福价值。

（三）差别费率之厘定

1. 厘定主体

作为政策性保险，巨灾保险费率厘定主体为我国政府。应在国家巨灾保险委员会领导下，由国务院保监会会同财政、民政、住建、农业、国土资源、林业、地震局、气象局等部门及各保险公司参与厘定。

我国政府作为巨灾保险费率的厘定主体，是由巨灾保险的政策性、强制性所决定的。作为政策性、强制性保险，巨灾保险具有一定的公共产品属性，其费率就不能交由市场来决定，而是要由以保监会为主体的多个政府部门、机构共同厘定。

同时，巨灾保险费率的厘定离不开商业保险公司的配合和参与。商业保险公司有着大批专业人才和精算技术，可以参与各地巨灾风险数据的采集、分析，建立巨灾模型，为巨灾保险费率的厘定提供参考。

2. 厘定依据

（1）风险数据

对全国范围内巨灾风险数据的调查、分析，是厘定巨灾保险费率、推出巨灾保险产品的基础和前提。尤其是采取综合性巨灾保险模式，对巨灾风险的调查研究要求更高、难度更大。应在现有自然灾害区划图的基础上，对我国地震、洪水、台风等巨型自然灾害进行详细的数据采集、分析，根据风险概率、风险大小程度，绘制出全国巨灾风险区划图，划分出多个等级的风险区。[①] 对巨灾风险数据的充分考量，制定出合理的费率，能在一定程度上降低地域之间的逆向选择。

（2）建筑抗风险能力

所谓建筑抗风险能力，主要是对保险标的——住宅建筑物的土质、构造类别、使用年限、建筑质量、防灾加固措施等因素的考量，这些因素对建筑抗风险能力起着至关重要的作用，也对其保费费率造成了一定的影响。从其他国家和地区巨灾保险费率厘定规则来看，建筑状况占了极为重要的部分。日本地震保险基本费率除地区级别外，主要将建筑状况分为木质结构和非木质结构，在同一地区内，非木质结构建筑的基本费率远远低于木质结构建筑。

（3）经济水平

厘定我国巨灾保险费率时，应考虑我国经济发展整体水平和各地经济发展水平的相关影响。由于涉及保费贴补和巨灾保险基金等方面，财政投入将直接影响到巨灾保险的偿付能力，因此有必要对我国经济实力和财政收入情况进行充分考量；另外，由于城乡居民收入差距、东部与中西部地区收入差距、经济发达地区与欠发达地区居民收入差距有拉大趋势，为保证巨灾保险的购买力和覆盖率，有必要充分考量各地区之间的经济发展水平差异，制定出与我国经济

---

① 即使是以行政区划为界定的巨灾风险区划之中，仍要对风险程度予以区分，对离地震带的远近、离河流、湖泊的远近与地势高低等因素加以考量。

发展水平、民众收入水平相适应的费率标准。

3. 厘定程序

（1）绘制全国巨灾风险区划图

在 1~3 年内，分区、分批次完成对全国主要巨灾风险分布、强度的精确评估，[1] 并绘制出全国巨灾风险区划图。巨灾风险区划图由国家救灾委、国家防总、保监会、住建部、国家地震局、气象局以及其他有关部门参考《中华人民共和国防震减灾法》《中华人民共和国防洪法》《中华人民共和国水法》《地质灾害防治条例》等法律法规所依据的全国地震烈度区划图、地震动参数区划图、全国洪水区划图、全国洪水灾害危险程度区划图、暴雨巨灾风险区划图、江河湖泊流域区划、台风灾害风险区划图、地质灾害防治规划等绘制。

（2）制定全国巨灾保险费率图

在绘制出全国巨灾风险区划图的基础上，对建筑物土质、构造类别、使用年限、建筑质量、防灾加固措施等抗风险因素进行分析归类，综合地区风险区划与建筑物抗风险能力，参考经济发展水平，制定出全国巨灾保险费率图，作为我国巨灾保险费率的执行标准。

（3）评估与听证

为保证程序的合法性、内容的民主性，国家巨灾保险委员会在厘定保险费率时，应当聘请专业机构对拟定的费率标准进行评估，并举行听证会，[2] 听取居民代表、保险业界、学术界等社会各界的意见、建议。

（4）费率的调整

保险公司不得私自调整保险费率。如因风险变化或出现其他影响保险公司经营安全因素，确需调整的，须报国家巨灾保险委员会，由国家巨灾保险委员会议定调整。

巨灾保险费率调整较大的，须召开听证会。

第七节　保险给付

一、给付额度

由于巨灾风险"具有损失巨大及损失高度相关的特点，某一次巨灾所造

---

① 黄蓉蓉. 中国巨灾保险体系探析 [D]. 上海：华东师范大学，2009：38-39.
② 此处参考了：机动车交通事故责任强制保险条例 [J]. 新法规月刊，2006（6）.

成的损失就很可能对一国的巨灾保险行业带来灾难性的打击，甚至威胁一国的经济发展全局，因此现有巨灾保险法律制度大多设置有免赔额、保险限额"及总额限制。①

（一）其他国家和地区法律制度之考察

一般而言，巨灾保险给付限额主要包括设置免赔额、保险金额限额及单次巨灾给付总额限制三方面。有的国家和地区巨灾保险设有生活补助款（或称临时住宿费等），也有保障上限。

1. 给付限额

日本地震保险：保险金额以主险保额30%内确定，且有限额，建筑物限额5 000万日元，家庭财产限额1 000万日元；单次地震支付的总赔偿额上限为5.5万亿日元；建筑物损失3%的免赔额，家财损失则为10%。

美国洪水保险：居民住宅性房屋限额25万美元，室内财产限额10万美元；小型企业非住宅性房屋与室内财产各限额50万美元，免赔额均为500美元。对于重复损失建筑，NFIP设定的最高赔偿限额为1.5万美元。

加州地震保险：建筑物限额20万美元，15%的免赔额；生活补助限额2万美元，无自负额要求；土地保额限额1万美元；单次地震赔款限额105亿美元。

新西兰地震保险：住宅限额10万新元；个人财产限额2万新元。免赔则为房屋损失1%，财产损失200新元，土地损失10%。单次地震无总额限额，政府承担无限兜底责任。

法国巨灾保险未设置赔偿上限，但设置有免赔额，且以低免赔额为特色。免赔额由政府确定并不断调整，直保公司无权选择，也不能安排购回或以其他保险单吸收。2001年起，法国巨灾保险实施阶梯式免赔额。

挪威巨灾保险：每位被保险人每次事故所获赔偿最高不超过40.5万克朗。每位被保险人每次事故免赔额为0.8万克朗。单次灾害赔偿总额上限为125亿克朗。

西班牙巨灾保险：免赔额一般为10%；必要时可以提高到15%。

土耳其地震保险：赔偿限额为14万土耳其新里拉。

我国台湾地区地震保险：赔偿限额为150万新台币，临时住宿费20万新台币；单次地震最高赔偿总额限额为700亿新台币；无自负额要求。

2. 不限额

英国巨灾保险由于完全市场化运作，未设置保险限额和免赔额。

---

① 梁昊然. 论我国巨灾保险制度的法律构建 [D]. 长春：吉林大学，2013：107.

（二）我国巨灾保险给付额度之选择——给付限额

我国巨灾保险立法中，应对保险给付予以限制。具体而言，应设置一定比例的免赔额，单一保单保险金额限额，以及单次巨灾赔付总额限额。

1. 给付限额之必要性

（1）总体风险控制

由于巨灾损失的巨大性和不可预计性，巨灾保险制度设计中，必须贯彻风险控制原则。也就是说，既要对投保人可能发生的损失加以控制，又要对保险人的承保风险加以控制。承保风险的控制是投保人损失控制的前提，一旦保险人风险失控，投保人的利益也很难得到保障。事实上，巨灾保险保费收入与政府财政投入毕竟有限，相对于特大型自然灾害所造成的损失（比如 2008 年汶川特大地震，经济损失达 8 451 亿元），即使通过再保险、巨灾债券等方式予以分散转移，也很难完全补偿。为此，有必要通过给付限额等手段来控制巨灾保险市场的总体风险，保障投保人的基本利益，维持和推动巨灾保险制度的可持续发展。

（2）明确赔付责任

赔付限额，其实就是对赔付范围、赔付标准的确定。通过法律法规对具体赔付范围、赔付标准的规定，对保险人赔付责任予以明确，既可以避免实际操作中赔付金额争议的出现，又是对投保人利益的确认和保障。

（3）提高投保人防灾减损意识

巨灾保险给付限额，既体现了巨灾损失多方分担原则，让投保人自行承担部分风险，又能有效避免道德风险，提高民众防灾减损意识，鼓励其积极主动地应对巨灾风险，提高自有财产抗风险能力，灾害发生后主动减损止损，尽量减少财产损失。

（4）鼓励投保商业性巨灾保险

巨灾保险的初衷是保障受灾民众的基本生活需要，是政策性保险，一定程度上依赖于政府财政投入。对巨灾保险给付限额，既能充分保证巨灾保险的赔付能力，更大程度、更大范围、更有持续性地为民众提供基本生活保障,[1] 又通过保险给付的有限性，鼓励、刺激有经济能力、有更高保险需求的民众去购买商业性巨灾保险。

2. 给付限额之内容

（1）免赔额

所谓免赔额，是指由被保险人自行承担的损失额度。免赔额分为绝对免赔

---

① 杨芸. 中国巨灾保险制度构建的探析 [D]. 合肥：安徽大学，2010：36.

额、总计的免赔额、相对免赔额、消失的免赔额、等待期等几类。在巨灾保险领域，一般较为常见的是绝对免赔额。法国巨灾保险较为特殊，实施阶梯式免赔额，随着该地区发生同样巨灾次数的增加而倍增。[①]

在我国巨灾保险制度设计中，应对巨灾保险设置有一定金额或一定比例的免赔额，以达到降低保费、提高赔付效率、提高投保人风险意识之目的。

（2）保险金限额

保险金限额，又称赔付限额，是指根据巨灾保险营运状况，确定巨灾保险保单统一的承保上限，所有保单保险金额均不可超过此金额，保险赔付也以此为限。

在我国巨灾保险制度设计中，应根据我国住宅建筑重置成本、我国经济发展水平、巨灾风险承保能力来确定保险金限额。

（3）总额限额

总额限额，是指单次巨灾事件的损失赔付总额设置有最高赔付额度，以确保巨灾保险赔付的可行性，是巨灾保险承保风险控制的重要手段。由于巨灾损失的重大性与不可预测性，对赔付总额予以限制，可以有效避免单次巨灾赔付对巨灾保险市场秩序的冲击，保证巨灾保险偿付能力，从而实现对被保险人利益的保障。

我国灾情复杂，巨灾种类较多，发生频次较高，也很容易对整个巨灾保险体系造成巨大冲击，因此，建立综合性巨灾模型，计算出单次巨灾损失所需的最大赔付额，以此为基础，综合各方因素，对单次巨灾保险赔付总额予以限制，有利于我国巨灾保险制度的健康发展。

二、给付范围

（一）其他国家和地区法律制度之考察

1. 直接损失与间接损失

财产损失分为直接损失和间接损失。[②]

直接损失是现有财产的减少，巨灾直接损失是指因巨灾造成的财物被毁损导致的财富的减少。

间接损失是指可得利益的丧失，[③] 即应得利益受影响而未得到，巨灾间接损失是指巨灾事件对处于增值状态中的财产损害的结果。

巨灾保险保险制度中，大多数国家和地区都只承保巨灾事件造成的直接经济损失，对这部分损失予以赔偿。

---

① 梁昊然. 论我国巨灾保险制度的法律构建 [D]. 长春：吉林大学，2013：108.
② 本书中巨灾保险仅限于财产保险，故巨灾损失也只限于财产损失。
③ 孙波. 产品责任法原则论 [J]. 国家检察官学院学报，2004（3）：83.

2. 巨灾损失与巨灾次生灾害损失

巨灾造成的损失又可以分为巨灾事件本身造成的损失和巨灾次生灾害造成的损失。目前，日本地震保险、美国洪水保险、新西兰地震保险、英国、法国、挪威、西班牙、土耳其、我国台湾地区都将巨灾次生灾害损失纳入承保范围；美国加州地震保险承保范围"不包括地震引发的火灾和海啸风险"，将次生灾害排除在外。

（二）我国巨灾保险给付范围之选择——巨灾及次生灾害造成的直接损失

我国巨灾保险法律制度设计中，宜将巨灾及其次生灾害对居民住宅所造成的直接损失作为赔付对象。

仅限于直接损失，这是为国情所决定。我国巨灾频发，损失重大，加之国家财政投入有限，风险分散转移还不完善，因此，对巨灾损失的赔付只能限定于直接损害。

包括次生灾害造成的直接损失，是为灾情所影响。巨灾往往带来很多次生灾害，且交叉影响，如地震加上暴雨，往往出现山体滑坡、泥石流等地质灾害，台风带来暴雨，造成洪涝灾害，催生地质灾害，等等。因此，有必要将次生灾害所造成的直接损失纳入赔付范围。

三、给付标准

（一）其他国家和地区法律制度之考察

1. 分档认损支付

日本地震保险：住宅和家庭财产的损害认定都分全损、半损、部分损失三个档次，并依此分别支付保险金额的全额、50%、5%的赔款，且各档次赔款不能超过其保险标的价值的相应比例。

2. 按实际损失支付

挪威自然灾害保险：赔偿金额为实际损失的85%，每位被保险人每次事故所获赔偿最高不超过40.5万克朗。

3. 全损理赔

西班牙巨灾保险：全损理赔，损失认定依据全损证明。

我国台湾地区：全损理赔，以重置成本计算，最高不超过150万元新台币。另支付20万新台币的临时住宿费用。

（二）我国巨灾保险给付标准之选择——分档定损支付

1. 分档定损支付之必要性

（1）提高理赔效率

巨灾事件涉及面广，受损面积大，很容易出现大量被保险人同时受损的情况。要在短时期内完成所有受损标的的勘查评估，尽早完成赔偿支付，是一项难度极高、资源耗费极大的工作。在此情况下，摒弃传统定损理赔程序，动用分档定损的理赔评估标准，能够提高勘查评估效率，进而提升理赔效率，使被保险人能及时地收到赔付款。

（2）保障民众需求

分档定损，在追求效率价值的同时，又充分保障了被保险人的正当权益，尽可能地满足了被保险人的受偿权。如果实行全损理赔原则，就只有标的物损失程度在50%以上的被保险人会获得赔付，其余被保险人的损失只能自行承担，或是通过购买其他商业巨灾保险来获得补偿。分档定损实现了对免赔额范围之外的所有损失的全面覆盖，充分保障了受灾民众用于住宅重建、维修的基本资金需求。

2. 分档定损支付之内容

被保险居民住宅因巨灾造成的财产损失依据损失级别的不同分为三个支付档次：全损，保险人给付保险金的全额；半损，保险人支付保险金的50%；部分损害，保险人支付保险金的5%。

全损，包括事实全损和推定全损。事实全损是指住宅被完全损毁、掩埋、倒塌。推定全损是指住宅虽未完全损毁，但其修复成本超过住宅重建成本之50%，推定为全损。

半损，是指住宅损失占住宅重建成本之20%~50%。

部分损害，是指住宅损失占住宅重建成本之3%~20%。

当确定居民住宅符合巨灾保险基本保险全损理赔条件时，被保险人除可获得保险金额全额赔偿外，另由保险公司代为支付5 000元人民币的临时住宿费用。临时住宿费用列入国家巨灾保险基金开支范围。

四、给付程序

（一）其他国家和地区法律制度之考察

日本地震保险：由日本再保险公司建立基金机构，各保险公司负责查勘，并根据受损程度进行理赔。

美国洪水保险计划：评估人员1天内赶到现场开展完成评估工作，FIA直接将赔偿寄给被保险人。[①]

---

① 曾立新. 美国国家洪水保险计划的评价及启示 [D]. 北京：对外经济贸易大学，2006：23.

美国佛州飓风保险基金：由商业保险公司负责勘查理赔。

新西兰地震保险：强制地震保险损失由地震保险委员会负责勘查理赔，直接支付给被保险人。保险公司负责家产险中自愿保险的损失赔偿。

英国洪水保险：按普通商业财产保险程序理赔。

法国自然灾害保险：由政府确认为巨灾后进入理赔程序，被保险人通知保险人，保险人应在 3 个月内完成赔付。

挪威自然灾害保险：NNPP 制定统一的理赔方案，各商业保险公司根据自己所售保单进行理赔后将损失上报 NNPP，NNPP 根据该公司所占市场份额，提供相应份额的巨灾保险赔偿。

西班牙巨灾保险：被保险人可以向保险赔偿联合会（CCS）索赔，也可以向承保公司索赔，由该公司转给 CCS。CCS 组织勘查工作，扣除免赔额后，直接支付给被保险人银行账户。

土耳其地震保险：灾害发生后，商业保险公司按照其市场份额各自承担相应风险，负责理赔并支付赔款。

我国台湾地区：全损理赔，现金支付。承保公司不需实地勘查，凭全损证明办理。

（二）我国巨灾保险给付之选择——保险公司代为查勘理赔

结合我国实际情况，由各商业保险公司对各自承保的保单进行查勘理赔工作，尔后由国家巨灾保险基金向保险公司支付赔款的方式较为妥帖。

巨灾发生，由国家巨灾保险委员会启动应急机制，通知保险机构，即时启动巨灾保险赔付程序。是否达到巨灾保险赔付标准，以国家巨灾保险委员会的认定结果为准。

城市居民委员会和农村村民委员会，应将本区域内住宅受灾情况及时上报。

被保险人也可以将受灾情况通知保险机构，向保险机构申请保险赔偿。

国家巨灾保险委员会应在巨灾发生后一定期限内，完成赔付额度核算，并根据各保险公司保单的赔付额度，划拨资金，由保险公司代为支付，之后再向国家巨灾保险基金报账。

保险机构接到国家巨灾保险委员会、被保险人的通知后，应主动办理理赔事宜。

保险机构在接到通知起一定期限内内，书面或电话告知被保险人需提供的相关证明和资料。①

保险机构在接到通知起一定期限内，组织保险公估机构，协同当地民政部门、住建部门及基层自治组织、被保险人进行现场查勘，及时对居民住宅受损情况进行评定或鉴定，并将查勘定损结果通知被保险人。

保险机构应当在结果确认 10 日内，按照巨灾保险合同约定，与被保险人达成赔偿协议并足额支付保险金。

五、特殊情况——无保单理赔

所谓无保单理赔，是指保险人针对投保人（受偿人）保单丢失的特殊情况，采取特殊理赔流程，为客户提供理赔服务。事实上，保单仅仅是保险合同的证明材料之一，其丢失并不影响合同的存续与履行。② 而且，巨灾事件具有特殊性，由于破坏力大，保单很容易丢失，具有一定的普遍性。一般情况下，保险人存有保单详细资料，在投保人（受偿人）确实无法提供相关材料的情况下，可以启动特殊理赔流程，及时予以理赔。从我国保险实践来看，无保单理赔已在历次巨灾中多次运用。2008 年汶川特大地震后，一些保险公司"对于因受灾导致保单丢失的客户，提供无保单理赔服务"；③

无保单理赔还包括无法核实身份的保险赔付。巨灾发生后，极可能出现投保人（受偿人）将保单连同身份证明一并遗失的情况，或者说持有保单但无身份证明。本书将之统一归入无保单理赔范畴。从理论上看，我国公民身份信息在公安系统的户籍数据中均可以查询到，因此，即使出现保险人无法核实投保人（受偿人）身份的情况，在公安部门的协助下，也能够得到妥善解决。从实践来看，2008 年汶川特大地震后，公安部针对受灾民众保单、身份证明遗失的情况，专门启动了抗震救灾身份信息服务专用系统，配合保险公司的理赔工作，收到了较好的效果。④ 2013 年芦山地震后，多家保险公司"试水无保单理赔，只要验证实名，可快速办理赔付"。⑤

因此，在我国巨灾保险立法中，有必要对无保单理赔予以明确规定："巨灾发生后，被保险人无法提供相关证明文件和资料时，保险公司应通过身份信

---

① 王志勇，王志刚. 交强险之后的车险经营 [J]. 中国保险，2006（7）：36.

② 梁昊然. 论我国巨灾保险制度的法律构建 [D]. 长春：吉林大学，2013：194.

③ 无保单理赔服务启动 [EB/OL]. [2008-05-15]. 新浪新闻中心，http://news.sina.com.cn/c/2008-05-15/150813880075s.shtml.

④ 仝春建. 保险地震理赔可免费查询公民身份信息 [N]. 中国保险报，2008-06-06（01）.

⑤ 地震灾区无保单可理赔 [EB/OL]. [2013-04-22]. 新华网，http://news.xinhuanet.com/fortune/2013-04/22/c_124615462.

息服务系统向被保险人提供无保单理赔服务"。

第八节　风险管理

一、风险分散

（一）其他国家和地区法律制度之考察

目前，其他国家和地区巨灾保险法律制度中，基本上采用多种途径分散巨灾风险，再保险、共保、资本市场转移等方式较为常见。

日本地震保险：主要使用再保险进行风险转移（独有的保险公司、再保险公司和政府共同分担责任的"二级再保险"巨灾风险分摊模式），另外积极发挥资本市场作用。

美国洪水保险：主要通过洪水保险基金独立运行、临时性财政借款、巨灾风险证券化等手段进行风险转移。

加州地震保险：共保体、再保险与金融工具相结合。

佛罗里达飓风保险：共保、资本市场。

美国农业巨灾保险：财政补贴、再保险、紧急贷款、农业巨灾风险证券化等。

新西兰地震保险：将政府行为与市场行为相结合，多渠道分散。

英国洪水保险：借助发达的再保险市场分散风险。

法国巨灾保险：主要通过中央再保险公司 CCR 进行再保险。

挪威自然灾害保险：再保险。

西班牙巨灾保险：主要是从收取的保费中提存各项准备金，建立了庞大的危险准备金。另购买有少量再保险。

土耳其地震保险：国家建立巨灾准备金；同时，TCIP 资产至少 50%在国外投资。

我国台湾地区：风险共保、向岛内外购买再保险、通过资本市场发行巨灾债券转移等。

（二）我国巨灾保险风险分散模式之选择——多途径

1. 再保险

再保险，是指"保险人在原保险合同基础上，通过再保险合同，将其承保的部分或全部风险向其他保险人转嫁的行为"。[①] 就巨灾风险而言，在国际范围内，通过再保险，将大数定律应用到本国之外的更广泛的区域，在更大的地域和时间范围内聚集风险单位，实现风险分散的最优化，也就使得在局域内不可保的风险成为可保风险；同时，将巨额风险分散给其他保险人，由众多保险人共同承担风险，避免保险公司自留风险过大，在巨灾来袭时因索赔出现巨额亏损甚至破产；最后，通过再保险，可以实现巨灾风险管理国际化，借鉴国外先进的巨灾风险管理理念、技术，迅速与国际水平接轨。

随着巨灾风险脆弱性的增加，巨灾损失不断扩大，传统再保险暴露出再保险产品有限、再保险人的信用风险、偿付能力严重不足、市场供需不平衡等方面的局限性。[②] 尽管如此，再保险仍是国际上巨灾保险使用最广泛、效果最好的风险分散机制。

再保险对于巨灾保险的风险转移功效是毋庸置疑的，至少，在我国巨灾保险制度建立之初，在国内商业保险市场发展水平不高、难以发挥本应有的风险分散作用，更多依靠政府财政支持的情况下，建立巨灾保险的再保险体系，充分利用国内、国际再保险市场，尽量提高巨灾风险的可保性、扩大巨灾保险的承保能力，显得十分必要和必然。

我国再保险市场起步较晚，发展相对落后，专业人才匮乏，服务水平滞后。面对巨灾风险，我国再保险市场承保能力较弱，所能发挥的作用有限。对此，我国巨灾风险的转移需要将目光投向国际再保险市场。要进一步开放保险市场，与国际保险市场、再保险市场接轨，在利用国际再保险市场分散风险的同时，学习他们的经营理念与业务技术，积极培育国内再保险市场。[③]

在中国特色巨灾风险分散转移体系构建过程中，再保险市场理应占据一席之地。但我们也应清醒地认识到，国际再保险市场的偿付能力毕竟有限，其能发挥的作用也相当有限。我们既要充分利用国际再保险市场，又要努力壮大本国保险市场和再保险市场，更要探索巨灾风险向国内、国际资本市场的转移渠道。

2. 共保机制

所谓共保机制，是指"数个保险人就共同承担特定巨灾风险与同一投保人订立巨灾保险合同的承保方式。共保参与人共同分担风险、分配保费收益、

---

① 梁昊然. 论我国巨灾保险制度的法律构建 [D]. 长春：吉林大学，2013：160.
② 梁昊然. 论我国巨灾保险制度的法律构建 [D]. 长春：吉林大学，2013：167.
③ 黄蓉蓉. 中国巨灾保险体系探析 [D]. 上海：华东师范大学，2009：35.

承担损失赔偿责任"。① 共保机制在其他国家和地区巨灾保险制度中也有较为广泛的应用，一般适用于保险业较为发达的国家和地区。

挪威自然灾害基金就是共保组织，所有承保火险业务的挪威保险企业都强制成为保险共同体的一部分，根据该公司所占市场份额，提供相应份额的巨灾保险赔偿。

我国台湾地区地震保险中，"台湾住宅地震保险共同体"为共保组织，承担第一层次30亿新台币的损失赔偿。根据共保合约，参与该组织的各会员公司依其认受成分，承担赔偿责任。

目前，由于国内保险市场发展水平不高，保险公司实力有限，共保机制暂未列入本书设计范围。但可以预见的是，在将来，随着保险市场的发展，商业保险公司终将在巨灾保险中承担相当的风险，共保机制也就能发挥其应有作用。

3. 资本市场

巨灾保险承保风险向资本市场的分散、转移，也是国际上通用的手段之一。巨灾共同保险，其实质都是利用本国保险业来分担风险，巨灾再保险其实质则是利用国内国际再保险业的自身实力来分担风险，但一国保险业、国际再保险业的经济实力毕竟有限，承保能力和偿付能力也极为有限。如果单单依靠共保机制与再保险机制，面对动辄几十亿、几百亿甚至几千亿的巨灾损失，保险业、再保险业难免伤筋动骨，损失惨重，继而降低其承保能力和承保力度，形成"巨灾损失大——保险、再保险市场损失大——保险、再保险市场承保力萎缩——巨灾损失无力补偿"的恶性循环，给整个国家的经济秩序和社会秩序带来严重的影响。

为此，许多国家和地区积极探索巨灾风险由保险市场向资本市场的转移机制，从资本市场筹集资金来应对巨灾风险。由于再保险市场供给严重不足，美国保险业早在1992年推出巨灾期货，此后，巨灾期权、巨灾债券、巨灾互换等各种巨灾风险证券产品接连出现，② 实现了巨灾风险由保险市场向资本市场的部分转移，利用资本市场来增强保险市场的抗风险能力和偿付能力。目前，

---

① 梁昊然. 论我国巨灾保险制度的法律构建 [D]. 长春：吉林大学，2013：157.
② 由于产品设计缺陷，巨灾期货于1995年终止交易，巨灾期权于2000年终止交易。

发展最成熟的是巨灾债券,① 因其高收益率、浮动利率,市场认可度最高。2007 年,全球共发行巨灾债券 27 只,筹资近 70 亿美元;2013 年,全球发行总额接近 200 亿美元,有分析师认为,未来十年规模将翻 4 番。②

美国加州地震局:积极利用金融工具,通过发行政府盈余公债、巨灾债券等方式,实现向资本市场的风险转移。"当单次地震累计损失超过 60 亿美元时,加州地震保险局可以发行加州政府盈余公债 10 亿美元。当累计损失超过 70 亿美元时,可以向资本市场发行 15 亿美元的巨灾债券"。③

佛罗里达飓风巨灾基金:紧急情况下可以发行收入债券募集灾害赔付资金。债券包括事后债券和事前债券。事后债券是为了弥补某次巨灾损失而发行,具有免税资格。事前债券则是为了增强未来的赔付能力而发行。

日本:积极发挥资本市场的作用,通过推行巨灾保险证券化将巨灾风险从保险市场积极向资本市场转移。

我国台湾地区:发行巨灾债券,通过资本市场转移风险。2003 年"发行了 1 亿美元的地震巨灾债券"。④

我国还未有过巨灾风险证券产品的相关实践,但其功效已为学界所认可,其理应在我国巨灾风险转移机制中占有重要之地。

二、责任分担

(一) 其他国家和地区法律制度之考察

日本地震保险:将巨灾损失按比例分为初级、中级、高级、超限损失四类,先是由商业保险公司与再保险公司予以赔付;当地震损失超过 JER 所能承受范围时,政府在一定限额内承担相应的巨灾损失。

美国洪水保险:私营保险公司不承担任何赔付责任,洪水保险基金全额承担,政府作为最终保证人,在洪水保险基金偿付不足时提供有息贷款或特别

---

① 巨灾债券,是保险公司或再保险公司为规避巨灾所造成的损失,采用债券的形式将所承保的巨灾风险证券化。其发行方式与一般公司债券类似,即买卖双方通过资本市场进行交易,发行人承诺定期还本付息,但巨灾债券本息的偿还条件直接或间接地与其理赔情况相关联。巨灾债券的本质是利用债券来筹集保险资金,将风险分散至资本市场,以降低额外损失。详见:刘文可. 巨灾债券及其在我国的应用研究 [D]. 上海:复旦大学,2009:5-6.

② 今年巨灾债券发行将创新高 [EB/OL]. [2013-10-18]. 新浪财经,http://finance. sina. com. cn/world/mzjj/20131018/171517040051. shtml.

③ 姚庆海. 巨灾风险损失补偿机制研究——兼论政府和市场在巨灾风险管理中的作用 [D]. 北京:中国人民银行金融研究所,2006:57.

④ 刘文可. 巨灾债券及其在我国的应用研究 [D]. 上海:复旦大学,2009:6.

拨款。

加州地震保险：赔付分为原始营运资金层级、业界赋课保费层级、第一超额损失再保险层级、收益债券层级、巨灾债券层级、第二再保险层级6个层级，分别由共保体、再保险、债券来分担。

佛罗里达飓风保险：直保公司承担自留风险，其余由FHCF支付。FHCF紧急情况下可发行收入债券，当入不敷出时，可通过向保单持有人进行紧急征费来弥补损失。

新西兰地震保险：分为四个层级，地震保险委员会支付约2亿新元赔偿；启动再保险、超额再保险方案；由政府承担最终责任。

法国巨灾保险：直保公司承担自留风险，CCR自行提取准备金和安排再保险。CCR准备金耗尽，政府承担其余责任。

挪威自然灾害保险：NNPP将制定统一的理赔方案，分由各商业保险公司根据自己所售保单进行理赔，NNPP根据该公司所占市场份额，提供相应份额的巨灾保险赔偿。

西班牙巨灾保险：所有风险由CCS独立承担。但当赔偿超过CCS现有资产，CCS已经无法支付时，将由政府予以担保。

土耳其地震保险：商业保险公司按照其市场份额各自承担相应风险；由政府提供最终担保。

我国台湾地区：5层级责任分担模式。

（二）我国巨灾保险责任分担模式之选择——多层级

巨灾发生后，经由国家巨灾保险委员会核算赔付额度，巨灾保险基金根据各保险公司保单的赔付额度，划拨资金，由保险公司代为支付，之后再向国家巨灾保险基金报账。

本书参考美国加州地震保险、新西兰地震保险、我国台湾地区地震保险的责任分摊模式，将我国巨灾保险的赔付体系分为6个层级。首先由巨灾保险基金负责支付一定额度的损失赔偿；若该笔资金难以补偿灾难所带来的损失，则会启动再保险、超额再保险、巨灾债券方案；若仍不足以赔偿损失，则由政府承担一部分责任。

我们参照2008年汶川特大地震、2013年芦山地震损失，将单次巨灾保险金支付上额限定为1 500亿元人民币。

第一层级：巨灾保险基金层级——300亿元人民币。累计损失在300亿元以内的，由该资金予以赔付。

第二层级：再保险层级——600亿元人民币。损失超过300亿元时，由巨灾保险基金与再保险共同承担不超过 600 亿元的损失，其中，再保险人承担 40%，巨灾保险基金承担 60%。

第三层级：超额损失再保险层级——200 亿元人民币。当累计损失超过 900 亿元时，启动超额损失保险合约程序，进行赔款摊回。巨灾保险基金有权向保单持有人课征总额不超过 200 亿元的额外附加保险费。

第四层级：政府债券、巨灾债券层级——200 亿元人民币。当累计损失超过 1 100 亿元时，可以发行 200 亿的债券，其中，国债 100 亿，巨灾债券 100 亿。

第五层级：政府层级——200 亿元人民币。当累计损失超过 1 300 亿元时，政府承担 200 亿元的损失赔偿。

如果该次巨灾损失超过了单次巨灾保险金支付上限 1 500 亿元人民币，巨灾保险则按照总上限与实际应付赔款总额之比进行比例赔付。

第六章　中华人民共和国巨灾保险法（建议稿）[①]

第一章　总　则

第一条　为了规范巨灾保险活动，保护巨灾保险活动当事人的合法权益，提高巨灾风险抵御能力，加强巨灾保险业的监督管理，维护社会经济秩序和社会公共利益，促进巨灾保险事业健康发展，制定本法。

第二条　中华人民共和国境内所有处于巨灾风险区的居民住宅，应当投保强制性巨灾保险。居民其他财产、企业财产可以投保商业保险。

巨灾风险区根据全国巨灾风险区划图确定。

国家鼓励保险公司开发政策性巨灾保险之外的其他巨灾产品。

第三条　巨灾保险制度应当坚持政府主导、市场运作的原则。

巨灾保险制度应当坚持限额给付、风险控制的原则。

巨灾保险制度应当坚持保障民生与公共利益相结合的原则。

第四条　国家支持发展多种形式的巨灾保险，健全政策性巨灾保险制度。

省、自治区、直辖市人民政府根据本地巨灾风险状况，可以确定适合本地区实际的巨灾保险经营模式，制定相关条例及实施细则，报国务院审批。

第五条　国家建立财政支持的巨灾保险基金，作为巨灾保险的专营机构。

国家巨灾保险基金享受税收优惠。

第六条　国务院下设国家巨灾保险委员会，对政策性巨灾保险业务、巨灾保险基金的运营实施管理、监督。

国家巨灾保险委员会由保监会牵头，国务院财政、民政、住建、农业、国土资源、林业、地震局、气象局、发展改革、税务等有关部门人员组成。保监会、财政、民政、住建、农业、发展改革、税务等有关部门按照各自的职责，

　　[①]　本章主要参考了《农业保险条例》《社会保险法》中的相关条文设计。

负责巨灾保险管理、监督的具体工作。

国家巨灾保险委员会依法执行巨灾保险的总体运营计划，负责巨灾保险基金的运行、投资、再保险安排，负责灾后巨灾保险的损失赔偿。

国家巨灾保险委员会负责全国巨灾风险区划图的制定。

第七条　县级以上人民政府将巨灾保险事业纳入国民经济和社会发展规划，给予必要的经费支持。

省级人民政府统一组织本行政区域内的巨灾保险具体规划与实施，建立健全推进巨灾保险发展的工作机制，市、县两级地方人民政府协调本地的巨灾保险工作。① 基层政府、群众性自治组织接受保险机构委托，协助办理巨灾保险业务。

本法所称基层群众性自治组织，是指城市居民委员会和农村村民委员会。

第八条　国家通过优惠政策支持巨灾保险事业。

保险机构经营巨灾保险业务依法享受税收优惠。

国家支持保险机构建立适应巨灾保险业务发展需要的基层服务体系。

国家鼓励金融机构对投保巨灾保险的居民加大信贷支持力度。

第九条　国务院有关部门、机构和地方各级人民政府及其有关部门应当采取多种形式，加强对巨灾保险的宣传，提高居民的保险意识，组织引导居民积极参加巨灾保险。

第十条　居民投保的住宅建筑属于财政给予保险费补贴范围的，由财政部门按照规定给予保险费补贴，具体办法由国务院财政部门商国务院民政主管部门和保险监督管理机构制定。

国家鼓励地方人民政府采取由地方财政给予保险费补贴等措施，支持发展巨灾保险。

第十一条　国家建立财政支持的巨灾风险分散机制，具体办法由国务院财政部门会同国务院有关部门制定。

国家鼓励地方人民政府建立地方财政支持的巨灾风险分散机制。

第十二条　国务院听取并审议国家巨灾保险委员会对巨灾保险基金的收支、管理、投资运营进行监督检查情况的专项工作报告，组织对本法实施情况的执法检查等，依法行使监督职权。

第十三条　国务院成立由保险机构代表、投保人代表、专家学者等组成的巨灾保险监督委员会，对巨灾保险工作提出咨询意见和建议，实施社会监督。

---

① 农业保险条例. 辽宁省人民政府公报，2012 年 12 月 23 日。

第十四条　地方人民政府相关部门应当加强对本行政区划内居民遵守巨灾保险法律、法规情况的监督检查。

第二章　巨灾保险基金

第十五条　国家巨灾保险基金为独立法人，提供巨灾保险，承担赔付责任。

第十六条　巨灾保险基金的来源包括：

（一）国家财政划拨初始资金；

（二）各保险公司转交的巨灾保险的保费收入；

（三）各级人民政府提存的巨灾保险责任准备金；

（四）巨灾保险基金孳息；

（五）国家临时性财政拨款；

（六）社会捐助

（七）其他资金。

第十七条　巨灾保险委员会依法对巨灾保险基金进行管理。

具体管理办法，由财政部会同保监会、民政部、住建部、国家地震局、国家气象局、国家税务局等相关部门制定试行。

第十八条　巨灾保险基金应单独建账，独立核算，专款专用。

第十九条　巨灾保险基金为非营利机构，通过预算实现收支平衡。

第二十条　巨灾保险基金按照统筹层次设立预算。巨灾保险基金预算按照巨灾保险项目分别编制。巨灾保险基金预算、决算草案的编制、审核和批准，依照法律和国务院规定执行。

第二十一条　巨灾保险基金应当购买一定比例的再保险。

第二十二条　巨灾保险基金在保证安全的前提下，按照国务院规定投资运营实现保值增值。

巨灾保险基金不得违规投资运营，不得用于平衡其他政府预算，不得用于兴建、改建办公场所和支付人员经费、运行费用、管理费用，或者违反法律、行政法规规定挪作其他用途。

第二十三条　巨灾保险基金会应当定期向社会公布参加巨灾保险情况以及巨灾保险基金的收入、支出、结余和收益情况。

第二十四条　巨灾保险监督委员会依法对巨灾保险基金的收支、管理、投资运营进行监督检查。

第二十五条　巨灾保险委员会应当定期向巨灾保险监督委员会汇报巨灾保

险基金的收支、管理和投资运营情况。国务院可以责成国家审计署对巨灾保险基金的收支、管理和投资运营情况进行年度审计和专项审计。审计结果应当向社会公开。

第二十六条 巨灾保险监督委员会发现巨灾保险基金收支、管理和投资运营中存在问题的，有权提出改正建议；对国家巨灾保险委员会及其工作人员的违法行为，有权向有关部门提出依法处理建议。

第三章 巨灾保险经营规则

第二十七条 保险公司代为经营巨灾保险业务，应当符合下列条件，并经国家巨灾保险委员会依法批准：

（一）有完善的基层服务网络；

（二）有专门的巨灾保险经营部门并配备相应的专业人员；

（三）有完善的巨灾保险内控制度；

（四）有稳健的巨灾再保险和大灾风险安排以及风险应对预案；

（五）偿付能力符合国务院保险监督管理机构的规定；

（六）国务院保险监督管理机构规定的其他条件。

未经依法批准，任何单位和个人不得经营巨灾保险业务。

第二十八条 保险公司的巨灾保险业务，应当与其他保险业务分开管理，单独立账、单独核算。并应依照法律规定，在扣除手续费后，将保费全部转入国家巨灾保险基金账户。

第二十九条 国家巨灾保险委员会应当每年对巨灾保险业务情况进行核查，并向社会公布；根据保险公司巨灾保险业务与国家巨灾保险基金的总体盈利或者亏损情况，可以要求或者允许保险公司相应调整保险费率。

调整保险费率的幅度较大的，国家巨灾保险委员会应当进行听证。

第三十条 保险机构经营巨灾保险业务的准备金评估和偿付能力报告的编制，应当符合国家巨灾保险委员会的规定。

巨灾保险业务的财务管理和会计核算需要采取特殊原则和方法的，由国务院财政部门制定具体办法。

第三十一条 保险机构可以委托基层群众性治组织协助办理巨灾保险业务。保险机构应当与被委托协助办理巨灾保险业务的机构签订书面合同，明确双方权利义务，约定费用支付，并对协助办理巨灾保险业务的机构进行业务指导。

第三十二条 保险机构应当按照国家巨灾保险委员会的规定妥善保存巨灾

保险查勘定损的原始资料。

禁止任何单位和个人涂改、伪造、隐匿或者违反规定销毁查勘定损的原始资料。

第三十三条　保险费补贴的取得和使用，应当遵守依照本法第七条制定的具体办法的规定。

禁止以下列方式或者其他任何方式骗取巨灾保险的保险费补贴：

（一）虚构或者虚增保险标的或者以同一保险标的进行多次投保；

（二）以虚假理赔、虚列费用、虚假退保或者截留、挪用保险金、挪用经营费用等方式冲销投保人应缴的保险费或者财政给予的保险费补贴。

第三十四条　禁止任何单位和个人挪用、截留、侵占保险机构应当赔偿被保险人的保险金。

第三十五条　本法对巨灾保险经营规则未作规定的，适用《中华人民共和国保险法》中保险经营规则及监督管理的有关规定。

第四章　巨灾保险合同

第三十六条　中华人民共和国境内的财产保险公司（以下简称保险公司）须经国家巨灾保险委员会批准，方可从事巨灾保险业务。

为了保证巨灾保险制度的实行，国家巨灾保险委员会有权要求境内财产保险公司从事巨灾保险业务。

未经国家巨灾保险委员会批准，任何单位或者个人不得从事巨灾保险业务。

第三十七条　巨灾保险为独立险种，实行统一的保险单和保险条款。

保险单由巨灾保险委员会监制。任何单位或者个人不得伪造、变造或者使用伪造、变造的保险单。

保险条款由巨灾保险委员会在充分听取省、自治区、直辖市人民政府保监、财政、民政、住建、农业部门和居民代表意见的基础上拟订。

各省、自治区、直辖市人民政府根据本地巨灾风险状况，可以确定适合本地区实际的巨灾保险经营模式，其差别仅限于承保风险类别，保险单和保险条款不得擅作修改。

第三十八条　巨灾保险执行差别费率。

巨灾保险基础费率由巨灾保险委员会按照巨灾保险业务总体上不盈利不亏损的原则，依照巨灾风险区划图及建筑物构造类别、使用年限厘定。

巨灾风险区划图由巨灾保险委员会、保监会、建设部、国家地震局、气象局以及其他有关部门参考《中华人民共和国防震减灾法》《中华人民共和国防洪法》《中华人民共和国水法》《地质灾害防治条例》等法律法规所依据的全国地震烈度区划图、地震动参数区划图、全国洪水区划图、全国洪水灾害危险程度区划图、暴雨巨灾风险区划图、江河湖泊流域区划、台风灾害风险区划图、地质灾害防治规划等绘制。

巨灾保险委员会在厘定保险费率时，应当聘请专业机构进行评估，并举行听证会听取公众意见。

第三十九条　保险公司不得私自调整保险费率。

第四十条　居民住宅结构类型或社区布局符合住建部规定的防灾减灾标准的或投保住宅进行了抗灾加固的，保险费率应当依巨灾保险委员会的相关规定降低。

第四十一条　保险标的的保险价值为出险时的重置价值。

保险金额由投保人参照保险价值，与保险人协商确定。

巨灾保险的保险上限由巨灾保险委员会会同相关部门、地方政府设计制定。全国执行统一标准。

第四十二条　巨灾保险委员会应当将获准开展巨灾保险业务的保险公司向社会公示。

投保人在投保时应当选择获准开展巨灾保险业务的保险公司，被选择的保险公司不得拒绝或者拖延承保。

第四十三条　投保人投保时，应当向保险公司如实告知重要事项。

重要事项包括建筑物结构类型、详细地址、购房合同（或房产登记证、房屋出租合同）、建筑物所有人的姓名（名称）、性别、年龄、住所、身份证或者驾驶证号码（组织机构代码）以及国家巨灾保险委员会规定的其他事项。

第四十四条　保险机构应当在订立巨灾保险合同时，制定投保清单，详细列明被保险人的投保信息，并由被保险人签字确认。保险机构应当将承保情况予以公示。

第四十五条　签订巨灾保险合同时，投保人应当一次性支付全部保险费；保险公司应当向投保人签发保险单。保险单应当注明保险单号码、建筑物地址、保险期限、保险公司的名称、地址和理赔电话号码等。

第四十六条　签订巨灾保险合同时，投保人不得在保险条款和保险费率之外，向保险公司提出附加其他条件的要求。

签订巨灾保险合同时，保险公司不得强制投保人订立商业保险合同以及提出附加其他条件的要求。

第四十七条　在巨灾保险合同有效期内，合同当事人不得因保险标的的危险程度发生变化增加保险费或者解除巨灾保险合同。但是，投保人对重要事项未履行如实告知义务、保险标的灭失的除外。

投保人对重要事项未履行如实告知义务，保险公司解除合同前，应当书面通知投保人，投保人应当自收到通知之日起 5 日内履行如实告知义务；投保人在上述期限内履行如实告知义务的，保险公司不得解除合同。

保险标的灭失的，投保人应及时通知保险人解除合同，保险人应当在接到通知之日起 10 日内予以核实，并解除合同。

第四十八条　保险公司解除巨灾保险合同的，应当收回保险单，并书面通知房屋登记管理部门。

第四十九条　投保人不得解除巨灾保险合同，但房屋被依法注销登记情形除外。

第五十条　巨灾保险合同解除前，保险公司应当按照合同承担保险责任。

合同解除时，保险公司可以收取自保险责任开始之日起至合同解除之日止的巨灾保险费，将剩余部分的保险费退还投保人。

第五十一条　被保险居民住宅所有权转移的，应当办理巨灾保险合同变更手续。

第五十二条　巨灾保险合同期满，投保人应当及时续保，并提供上一承保周期的巨灾保险单。

第五十三条　巨灾保险的保险期间为 3 年，但有巨灾保险委员会规定的特殊情形，投保人可以投保短期巨灾保险。

第五十四条　本法对巨灾保险合同未作规定的，参照适用《中华人民共和国保险法》中保险合同的有关规定。

第五章　巨灾保险查勘赔付

第五十五条　国家巨灾保险委员会同国务院各部委，建立健全全国巨灾应急联动机制。

巨灾发生后，国家巨灾保险委员会启动应急机制，通知保险机构即时启动巨灾保险赔付程序。是否达到巨灾保险赔付标准，以国家巨灾保险委员会的认定结果为准。

城市居民委员会和农村村民委员会，应将本区域内住宅受灾情况及时上报。

被保险人也可以将受灾情况通知保险机构，向保险机构申请保险赔偿。

第五十六条　国家巨灾保险委员会应在巨灾发生后 3 日内，完成赔付额度核算，并根据各保险公司保单的赔付额度，划拨资金，由保险公司代为支付，之后再向国家巨灾保险基金报账。

第五十七条　保险机构接到国家巨灾保险委员会、被保险人的通知后，应主动办理理赔事宜。

保险机构在接到通知起 3 日内，书面告知被保险人需要向保险公司提供的与赔偿有关的证明和资料。

保险机构在接到通知起 3 日内，组织保险公估机构，协同当地民政部门、住建部门及基层自治组织、被保险人进行现场查勘，及时对居民住宅受损情况进行评定或鉴定，并将查勘定损结果通知被保险人。

第五十八条　保险机构应当在结果确认 10 日内，按照巨灾保险合同约定，与被保险人达成赔偿协议并足额支付保险金。

任何单位和个人不得非法干预保险机构履行赔偿保险金的义务，不得限制被保险人取得保险金的权利。

第五十九条　法律、行政法规对受损的巨灾保险标的的处理有规定的，理赔时应当取得受损保险标的已依法处理的证据或者证明材料。

保险机构不得主张对受损的保险标的的残余价值的权利，巨灾保险合同另有约定的除外。

第六十条　被保险居民住宅因巨灾造成的财产损失依据损失级别的不同分为三个支付档次：全损，保险人给付保险金的全额；半损，保险人支付保险金的 50%；部分损害，保险人支付保险金的 5%。

本法所称全损，包括事实全损和推定全损。事实全损是指住宅被完全损毁、掩埋、倒塌。推定全损是指住宅虽未完全损毁，但其修复成本超过住宅重建成本之 50%，推定为全损。

本法所称半损，是指住宅损失占住宅重建成本之 20%～50%。

本法所称部分损害，是指住宅损失占住宅重建成本之 3%～20%。

第六十一条　巨灾保险在全国范围内实行统一的免赔额及给付限额。

巨灾保险的免赔额及给付限额由国家巨灾保险委员会会同保监会、民政部、国家地震局、气象局、住建部共同规定。

第六十二条　当确定居民住宅符合巨灾保险基本保险全损理赔条件时，被保险人除可获得保险金额赔偿外，另由保险公司代为支付 5 000 元的临时住宿费用。临时住宿费用列入国家巨灾保险基金开支范围。

第六十三条　巨灾发生后，被保险人无法提供相关证明文件和资料时，保险公司应通过身份信息服务系统向被保险人提供无保单理赔服务。

第六章　法律责任

第六十四条　保险机构未经批准经营巨灾保险业务的，由国家巨灾保险委员会责令改正，没收违法所得，并处违法所得 1 倍以上 5 倍以下的罚款；没有违法所得或者违法所得不足×万元的，处×万元以上×万元以下的罚款；逾期不改正或者造成严重后果的，责令停业整顿或者吊销经营保险业务许可证。

保险机构以外的其他组织或者个人非法经营巨灾保险业务的，由国家巨灾保险委员会予以取缔，没收违法所得，并处违法所得 1 倍以上 5 倍以下的罚款；没有违法所得或者违法所得不足×万元的，处×万元以上×万元以下的罚款。

第六十五条　保险机构经营巨灾保险业务，有下列行为之一的，由国家巨灾保险委员会责令改正，处×万元以上×万元以下的罚款；情节严重的，可以限制其业务范围、责令停止接受新业务或者取消经营巨灾保险业务资格：

（一）拒绝或者拖延承保巨灾保险的；

（二）未按照规定使用统一的保险单，未按照法定基础保险费率经营巨灾保险业务的；

（三）未按照规定将巨灾保险业务与其他保险业务分开管理，单独核算损益的；

（四）强制投保人订立商业保险合同的；

（五）违反规定解除巨灾保险合同的；

（六）拒不履行法定或约定的赔偿保险金义务的；

（七）未按照规定及时支付保险金的；

（八）利用开展巨灾保险业务为其他机构或者个人牟取不正当利益的；

（九）编制或者提供虚假的报告、报表、文件、资料的；

（十）拒绝或者妨碍依法监督检查的。

第六十六条　居民住宅的所有人未按法律规定投保巨灾保险的，不得办理房屋登记手续，亦不得签订供电服务合同。①

第六十七条　居民住宅的所有人未按法律规定投保巨灾保险期间发生地震、洪水、台风等保险事故，保险人不承担赔偿责任，政府亦不对其住宅重建

---

①　此处参考了梁昊然的观点，但以供电合同为强制性手段的合法性、合理性、可行性还有待探讨。

提供财政援助。

第六十八条　保险机构违反本法规定，保险监督管理机构除依照本法的规定给予处罚外，对其直接负责的主管人员和其他直接责任人员给予警告，并处×万元以上×万元以下的罚款；情节严重的，对取得任职资格或者从业资格的人员撤销其相应资格。

第六十九条　违反本法第二十三条规定，骗取保险费补贴的，由财政部门依照《财政违法行为处罚处分法》的有关规定予以处理；构成犯罪的，依法追究刑事责任。

违反本法第二十四条规定，挪用、截留、侵占保险金的，由有关部门依法处理；构成犯罪的，依法追究刑事责任。

第七十条　保险机构擅自更改巨灾保险费缴费基数、费率，导致少收或者多收巨灾保险费的，由有关行政部门责令其追缴应当缴纳的巨灾保险费或者退还不应当缴纳的巨灾保险费；对直接负责的主管人员和其他直接责任人员依法给予处分。

第七十一条　违反本法规定，隐匿、转移、侵占、挪用巨灾保险基金或者违规投资运营的，由巨灾保险管理部门、财政部门、审计机关责令追回；有违法所得的，没收违法所得；对直接负责的主管人员和其他直接责任人员依法给予处分。

第七十二条　巨灾保险管理部门和其他有关行政部门、保险机构及其工作人员泄露投保人信息的，对直接负责的主管人员和其他直接责任人员依法给予处分；给用人单位或者个人造成损失的，应当承担赔偿责任。

第七十三条　国家工作人员在巨灾保险管理、监督工作中滥用职权、玩忽职守、徇私舞弊的，依法给予处分。

第七十四条　保险机构违反本法规定的法律责任，本法未作规定的，适用《中华人民共和国保险法》的有关规定。

第七章　附　则

第七十五条　保险机构经营有政策支持的其他巨灾保险，参照适用本法有关规定。

其他巨灾保险是指巨灾保险以外、为民众在生产生活中提供巨灾风险保障的保险，如农业巨灾保险、农房保险等。

第七十六条　居民住宅所有人自本法施行之日起×月内投保巨灾保险；本条例施行前已经投保农房保险、商业性巨灾保险的，保险期满，应当投保巨灾保险。

第七十七条　外国公民在中国境内置业的，参照本法规定参加巨灾保险。

第七十八条　中外合资保险公司、外资独资保险公司、外国保险公司分公司适用本法规定；法律、行政法规另有规定的，适用其规定。

第七十九条　本法所称巨灾保险，是指投保人根据巨灾保险合同约定，向保险机构支付保险费，保险机构根据合同，对投保人住宅因遭受约定的巨型自然灾害所造成的损失，承担赔偿保险金责任的保险活动。

本法所称保险机构，是指保险公司以及依法设立的巨灾保险基金等保险组织。

本法所称住宅，包括中华人民共和国境内的所有城镇居民住宅和农村居民住宅，是指全部或部分用于居住的建筑物，包括门、锁，车库、仓库等附属建筑物除外。部分用于营业部分用于居住的建筑物，仅用于居住的部分作为巨灾保险的标的。①

本法所称巨型自然灾害所造成的损失，是指因地震、洪水、台风、飓风等巨型自然灾害及由此引发的地质灾害、海啸对居民住宅造成的火灾、损坏、掩埋及流失。巨型自然灾害所造成的损失以灾害发生后十日内的损失为限。

第八十条　本法自××××年×月×日起施行。

---

①　梁昊然认为，保险标的包括仓库、车库、附属建筑物，部分用于营业部分巨灾的建筑，可全部作为保险标的。梁昊然.论我国巨灾保险制度的法律构建［D］.长春：吉林大学，2013：206.本书基于政策性巨灾保险保障民众基本生活之目的，将这部分建筑物排除在巨灾保险标的之外。

余 论

"我国巨灾保险法律制度构建研究"，肇始于 2008 年汶川特大地震的影响，于 2010 年获准立项为教育部人文社会科学研究青年基金项目（课题编号：10YJC820039）。几年来，课题组围绕巨灾保险立法这一核心问题，开展了扎实的研究工作。本书系该项目的最终研究成果。

一、基本得到解决的问题

本书重点探讨了以下几个问题：

（一）我国推行巨灾保险的可行性分析。在对我国巨灾保险发展所面临的困境进行分析的基础上，从技术层面、政府角度、市场角度三方面展开论述，得出在政府的支持下，我国巨灾保险制度极具可行性的结论。

（二）我国巨灾保险立法的可行性分析。本书对我国风险管理立法、巨灾保险立法现状作了简要介绍和分析，对立法的理论准备、实践基础、现实需要、其他国家和地区经验进行探讨，认为我国巨灾保险立法的时机已经基本成熟。

（三）其他国家和地区巨灾保险立法的成功经验。对日本、美国、法国等国家、地区的巨灾保险法律制度进行对比分析，认为理论研究是先导，立法活动是基础，家庭财产是主体，分散风险是核心，政府支持是重点，商业运作是方向，因地制宜是关键。本书认为，我国巨灾保险立法应当具有本国特色，即在充分考量本国国情的基础上，遵循各国、地区立法之共性，对其他国家和地区巨灾保险法律制度适当借鉴，因地制宜，有所取舍，而非盲从与照搬。尤其要准确把握我国巨灾风险的基本特点，充分考量我国保险市场发展水平，充分考量我国经济发展水平，充分考量我国法制发展水平。

（四）我国巨灾保险立法的基本理念。从指导思想、立法原则、立法目的、价值目标四个方面，对我国巨灾保险立法之基本理念进行了简要的阐述。

（五）我国巨灾保险立法的框架设计。从立法体例、运作模式、核心机构、保险方式、承保范围、费率标准、保险给付、风险管理、法律责任等方面，对我国巨灾保险法的基本框架进行了初步设计，并草拟了立法建议稿。

至此，本课题的预期目标基本完成。

二、尚未得到解决的问题

本书的研究内容中，但还有很多地方需要深入研究。

（一）巨灾保险立法的价值目标中，本书提出了安全价值、幸福价值，但未能深入阐述，仅一笔带过，需要进一步阐发。

（二）综合立法与分类指导的结合问题。本书将巨灾保险立法设定为综合性立法，但在实践中，如何与分类指导有机结合，还待进一步探讨。

（三）立法层级的问题。是一步到位制定巨灾保险法，还是先制定巨灾保险条例？课题组成员覃远春博士认为，目前已有《保险法》，不适宜并列搞一个巨灾保险法，可以在《保险法》之下将其修改为巨灾保险条例，因为虽然有强制性，但本质上有商业保险的因素，可以作为《保险法》的下位法，作为授权立法较妥。本书认为，综合性巨灾保险远比农业保险、农房保险复杂，操作难度更大，如果仅仅是行政立法或部门规章，很可能难以确保该法律制度的权威性，仍然有必要制定巨灾保险基本法——《巨灾保险法》，这是巨灾保险立法的方向，也是巨灾保险立法的必然结果。这一问题也需要在后续研究中得到解决。

（四）强制性投保的强制措施。本书借鉴了梁昊然博士的观点，认为可以通过房屋登记、供电合同加以规制，但其合理性、可行性还有待论证。

（五）本书很多章节都只是就该问题提出了基本框架，论证还需进一步深入。

上述问题，我们将在随后的研究"中国巨灾保险法律制度研究"中逐一解决，以期能对我国巨灾保险法律制度的建立、完善有所裨益。

参考文献

[1] 亚里士多德. 政治学 [M]. 北京：商务印书馆，1983.

[2] 李林. 立法机关比较研究 [M]. 北京：人民日报出版社，1991.

[3] 吕世伦. 西方法律思潮源流论 [M]. 北京：中国人民公安大学出版社，1993.

[4] 昂格尔. 现代社会中的法律 [M]. 吴玉章，周汉华，译. 北京：中国政法大学出版社，1994.

[5] 凯尔森. 法与国家的一般理论 [M]. 北京：：中国大百科全书出版社，1996.

[6] 徐卫东. 保险法论 [M]. 长春：吉林大学出版社，2000.

[7] 何怀宏. 公平的正义——解读罗尔斯《正义论》[M]. 济南：山东人民出版社，2002.

[8] 罗斯科·庞德. 法理学 [M]. 邓正来，译. 北京：中国政法大学出版社，2004.

[9] 周旺生. 立法学 [M]. 北京：法律出版社，2009.

[10] 石兴. 巨灾风险可保性与巨灾保险研究 [M]. 北京：中国金融出版社，2010.

[11] 埃瑞克·班克斯（Erik Banks）. 巨灾保险 [M]. 杜墨、任建畅译. 北京：中国金融出版社，2011.

[12] 卓志. 巨灾风险管理与保险制度创新研究 [M]. 成都：西南财经大学出版社，2011.

[13] 谢世清. 巨灾保险连接证券 [M]. 北京：经济科学出版社，2011.

[14] 左斐. 中国巨灾保险供给能力研究 [M]. 北京：中国金融出版社，2011.

[15] 付子堂. 法理学进阶 [M]. 4版. 北京：法律出版社，2013.

[16] 周志刚. 风险可保性理论与巨灾风险的国家管理 [D]. 复旦大学，

2005.

[17] 姚庆海. 巨灾风险损失补偿机制研究——兼论政府和市场在巨灾风险管理中的作用 [D]. 北京：中国人民银行金融研究所，2006.

[18] 曾立新. 巨灾风险融资机制与政府干预研究 [D]. 北京：对外经济贸易大学，2006.

[19] 焦清平. 中国商业保险业的风险管理研究 [D]. 武汉：武汉理工大学，2008.

[20] 陈少平. 洪灾保险的经济学分析与中国洪灾保险模式探讨 [D]. 南昌：南昌大学，2008.

[21] 左斐. 中国财产保险业承保能力研究 [D]. 武汉：武汉大学，2009.

[22] 隋祎宁. 日本地震保险法律制度研究 [D]. 长春：吉林大学，2010.

[23] 丁元昊. 巨灾保险需求研究 [D]. 成都：西南财经大学，2012.

[24] 梁昊然. 论我国巨灾保险制度的法律构建 [D]. 长春：吉林大学，2013.

[25] 王普. 我国证券投资基金的理论和实证研究 [D]. 上海：复旦大学，2003.

[26] 刘彧. 美国国家洪水保险计划的评价及启示 [D]. 北京：对外经济贸易大学，2006.

[27] 李军. 论我国巨灾保险制度的建立与完善 [D]. 成都：西南财经大学，2006.

[28] 许均. 我国巨灾保险法律制度研究 [D]. 上海：华东政法大学，2008.

[29] 黄敏莎. 极值理论在巨灾保险中的应用 [D]. 广州：中山大学，2009.

[30] 魏宏. 地震保险基金运作模式的国际比较及对我国的启示 [D]. 北京：对外经济贸易大学，2009.

[31] 李圆. 多普勒雷达资料在天气预报中的应用 [D]. 成都：电子科技大学，2008.

[32] 陈海生. 巨灾风险分散机制研究 [D]. 苏州：苏州大学，2008.

[33] 张晓飞. 我国海洋灾害债券研究 [D]. 青岛：中国海洋大学，2008.

[34] 张翔. 辽宁省旱灾风险评价 [D]. 大连：辽宁师范大学，2009.

[35] 刘文可. 巨灾债券及其在我国的应用研究 [D]. 上海：复旦大学，2009.

［36］黄蓉蓉. 中国巨灾保险体系探析［D］. 上海：华东师范大学，2009［D］. 上海：华东师范大学，2009.

［37］潘玲. 我国住宅地震保险经营模式研究［D］. 成都：西南财经大学，2009.

［38］宁晨. 构建我国巨灾保险法律制度研究［D］. 武汉：华中师范大学，2009.

［39］刘春华. 巨灾保险制度国际比较及对我国的启示［D］. 厦门：厦门大学，2009.

［40］穆琳. 构建与完善我国巨灾风险分散机制研究［D］. 天津：天津财经大学，2009.

［41］杨松俊. 中国寿险公司 X－效率实证研究［D］. 长沙：湖南大学，2010.

［42］吴惠灵. 我国巨灾保险体系构建研究［D］. 重庆：西南政法大学，2010.

［43］杨芸. 中国巨灾保险制度构建的探析［D］. 合肥：安徽大学，2010.

［44］张萌. 我国巨灾风险的补偿机制研究［D］. 天津：天津财经大学，2010.

［45］肖婵. 借鉴国际经验论我国巨灾保险机制的设计［D］. 上海：复旦大学，2010.

［46］于斌. 青藏铁路沿线地震灾害风险区划［D］. 西宁：青海师范大学，2010.

［47］刘国庆. 基于 GIS 和模糊数学的重庆市洪水灾害风险评价研究［D］. 重庆：西南大学，2010.

［48］王振兴. 大风浪天气滚装船航行安全预警系统的研究［D］. 大连：大连海事大学，2010.

［49］张琳. 我国巨灾保险立法研究［D］. 重庆：重庆大学，2010.

［50］于之华. 高速公路路基路面病害分析［D］. 济南：山东大学，2011.

［51］周振. 我国农业巨灾风险管理有效性评价与机制设计［D］. 重庆：西南大学，2011.

［52］于珍. 低碳经济下我国中小型电动机生产企业风险识别研究——以 A 电机公司为例［D］. 北京：中央财经大学，2011.

［53］李瑾. 巨灾保险制度国际比较：理论困境、政策突破及中国启示［D］. 南京：南京大学，2011.

［54］梁艳慧. 基于合作博弈的大连市水资源配置研究［D］. 大连：大连理工大学，2011.

［55］蔡梦阳. 农业巨灾风险基金法律制度构建研究［D］. 北京：中央民族大学，2012.

［56］林宇鹏. 巨灾保险制度研究［D］. 武汉：华中科技大学，2012.

［57］张琴琴. 基于高分辨率遥感影像震害信息提取［D］. 青岛：山东科技大学，2012.

［58］蒋恂. 云南省保险公司蒋恂同志在论文中提出建立巨灾保险基金的设想［J］. 西南金融，1986（增）.

［59］李军. 农业保险的性质、立法原则及发展思路［J］. 中国农村经济，1996（1）.

［60］梁慧星. 从近代民法到现代民法［J］. 中外法学，1997（2）.

［61］程晓陶，苑希民. 江西省洪水保险的调查与思考［J］. 中国水利水电科学研究院学报，1999（2）.

［62］谭岳奇. 从形式正义到实质正义［J］. 法制与社会发展，1999（3）.

［63］汪全胜. 试论公民直接参与立法的制度及其发展［J］. 杭州商学院学报，2002（1）.

［64］周旺生. 论中国立法原则的法律化、制度化［J］. 法学论坛，2003（3）.

［65］周旺生. 论法律的秩序价值［J］. 法学家，2003（5）.

［66］稂文仲. 保险金给付的有关问题［J］. 中国保险，2003（6）.

［67］孙波. 产品责任法原则论［J］. 国家检察官学院学报，2004（3）.

［68］王和. 对建立我国巨灾保险制度的思考［J］. 中国金融，2005（7）.

［69］陈运平，等. 海南省南海地震监测和海啸预警服务［J］. 华南地震，2006（1）.

［70］何睿，孙宏涛. 超额保险的法律规制［J］. 金陵科技学院学报：社会科学版，2006（2）.

［71］胡晓娅. 试析法治对构建和谐社会的基本价值［J］. 重庆社会主义学院学报，2006（4）.

［72］冉圣宏. 我国面临的主要风险辨识及其管理［J］. 未来与发展，2006（9）.

［73］陈信勇，陆跃. 社会保险法基本原则研究［J］. 浙江工商大学学报，2006（5）.

[74] 机动车交通事故责任强制保险条例 [J]. 新法规月刊, 2006 (6).

[75] 高伟. 日本农业保险的发展概况与启示 [J]. 广西经济管理干部学院学报, 2007 (1).

[76] 夏益国. 美国洪水保险计划的运行及特征研究 [J]. 上海保险, 2007 (2).

[77] 黄军辉. 巨型灾害保险法律制度的构建 [J]. 国家检察官学院学报, 2007 (3).

[78] 曹海菁. 法国与新西兰巨灾保险制度及其借鉴意义 [J]. 保险研究, 2007 (3).

[79] 石兴. 自然灾害风险可保性研究 [J]. 保险研究, 2008 (1).

[80] 张庆洪, 葛凉骥. 巨灾保险市场失灵原因及巨灾的公共管理模式分析 [J]. 保险研究, 2008 (5).

[81] 乌格. 建立巨灾保险制度极为重要 [J]. 中国减灾, 2008 (5).

[82] 黄兴伟. 新西兰的地震保险制度 [J]. 金融博览, 2008 (6).

[83]《中国减灾》编辑部. 应对巨灾风险需要制度创新 [J]. 中国减灾, 2008 (10).

[84] 袁序成, 吴成明. 建立我国地震保险制度的几点思考 [J]. 区域金融研究, 2008 (9).

[85] 陈忠海. 档案立法原则体系及其表述 [J]. 档案管理, 2009 (1).

[86] 许均. 国外巨灾保险制度及其对我国的启示 [J]. 海南金融, 2009 (1).

[87] 李蕾, 占红沣. 幸福指数: 评价权利与法律制度的新标准 [J]. 法学家, 2009 (3).

[88] 曾立新, 张琳. 我国巨灾保险立法模式探讨 [J]. 上海金融学院学报, 2009 (4).

[89] 曾文革, 张琳. 我国巨灾保险立法模式探讨 [J]. 西华大学学报: 哲学社会科学版, 2009 (4).

[90] 周建瑜. 汶川地震理赔考量中国震灾保险制度 [J]. 中共四川省委党校学报, 2009 (4).

[91] 王新新. 以保险为重要内容的我国巨灾风险管理体系探讨 [J]. 灾害学, 2009 (4).

[92] 顾春慧, 郭文娟. 洪灾保险探讨 [J]. 湖南水利水电, 2009 (4).

[93] 孙文恺. 亚里士多德正义分类的理论与现实基础, 河南师范大学学

报：哲学社会科学版，2009（4）.

[94] 高瑞鹏. 罗尔斯正义原则解读 [J]. 东岳论丛，2009（4）.

[95] 陆柏，陈培. 我国巨灾保险的现状与对策 [J]. 中国减灾，2009（5）.

[96] 李平. 建立家庭财产地震保险制度的思考 [J]. 城市与减灾，2009（5）.

[97] 李俊峰. 我国保险市场现状及对策分析 [J]. 今日财富，2009（7）.

[98] 李喜梅. 中国巨灾保险制度探讨 [J]. 山东社会科学，2009（9）.

[99] 曾文革，张琳. 对我国制定地震保险法的思考 [J]. 云南师范大学学报：哲学社会科学版，2009（6）.

[100] 何霖，李红梅. 我国构建巨灾保险法律制度的必要性探讨 [J]. 四川文理学院学报，2009（6）.

[101] 李坤等. 谈旱涝对黄河流量的影响 [J]. 中国新技术新产品，2010（4）.

[102] 何霖. 我国构建巨灾保险法律制度的可行性分析 [J]. 四川文理学院学报，2010（6）.

[103] 冯卫东. 人和地球或来自黑洞 [J]. 科学与文化，2010年6）.

[104] 谢世清. 佛罗里达飓风巨灾基金的运作与启示 [J]. 中央财经大学学报，2010（12）.

[105] 何霖. 我国巨灾保险法律制度构建初探 [J]. 南方论刊，2010（12）.

[106] 石兴. 巨灾保险费率精算模型及其应用研究 [J]. 南京审计学院学报，2011（2）.

[107] 冯文丽，王梅欣. 我国建立农业巨灾保险基金的对策 [J]. 河北金融，2011（4）.

[108] 高博. 浅析存货增值税的保险 [J]. 中国保险，2011（5）.

[109] 杨爱军，李云仙. 国外巨灾风险管理制度分析及启示 [J]. 上海保险，2011（6）.

[110] 卓志，丁元昊. 巨灾风险：可保性与可负担性 [J]. 统计研究，2011（9）.

[111] 刘玉平. 关于构建我国地震保险法律制度的研究 [J]. 行政与法，2011（10）.

[112] 谢家智，陈利. 我国巨灾风险可保性的理性思考 [J]. 保险研究，

2011（11）.

　　［113］中华人民共和国社会保险法［J］.山东人力资源和社会保障，2011（11）.

　　［114］何霖.试析公平责任之理论基础［J］.四川警察学院学报，2012（1）.

　　［115］任自力.美国洪水保险法律制度的变革及其启示［J］.金融服务法评论，2012（1）.

　　［116］任自立.美国洪水保险法律制度研究——兼论其变革对中国的启示［J］.清华法学，2012（1）.

　　［117］民政部国家减灾中心.2011年全国自然灾害基本情况分析［J］.中国减灾，2012（2）.

　　［118］韩雪.论我国巨灾保险体系的构建［J］.学术交流，2012（7）.

　　［119］何霖.我国巨灾保险法律制度研究现状及展望［J］.四川文理学院学报，2012（4）.

　　［120］李巍.浅析企业加强风险管理的应用对策［J］.商业文化，2012（9）.

　　［121］刘喜梅.试论山体滑坡的成因及预防［J］.科技致富向导，2012（14）.

　　［122］何霖.我国巨灾保险制度构建之方向——以新西兰、日本两国为参照［J］.价值工程，2012（25）.

　　［123］吴祥佑.可保性边界拓展与保险业发展［J］.西南科技大学学报：哲学社会科学版，2012（6）.

　　［124］陆建长.试论合宪性原则是我国立法体制的根本原则——对《立法法》第3至6条之思考［J］.黑龙江省政法管理干部学院学报，2012（6）.

　　［125］何霖.日本巨灾保险之进程与启示［J］.灾害学，2013（2）.

　　［126］民政部国家减灾中心.2012年全国自然灾害基本情况分析［J］.中国减灾，2013（2）.

　　［127］张翰华.水文水资源环境管理与防洪减灾［J］.管理观察，2013（3）.

　　［128］董刚.我国台湾地区住宅地震保险制度研究［J］.兰州学刊，2013（6）.

　　［129］李用昌.浅讨滑坡泥石流对公路使用的危害和处治措施［J］.商品与质量·建筑与发展，2013（7）.

[130] 刘禹彤. 从公共危机管理视角看巨灾风险管理 [J]. 中国集体经济, 2013 (10).

[131] 白志廷. 地震与建筑物的抗震设计思想 [J]. 科技与企业, 2013 (15).

[132] 汪建军, 王铮, 葛俊松, 等. 浙江政策性农房保险超额完成目标 [N]. 中国保险报, 2007-05-14 (03).

[133] 徐爱国. 分配正义与矫正正义 [N]. 法制日报, 2007-12-09 (14).

[134] 马昌博. 众多记者无心理防护 在灾区精神崩溃无法报道 [N]. 南方周末, 2008-05-18 (02).

[135] 许均. 日本地震保险: 法律先行 三方分担 [N]. 中国保险报, 2008-06-03 (05).

[136] 仝春建. 保险地震理赔可免费查询公民身份信息 [N]. 中国保险报, 2008-06-06 (01).

[137] 王涛. 英国: 形成合力 推进洪水保险 [N]. 经济日报, 2008-11-19 (03).

[138] 刘锋. 汶川地震保险赔付总额不到20亿 拉法基独得1/3 [N]. 成都商报, 2009-08-24 (02).

[139] 佚名. 加州海岸6.5级地震 数万居民断电 [N]. 华西都市报, 2010-01-11 (12).

[140] 倪铭娅. 谁能坦然面对突降的灾害 [N]. 中国财经报, 2010-04-08 (04).

[141] 蒋哲, 等. 学者称新西兰地震保险模式值得中国借鉴 [N]. 南方日报, 2011-02-24 (02).

[142] 谢苗枫, 等. 学者称新西兰地震保险模式值得我国借鉴 [N]. 南方日报, 2011-02-24 (03).

[143] 舒迪. 灾后12小时内将确保灾民基本生活 [N]. 人民政协报, 2011-12-13 (C01).

[144] 胡苏. 福建农房保险惠及近十万农户 民心工程仍需进一步完善 [N]. 经济参考报, 2012-11-30 (18).

[145] 付秋实. 农房有了更大更强的"保护伞" [N]. 金融时报, 2013-01-23 (11).

[146] 曲哲涵. 农房保险突破行规 [N]. 人民日报, 2013-01-18 (02).

[147] 潘玉蓉. 芦山地震保险预计赔付 4000 万~9000 万 [N]. 证券时报，2013-04-23 (01).

[148] 庹国柱. 巨灾保险不妨从农业保险起步 [N]. 中国保险报，2013-05-13 (09).

[149] 高嵩. 福建政府买单搭建自然灾害防护网 [N]. 中国保险报，2013-06-25 (01).

[150] 欧阳晓红. 保监会正积极推动巨灾保险条例出台 两地已试点 [N]. 经济观察报，2013-10-12 (01).

[151] 曾炎鑫. 全国首个巨灾保险制度在深出炉 [N]. 证券时报，2014-01-02 (A14).

[152] 胡佩霞. 来深出差旅游务工均可享受巨灾保险 [N]. 深圳商报，2014-01-02 (A02).

[153] 李画. 巨灾保险制度率先在深圳建立 [N]. 中国保险报，2014-01-06 (01).

[154] 周亮. 民政部国家减灾办发布 2013 年全国自然灾害基本情况 [N]. 中国社会报，2014-01-08 (07).

[155] 2013 年我国自然灾害较上年明显偏重 [N]. 中国保险报，2014-01-09 (01).

[156] 傅洋. 无保单理赔服务启动 [N]. 北京晚报，2008-05-15.

[157] 毛晓梅，王文帅. 人保向德阳受灾农户一次性支付 1600 万元农房地震险赔款 [EB/OL].［2008-06-05].新华网，http：//news. xinhuanet. com/newscenter/2008-06/05/content_ 8317731. htm.

[158] 张琳. 天安保险推出巨灾产品 [EB/OL].［2008-06-21］. http：// www. cs. com. cn/bxtd/02/200806/t20080621_ 1500754. htm.

[159] 金磊. 涵盖地震责任：华安保险"福满堂"家财险热销 [EB/OL].［2008－09－09］. 搜狐理财，http：//money. sohu. com/20080909/n259456469. shtml.

[160] 刘萌萌. 地震保险模式值得中国借鉴 可有助于政府理财[EB/OL].［2011-02-25］. http：//www. chinavalue. net/Story/2011-2-25/13820. html.

[161] 陈绍国. 瑞士再保险初步估计新西兰地震理赔成本约为 8 亿美元 [EB/OL].［2011-03-12］. 中国光大银行网站，http：//www. cebbank. com/Info/57363446.

[162] 卫敏丽. 我国将完善防灾减灾社会动员机制 倡导全社会参与

[EB/OL]．[2011-12-08]．新华网，http：//news. xinhuanet. com/society/2011 -12/08/c_ 111228555. htm.

[163] 今年巨灾债券发行将创新高 [EB/OL]．[2013-10-18]．新浪财经，http：//finance. sina. com. cn/world/mzjj/20131018/171517040051. shtml.

[164] 英国五十多万家庭遭洪水淹没 新洪水保险引争议 [EB/OL]．[2013－12－09]．http：//news. china. com. cn/world/2013－12/09/content_ 30844055. htm.

[165] 中国保监会统计信息部. 中国保险市场 2012 年经营状况分析[EB/OL]．[2014-01-12]．http：//wenku.baidu.com/link? url＝GtrATZBy7Sb9DWNgrUMC0kDB dbyN_ gWFx8XjNMT2FA7jMm5SdK8Ofz5nVvXgxzKgiMVAM8jUBb0jpulYgee5VO6R 27h3M2BauUdBBiOQU-S.

[166] 2013 年保险业保费增长 11.2% 利润总和达 991.4 亿元 [EB/OL]．[2014-01-21]．新华网，http：//news. xinhuanet. com/fortune/2014-01/21/c _ 119062131. htm.

[167] 地震附加险：汶川地震后首现 2013 年现身厦门 [EB/OL]．[2014 -03-10]．厦门福房网，http：//www. ffw. com. cn/1/84/890/194636_ 2. html.

[168] 苏赢. 洪水造成巨额损失 保险却无半分介入——访中国防洪减灾研究所所长程晓陶 [EB/OL]．[2014-03-10]．人民网，http：//www. people. com. cn/GB/paper2515/10121/927239. html.

[169] 保监会. 2013 年保险统计数据报告 [EB/OL]．[2014-03-10]．中国保险监督管理委员会网站，http：//www. circ. gov. cn/web/site0/tab5257/ info3901864. htm.

[170] 闫秀娥. 巨灾保险云南试点 [EB/OL]．[2014-03-13]．云南经济网，http：//ynjjrb. yunnan. cn/html/2014-03/13/content_ 3123016. htm.

[171] 张利，丁元昊. 浅析巨灾模型混合技术的国际经验 [EB/OL]．[2014-03-14] http：//www. cpcr. com. cn/zbxfw/zbxjs/201403/t20140314 _ 29580. shtml.

[172] 地震灾区无保单可理赔 [EB/OL]．[2014-04-22]．新华网，http：//news. xinhuanet. com/fortune/2013-04/22/c_ 124615462. htm.

[173] 世界银行数据库，http：//databank. worldbank. org/databank/down-load/CNIPC. pdf//我国人均国民收入的变化及展望 [EB/OL]．[2014-04-24]．全球政务网，http：//www. govinfo. so/news_ info. php? id＝32166.

[174] 近期南方强降水过程造成 9 省 37 人死亡 6 人失踪 [EB/OL]．

［2014-05-26］. 人民网，http：//society. people. com. cn/n/2014/0526/c1008
-25066377. html.

　　［175］夏益国. 佛罗里达飓风巨灾基金的运营及启示［G］. 金融危机：
监管与发展——北大赛瑟（CCISSR）论坛文集，2009.

　　［176］毛大春. 论保险条款费率管理制度的完善——从《反垄断法》的
视角［G］. 中国保险学会首届学术年会论文集，2009.

后 记

时值汶川地震 5 周年，本书初稿完成。对四川、对中国而言，2008 年 5 月 12 日，是永远抹不去的伤痛。震后的十几个夜晚，在学校的广场、路边，我辗转反侧、实难入眠。或是半个法学人的沉甸责任，或是西政精神的渲染鼓舞，在汶川地震的巨大刺激下，刚刚迈出西政校门的我，一改"东一榔头西一棒子"的散打状态，踏上了巨灾保险法律制度研究的漫漫苦行路。

2008 年 9 月，在时任科研处处长刘长江教授、老领导唐华生教授的指导下，我所申报的教育厅青年基金获得立项。其后两年，我数次前往灾区调研，身临现场的揪心远超媒体报道带来的震撼，并不断地鞭策着我。以此课题为前期成果，2010 年，在时任科技处处长侯忠明教授、学报常务副主编邓杰博士的精心指导下，我以"我国巨灾保险法律制度构建研究"为题，成功申报了教育部人文社会科学研究青年基金项目。晃眼间，四年过去，书稿几经修改，仍难尽人意，真应了"书到用时方恨少、事非经过不知难"的老话。

回首成长经历，首先要感谢我的恩师、我的领导们。

感谢粟斌老师，正是老师不厌其烦地再三指导，让我能在大一下期完成人生第一篇"准学术论文"，激发了我的研究兴趣，并最终走上了学术研究的道路。

感谢我的恩师——西南政法大学张力教授、张建文教授。在西政求学的三年，我有幸得到两位老师的悉心指导。老师学识渊博、治学严谨，言传身教，助我开阔学术视野，顺利拿到学位，并真正意义上迈入了法学的大门。尽管离校六年，但两位老师仍未放弃不成器的弟子，一如既往地给予我关心和帮助。

也正是在西政攻读硕士学位的三年，我结识了众多诚挚热情、志同道合的同窗，朱方彬、朱鸿、林凌、丁竹、余华、赵雪洁、张旭、张勇虹、谢华、李静等诸位好友，给了我太多的关心和帮助。尽管毕业后各奔一地，疏于联系，但同窗好友的真挚情谊，自铭记心头。

我是幸运的。到四川文理学院工作以来，学校领导、部门领导及同事、朋友们，都给予了我极大的帮助和支持，让我能在四川文理学院这个和谐、融洽的大家庭里茁壮成长。

感谢引领我进入高校工作的老领导唐华生教授。2003年我到校工作以来，他在生活上对我多加关照；并一直鞭策着我的工作、学习、学术研究。他的严格要求，促使我养成了严谨细致的工作作风，为我今天取得的些许成绩打下了坚实的基础。也正是他的关心和帮助，使我顺利取得硕士学位，并破格晋升中级职称。

感谢给予我课题申报、研究极大帮助的老领导邓杰教授。在她深厚学术功底、耀眼学术成就的激励下，在她的精心指导、严格要求下，我取得了长足进步，先后获得教育部、国家社科基金项目立项，并于2012年顺利晋升副研究员。

感谢给予我大力支持和亲切鼓励的范藻教授，他在新到学报就面临任务繁重、人手紧缺的情况下，给了我相当大的关照，让我能够腾出大量的时间和精力专注于本书的修改。

特别要感谢四川文理学院党委书记李万斌教授，校长孟兆怀教授，党委副书记李佳国教授，侯忠明教授，副校长张志远教授、王洪辉教授、李壮成教授、徐晓宗教授，原副校长成良臣教授，四川革命老区发展研究中心主任刘长江教授，政法与公共管理学院院长陈仲教授等领导多年来对我的关心和帮助。感谢同在一个办公室十余年的好兄弟叶怀凡老师的关心支持，感谢科技处彭琳老师、周顿老师、李瑞杰老师在课题申报、管理中的辛勤付出。

感谢张力教授、张建文教授对本课题研究的悉心指导；感谢汤勇教授、岳臣忠副教授、丁竹副研究员、余华副教授、朱方彬老师等课题组成员，为本课题研究的顺利开展所作出的努力和贡献；感谢覃远春博士、万娟娟博士的拨冗参研和热情帮助。贵州财经大学覃远春博士对本书末尾的立法建议稿提出了很多中肯的意见；西南政法大学法理学博士万娟娟老师对本书"我国巨灾保险立法之基本理念"一章数次校正，提出了诸多宝贵意见，在此特别感谢！

感谢西南财经大学《财经科学》廖中新副主编的悉心指导，感谢西南财经大学出版社副社长李玉斗先生的大力帮助，感谢本书的责任编辑李霞湘老师所付出的大量心力，使得本书得以顺利出版。特别需要说明的是，本书的撰写，在未征得作者同意的情况下，引用了不少学界已有的研究成果，他们给予我不少启发和帮助。在此，谨向他们表示最诚挚的歉意和谢意！

更要衷心感谢一直默默支持我的亲人。父母年近古稀，仍为我们操劳家务，父母无限的爱和包容，成就了我的今天。感谢岳父、岳母的理解与支持，感谢哥哥、姐姐的鼓励与帮助，感谢妻子的鼓励、支持与付出，让我能够潜心研究。年方三岁、调皮可爱又懂事的儿子，在我埋头写作却屡屡文思枯竭时，给我带来了很多的快乐和感动。对家庭、对家人，我万分愧疚。

此外，由于水平所限，书中多有疏漏与谬误之处，恳请专家与读者批评、指正！

2013 年 5 月　初稿；

2013 年 12 月　修改；

2014 年 5 月　定稿。

何　霖

2014 年 5 月于达州

图书在版编目(CIP)数据

我国巨灾保险立法研究/何霖著 . 一成都:西南财经大学出版社,2014.7
ISBN 978 - 7 - 5504 - 1507 - 2

Ⅰ.①我… Ⅱ.①何… Ⅲ.①灾害保险—保险法—立法—研究—中
国 Ⅳ.①D922.284.4

中国版本图书馆 CIP 数据核字(2014)第 165845 号

我国巨灾保险立法研究

何 霖 著

责任编辑:李霞湘
封面设计:穆志坚
责任印制:封俊川

出版发行	西南财经大学出版社(四川省成都市光华村街 55 号)
网 址	http://www.bookcj.com
电子邮件	bookcj@foxmail.com
邮政编码	610074
电 话	028 - 87353785 87352368
照 排	四川胜翔数码印务设计有限公司
印 刷	郫县犀浦印刷厂
成品尺寸	170mm × 240mm
印 张	15
字 数	270 千字
版 次	2014 年 7 月第 1 版
印 次	2014 年 7 月第 1 次印刷
书 号	ISBN 978 - 7 - 5504 - 1507 - 2
定 价	62.00 元